TADSCHIKISTAN
CHINA
KUNDUS
KABUL
DSCHALALABAD
PESCHAWAR
GHAZNI
PAKISTAN
FERNSTRASSEN
STAATSGRENZEN
PROVINZGRENZEN

Antonia Rados

AFGHANISTAN VON INNEN

Antonia Rados

AFGHANISTAN VON INNEN

Wie der Frieden verspielt wurde

Brandstätter

Inhalt

DER WENDEPUNKT

DIE ZERSTÖRUNG

Vorwort

Meine persönliche Geschichte mit Afghanistan beginnt vor mehr als vier Jahrzehnten. Es ist Frühsommer 1980. Ich befinde mich in der beeindruckenden afghanischen Botschaft in Wien, wo zwei Konsularbeamte in dunklen Anzügen mir mit stoischen Gesichtern meinen Pass zurückreichen. Auf einer der Seiten des Dokuments glänzt zu meinem Erstaunen ein Eintrag für ein zweiwöchiges Visum für die Demokratische Republik Afghanistan, auf das ich so lange hingearbeitet habe. Ich bin etwas zermürbt, denn innerlich hatte ich bereits die Hoffnung aufgegeben, jemals nach Afghanistan zu reisen. Die afghanische Bürokratie arbeitet notorisch langsam, und es vergehen mehrere Wochen, in denen ich warte und ständig vertröstet werde. Nun halte ich endlich eines der wenigen Einreisevisa für Afghanistan in der Hand. Ich weiß noch nicht, worauf ich mich einlasse.

Mit Kriegen und Gewalt habe ich zu dem Zeitpunkt keinerlei Erfahrungen, es ist eine meiner allerersten Reisen in eine Konfliktzone. Obwohl mein damaliger Chef im österreichischen Fernsehen zu Recht besorgt ist, schiebe ich seine Bedenken, die ich innerlich selbst hege, beiseite und beginne meine Reisevorbereitungen. Ich will mir diese Berichterstattung nicht entgehen lassen, denn ich will mich endlich als Reporterin beweisen. Ich sehe die Reise als eine Art Feuerprobe, die ich bestehen musste. Junge Frauen wie ich bekommen damals nur sehr selten eine Chance, Reportagen im Ausland zu machen.

Ich fliege also nach Kabul, besuche Dörfer, werde mit schrottreifen Hubschraubern in die Stadt Dschalalabad geflogen. Ich staune über die Schönheit des Landes, kaufe auf dem Basar überteuerte Andenken, die ich nicht brauche, nur um an glaubwürdige Informationen heranzukommen.

Auslöser meiner ersten Reise im Sommer 1980 ist nicht allein meine unbändige journalistische Reiselust. Einige Monate davor macht eine Invasion der Sowjets in Afghanistan Schlagzeilen. Am 27. Dezember 1979 marschiert die Rote Armee in Afghanistan ein – überall kursiert das Schlagwort „Zeitenwende". Eine neue, veränderte Welt ist gerade im Entstehen. Die alte Nachkriegsordnung im Nahen Osten ist brüchig geworden: Die Amerikaner können ihren wichtigsten Verbündeten, den Schah im Iran, nicht mehr an der Macht halten. Die Sowjets kämpfen seit Jahren gegen islamische Kämpfer in Afghanistan, weshalb sie in das Land einmarschieren. Trotz dieser Vorgeschichte wirkt die Invasion wie ein Schlag ins Gesicht und beschwört existenzielle Ängste herauf. Wie werden die Amerikaner regieren? Marschieren die Russen einfach weiter und besetzen die gesamte Region? Kommt es zum Einsatz von Atomwaffen?

Die sowjetische Invasion ist der Beginn meines Interesses an diesem wichtigen, faszinierenden und tragischen Land. Mit einer Reise ist es nicht getan. Die Sowjets richten sich scheinbar dauerhaft in Afghanistan ein, jeglicher Widerstand wird brutal niedergeschlagen. Die Jahre ziehen ins Land, und mich zieht es immer wieder zurück in die afghanischen Städte und Dörfer. Nach einem Jahrzehnt ziehen die Sowjets dann wieder in dieselbe Richtung ab, aus der sie eingefallen sind. Und mehr noch: Der Zermürbungskrieg hatte einen Anteil am Zerfall der Sowjetunion, der sich kurz darauf ereignet. Der Westen reagiert scheinbar triumphierend – die Arroganz von Siegern, die wie so oft in der Geschichte nicht von Dauer sein wird. Im Nachbarland Pakistan, das ich zwischendurch ebenfalls bereise, entsteht währenddessen der islamische Widerstand, von den USA großzügig finanziert. Kurzfristige Erfolge, die bereits das nächste Kapitel der afghanischen Tragödie eröffnen. Bald bricht die Zeit der radikalen Islamisten an, die aus diesem Widerstand hervorgehen. Aus den Mudschahedin geht wiederum die Gruppe der Taliban hervor – und ich bin live dabei.

All dies ist aber nur eine Art Vorspiel für eine weitere Zeitenwende, die uns direkt betrifft. Nach den Terroranschlägen vom 11. September 2001 startet der Einmarsch des Westens in Afghanistan – auch mit dem Versprechen einer globalen Demokratie, wie es sie in der Geschichte noch nie gegeben hat. Anfangs wird die Idee einer Demokratie von vielen Afghaninnen und Afghanen begrüßt, die sogar radikale Änderungen im Bereich der Frauenrechte in Betracht ziehen. Die Hoffnung auf ein besseres Leben ist in Afghanistan, einem der ärmsten Länder der Welt, eine mächtige Idee. Auch der neue neoliberale Kurs wird von der afghanischen Bevölkerung nicht abgelehnt. Geschäftsleute berieseln die afghanische Jugend mit TV-Programmen, die in ihrer verführerischen Leichtigkeit den amerikanischen in nichts nachstehen. Bankautomaten tauchen zum ersten Mal in einem Land auf, wo die große Mehrheit der Bevölkerung nicht lesen und schreiben kann.

Doch die großen Reformen werden begleitet von größeren Tragödien. Ab 2003 verüben die neu formierten Taliban erste zielgerichtete Anschläge. Die Angriffe führen zu einem emotionalen *Backlash* beim Westen, dessen Vertreter sich als Bringer von Demokratie und Fortschritt sehen. Die Afghanen hingegen fühlen sich vom Westen ausgenutzt und betrogen. Unter dem Eindruck nicht erfüllter westlicher Versprechungen macht sich Nostalgie nach den Gotteskriegern breit. Zwischen all diesen Umbrüchen und sich immer wieder verändernden Lebenswelten ist Afghanistan ein Land der Tragödie – und zugleich der Barmherzigkeit, wie ich vor Ort immer wieder feststelle.

Der Krieg in Afghanistan wird von einer gezielten Mission zu einem echten Zermürbungskrieg. Erst nach zehn Jahren, 2011, wird Osama bin Laden in Pakistan von amerikanischen Spezialeinheiten getötet – womit eines der amerikanischen Kernziele des Krieges erfüllt ist. Doch der Konflikt ist damit nicht zu Ende, hinter den Kulissen übernehmen die Militärs die Afghanistan-Mission. Der damalige amerikanische Präsident Barack Obama erhöht auf Anraten seines Militärstabs die Zahl der US-Soldatinnen und -Soldaten in Afghanistan auf eine Truppenstärke von 100 000. Dazu kommen unzählige private Militärdienstleister vor Ort, die den Afghanistan-Krieg genauso wie die Rüstungsfirmen als lukrative Einnahmequellen entdeckt haben.

Ein bekanntes Muster in Kriegen wiederholt sich: Aus Idealen, so gerechtfertigt sie sein mögen, werden Tragödien. In Afghanistan ist ein neuer Wendepunkt erreicht, als westliche Politiker beginnen, offen Schuldige für den Mangel an Erfolgen zu suchen. Der Krieg hat in der öffentlichen Wahrnehmung nicht nur kein Ziel mehr, sondern auch keinen Sinn. Am Ende kommt es, wie es kommen musste – der Westen zieht verbittert ab, ohne seine Niederlage offen einzugestehen.

In scheinbar nahtlosem Übergang entsteht in Afghanistan eine neue Welt: Die Taliban übernehmen die Macht im Lande fast über Nacht. Sie sind islamische Kämpfer, aber auch Geschäftsleute. Sie beginnen sich nach neuen Partnern umzusehen und richten ihren Blick diesmal nicht nach Westen, sondern nach Osten: China heißt die neue Verheißung. Afghanistan ist wieder einmal ein Gradmesser für kommende Dynamiken. Manche Länder kommen nie zur Ruhe – aber sie sind auch Vorboten einer neuen Welt. Was ich den Leserinnen und Lesern mit diesem Buch vermitteln möchte, ist, wie sich Zeitenwenden auswirken.

In all diesen Jahren, während all meiner Rechercheireisen und Besuchen in diesem Land, hörte ich nie auf, mich für Afghanistans unterschiedliche Gesichter zu interessieren. Afghanistan ist ein Kreuzungspunkt der Zivilisationen mit einer beeindruckenden Überlebenskraft. Auf seinem Boden haben sich Soldaten von Alexander dem Großen niedergelassen, aber auch buddhistische Mönche und arabische Krieger haben ihn als zweite Heimat auserkoren. Zwischendurch schaffen es afghanische Könige und Clanführer, den Frieden aufrechtzuerhalten, indem sie – wohl aus Mangel an Alternativen – einem der ältesten Überlebensprinzipien der Menschheit folgten, „leben und leben lassen“, wie der Anthropologe Thomas Barfield es in seinem Buch über Afghanistan so richtig ausdrückt.

Seit dem Einmarsch der Sowjets war Afghanistan 40 Jahre lang kein Ort der Nächstenliebe. Ich habe Generationen von Kämpfern kennengelernt. Erwachsene mit der Mentalität von Halbstarken – Menschen, die der Gedanke an Krieg, an Adrenalin, an Heldentum befeuert. Andere wollen sich ein stabiles Leben aufbauen, träumen bescheiden von bestellten Feldern und einfachen Behausungen. Wieder andere wollen durch Opportunismus aufsteigen und werden dabei von den verschiedensten Verbündeten enttäuscht. Pläne werden geschmiedet und wieder verworfen. Vermögen entstehen aus dem Nichts und verschwinden genauso schnell wieder dorthin. Internationale Söldnertruppen, jahrelang in Afghanistan eingesetzt, sind inzwischen in der Ukraine.

Kriegsparteien haben, im Gegensatz zu Opfern, ein kurzes Gedächtnis. Sie vergessen sogar ihre eigenen Versprechen. Afghanistan ist das beste Beispiel dafür, denn Gruppen wie die Taliban wechseln ihre Rolle von anfänglichen Verbündeten hin zu Gegnern und nun zu Machthabern, mit denen man sich an den Verhandlungstisch setzt. Gespräche laufen aber wie Konflikte nie nach einem vorher festgelegten Plan ab. Ich versuche zu beschreiben, wie vielschichtig es zugeht in einem Land, in dem seit Jahrzehnten Kriege alles bestimmen – in seiner Hauptstadt ebenso wie in seinen entlegenen Provinzen, in den Palästen und Hinterhöfen, den Mädchenschulen und Armeequartieren. Afghanistan ist Schauplatz von Brutalität – und von Barmherzigkeit.

Afghanistans Geschichte – Zeittafel

559–330 v. Chr.
Teile des heutigen Afghanistans gehören zum persischen Achämenidenreich.

330–328 v. Chr.
Eroberung durch Alexander dem Großen.

190–170 v. Chr.
Griechisch-baktrische Herrscher errichten ein Reich südlich des Hindukusch.

642 n. Chr.
Mit der arabischen Eroberung wird der Islam in der Region dominant. Er verdrängt Religionen wie Buddhismus oder Zoroastrismus.

9.–13. Jh.
Verschiedene Dynastien wie Ghaznawiden, Seljuken, Ghoriden und Chorezm beherrschen Regionen Afghanistans.

1221
Dschingis Khan und sein mongolisches Reiterheer verwüsten die Städte Herat, Balkh und Ghazni. Vielerorts wird die Bevölkerung ausgerottet.

1381
Mongolenherrscher Timur Lang beginnt seinen Perserfeldzug mit der Zerstörung von Herat, unter seinem Nachfolger wird die Stadt wiederaufgebaut und zur Hauptstadt des Timuridenreichs.

16.–18. Jh.
Afghanistan liegt zwischen dem Herrschaftsbereich der Moguln in Nordindien, der Safawiden in Persien und der Schaibaniden in Mittelasien.

1747
Paschtunenführer Ahmad Schah Durrani erobert Gebiete seiner Stammesgegner. Er wird zum ersten König gekürt. Mit seinem von Kandahar aus regierten Königtum gilt er als Gründungsvater des modernen Afghanistans.

1773
Nach dem Tod von Ahmad Schah übernimmt sein Sohn Timur Schah die Macht. Er verlegt die Hauptstadt nach Kabul; seine Herrschaft ist von Konflikten zwischen Stämmen geprägt. Nach seinem Tod zerfällt das Durrani-Reich in zahlreiche von Kriegen und Unruhen geprägte Fürstentümer.

1838–1842
Erster Anglo-Afghanischer Krieg: Die Briten wollen ihre eigene Vormachtstellung auf dem indischen Subkontinent sichern und der russischen Expansion Einhalt gebieten. Der Krieg endet mit einer blutigen Niederlage der Briten.

1878–1880
Zweiter Anglo-Afghanischer Krieg: Erneuter Vorstoß der Briten. Beim Abzug wird Abdul Rahman Khan als neuer Emir von Afghanistan eingesetzt.

1893
Die Briten ziehen durch das paschtunische Stammesgebiet die sogenannte Durand-Linie als Grenze. Sie wird zum Streitpunkt zwischen dem späteren Pakistan und Afghanistan.

1919
Dritter Anglo-Afghanischer Krieg, ausgelöst durch die Unabhängigkeitserklärung von König Amanullah.

1933
Mohammed Zahir Schah übernimmt den Thron und regiert das Land für 40 Jahre.

1973
Ausrufung der Republik nach einem Staatsstreich durch Mohammad Daud Khan.

1978
Mohammad Daud Khan wird durch linksgerichtete Offiziere mit Unterstützung der prosowjetischen Demokratischen Volkspartei Afghanistan (DVPA) ermordet. Sein Nachfolger wird der Kommunist Nur Muhammad Taraki.
Im Süden Afghanistans errichten die USA zur selben Zeit Flughäfen und Schulen.

1979
Ermordung Tarakis. Dessen Stellvertreter Hafisullah Amin übernimmt die Macht. Er knüpft Kontakte mit Pakistan und den USA.
Invasion von sowjetischen Truppen im Dezember. Babrak Karmal wird neuer Präsident. Islamische Widerstandskämpfer (Mudschahedin), unterstützt von den USA, beginnen von Pakistan aus einen blutigen Krieg gegen die Rote Armee.

1989
Am 15.Februar verlassen die letzten sowjetischen Soldaten das Land. Vorausgegangen war ein Abkommen des Reformpräsidenten Michael Gorbatschow mit der afghanischen

Führung unter dem neuen Präsidenten Mohammed Nadschibullāh, Ex-Chef der afghanischen Geheimpolizei.

1990
Die Kämpfe zwischen Regierung und Mudschahedin gehen weiter.

1992
Das Regime Nadschibullāh bricht zusammen, nachdem Moskau die Waffenlieferungen einstellt. Ein Bürgerkrieg zwischen Mudschahedin-Gruppierungen folgt.

1994
Erstes Auftreten der fundamentalistischen Taliban in Südostafghanistan.

1996
Einnahme von Kabul durch die Taliban.

1998
Luftangriffe der USA auf ein Ausbildungslager von Al-Qaida in Ostafghanistan als Reaktion auf die Anschläge auf die US-Botschaften in Daressalam und Nairobi. Al-Qaida-Gründer Osama bin Laden lebt in Afghanistan.

2001
Nach den Terroranschlägen vom 11.September fordern die USA die Auslieferung bin Ladens.
Am 7. Oktober beginnt die von den USA geführte Intervention Operation Enduring Freedom in Afghanistan. CIA und US-Sondereinheiten unterstützen die afghanische Nordallianz. Sie übernimmt weite Teile des Landes und bringt die Taliban zu Fall. Auf der Petersberg-Konferenz in Bonn wird der Grundstein für eine Neuordnung des Landes gelegt werden.

2002
Hamed Karzai wird zum Chef der Übergangsregierung ernannt. Im März beginnt in der Ostprovinz Paktia mit der Operation Anaconda, bei der amerikanische und afghanische Einheiten 800 Al-Qaida- und Taliban-Kämpfern entgegenstehen, eine neue Kriegsphase.

2005
Die Präsidentschaftswahlen verlaufen offiziell unter demokratischen Prinzipien. Im Hintergrund wird Wahlbetrug beklagt. Hamid Karzai bleibt Präsident.

2006
Deutschland, das seit Dezember 2001 wie andere NATO-Länder Teil der Internationalen Sicherheitsbeistandstruppe (ISAF) ist, übernimmt die Verantwortung für die Operationen im Norden Afghanistans. Darüber hinaus unterstützt Deutschland den Aufbau von Polizei und Armee.

2009
Angesicht gestiegener Anschläge erhöht US-Präsident Barack Obama die US-Truppenstärke in Afghanistan auf beinahe 100 000 Mann. Ab 2011 sollen US- Soldaten laut Biden aber abgezogen werden.

2009
Am 4. September kommt es auf deutsche Forderung hin zu einem US-Luftangriff bei Kundus. Einem NATO-Bericht zufolge mit bis zu 142 Toten, ein bedeutender Teil von Ihnen Zivilisten. Der deutsche Verteidigungsminister Franz-Josef Jung lässt erst dementieren, dass Unbeteiligte zu Schaden gekommen sind, später muss er zurücktreten. Die Kundus-Affäre führt zu einem Untersuchungsausschuss im Bundestag.

Deutschland entschädigt später die Familien von 91 Toten und 11 Schwerverletzten mit je 5000 US-Dollar in Form von humanitärer Hilfe.

2011
Am 2.Mai töten US-Spezialeinheiten den Al-Qaida-Führer Osama bin Laden in einem Privathaus in der Stadt Abbottabad in Pakistan.

2012
Nachdem ein US-Soldat 16 Zivilisten getötet hat, fordert der afghanische Präsident Hamid Karzai die US-amerikanischen Truppen auf, sich in ihre Militärbasen zurückzuziehen.

2014
Ashraf Ghani wird neuer Präsident. Seine „Regierung der nationalen Einheit" ist zerstritten.
ISAF, die dreizehnjährige Kampfmission der NATO in Afghanistan, endet. Von den USA geführte NATO-Truppen bleiben im Land, um afghanische Einheiten zu trainieren.

2015
Ab 1. Jänner setzt die NATO ihre Unterstützung für die afghanische Regierung mit deutlich verringerter Stärke fort.

2018
Nach dem Erstarken der Taliban, die bereits mehrere Provinzen unter Kontrolle haben, erhöhen die NATO-Staaten vorübergehend ihre Truppenstärke.

2020
In der Hauptstadt von Katar, Doha, verhandeln die USA und Taliban-Führer über den Abzug der Amerikaner. Die

afghanische Regierung und die NATO-Verbündeten der USA werden in die Verhandlungen nicht einbezogen. Das Abkommen schafft die Voraussetzung für den Abzug der US-Truppen aus Afghanistan.

2021

Im Mai beginnen die USA und ihre NATO-Verbündeten den Rückzug, während die Taliban schnell vorrücken.
Am 15. August übernehmen die Taliban Kabul. Am Flughafen von Kabul, wo Tausende Menschen auf einen Platz auf einem Evakuierungsflug hoffen, führen Chaos und Panik neben dramatischen Szenen auch zu Toten und Verletzten. Am 26. August gibt es zwei Selbstmordattentate des IS-Ablegers ISIS-K vor dem Flughafen. Am 30. August hebt die letzte US-Militärmaschine vom Flughafen Kabul ab. Sechs Wochen nach der Machtübernahme der Taliban wird die Islamische Republik in das Islamische Emirat Afghanistan umbenannt.
Die verbliebenen deutschen Soldaten in der Stadt Masar-e Scharif ziehen in den Tagen davor endgültig aus Afghanistan ab.

2022

Ein Dekret der Taliban Anfang Mai schreibt Frauen das Tragen einer Ganzkörper- und Gesichtsbedeckung in der Öffentlichkeit vor.

Sowjetischer Beamter vor dem Geschäft eines Obstverkäufers in Kabul.

DIE VORGESCHICHTE

1. Kapitel

Kabul, 1980

Der Kalte Krieg beherrscht die Welt. Die USA und die Sowjetunion sind in Stellvertreterkriege auf dem gesamten Globus verwickelt – auch in Afghanistan. In Kabul ist eine kommunistische Partei an der Macht, während die US-Amerikaner deren Gegner unterstützen. Sie beliefern Aufständische mit Waffen, die sich jenseits der afghanischen Grenze in Pakistan niedergelassen haben. 1979 gerät alles in Bewegung. Im Februar des Jahres wird der engste Verbündete der USA in der Region, der Schah des Iran, abgesetzt. Der antiwestliche Revolutionsführer Ayatollah Khomeini errichtet eine Islamische Republik. Nur wenige Monate später, im Dezember 1979, schickt Moskau 80 000 Truppen nach Afghanistan, um seinen Einfluss zu sichern und eine verlässliche prosowjetische Regierung zu installieren.

Ein Königreich wie ein Paradies

***„Je weniger die Afghanen von uns sehen, desto weniger lehnen sie uns ab.“*[1]**

(Sir Roberts, britischer Kommandant)

Das sanfte Morgenlicht legt sich über Täler und Schluchten. Jede Bergspitze, bis zu siebentausend Meter hoch, ragt in den Himmel wie eine Wand. Der Hindukusch ist eine Naturgewalt. Unerbittlich durchzieht er Afghanistan von Ost bis West, schneidet das Land in zwei Teile. Doch auf beiden Seiten des Bergmassivs erinnert die Szenerie an eine Mondlandschaft. Leben hier Menschen? Gibt es irgendwo Felder oder gar Städte?

„Möchten Sie einen Tee?“, fragt die Stewardess der Afghan Airlines überfreundlich. Ich nicke ihr zu, und sie schreitet energisch Richtung Cockpit, um einen altmodischen Wasserkocher in Gang zu setzen. Ihr Enthusiasmus hängt mit dem Mangel an Passagieren zusammen. Mein Kameramann, mein Tonmann und ich sind die Einzigen an Bord. Der hintere Teil der Maschine ist abgeschlossen und wurde zu einem Frachtraum umfunktioniert.

Die Hauptsache ist aber, dass wir unsere Reise nach Afghanistan angetreten haben – denn das war keine Selbstverständlichkeit. Zuerst sollte der Flug von Delhi nach Kabul am Morgen nach unserer Ankunft in der indischen Hauptstadt starten. Dann wurde er doch verschoben. Nach vielen Nachfragen erfuhr ich endlich, dass momentan ohnehin nur ein Flug pro Woche nach Kabul starten würde. Wir mussten uns in Geduld üben und hoffen, dass sich die Dinge fügen würden.

Nun sitze ich also im Flugzeug und blicke aus dem Fenster. Die Sonne wird heller, aber ich kann immer noch keine menschliche Ansiedlung entdecken. Von oben kann ich die öden Landstriche kaum voneinander unterscheiden. Einer europäischen

Reisenden wie mir kann das nicht missfallen. Vollkommene Leere. Beruhigende Hochplateaus, so weit das Auge reicht. Keine Zivilisation in Sicht. Ich bin fasziniert.

Nur weiter westlich und südlich unserer Flugroute liegt fruchtbares Ackerland – der Obstgarten von Afghanistan. Er wird umrahmt von zwei mächtigen Flüssen, dem Helmand und dem Arghandab. Zwischen ihnen befinden sich alte, gut ausgebaute Bewässerungssysteme. Doch diese Fläche umfasst lediglich 10 Prozent des Landes, der Rest ist kaum landwirtschaftlich nutzbar. In Afghanistan, stellt der Anthropologe Barfield fest, sei Landwirtschaft eine Sache des puren Überlebens, „eine fast unvorstellbare tägliche Mühsal, wo man bei Sonnenaufgang aufsteht, weil es da Licht gibt, und gleich bei Sonnenuntergang schlafen geht, weil es kein Licht mehr gibt. So ein körperlich anstrengendes Leben lässt Menschen älter aussehen, als sie sind – vorausgesetzt, sie leben überhaupt lange genug, um alt auszusehen."[2]

Diese Schwierigkeiten des täglichen Überlebens werden in einem lang gestreckten Tal, genannt Korengal, noch auf ganz andere Weise deutlich. Wer als Fremder diesen Landstrich betritt, ist schon deshalb verloren, weil die Bewohnerinnen und Bewohner über Jahrhunderte ihre eigene Sprache behielten, die selbst für die restlichen Afghanen, geschweige denn den Rest der Welt, unverständlich ist.[3]

Trotzdem gibt es im Korengal-Tal, wie auch in allen anderen Grenzgebieten Afghanistans – sei es zu Pakistan, zum Iran oder im Norden zum heutigen Usbekistan und Tadschikistan –, einen regen Handel unter den Menschen. Von Außenstehenden wird dieser Austausch Schmuggel genannt. Weiter südlich ist ein großer Teil des Landes Drogenanbaugebiet. Die Geisel von Afghanistan.

Die harte, unwirtliche und menschenfeindliche Landschaft macht den Alltag für viele Afghanen beschwerlich, doch gleichzeitig bietet sie auch Verstecke und Unterschlüpfe bei kriegerischen Auseinandersetzungen, wie alle Eindringlinge merken, die hier einfallen. Die Liste der Invasoren ist lang.

An prominenter Stelle stehen die Briten. Das Weltreich war im 19. Jahrhundert die Herrin über den südlich von Afghanistan gelegenen Indischen Subkontinent. Drei Kriege, die als Strafexpeditionen charakterisiert werden können, führte das Imperium erfolglos gegen die Afghanen. Auf die Niederlage der Kolonialmacht folgte 1919 die staatliche Unabhängigkeit Afghanistans. Die Briten maßten sich allerdings vorher an, den Afghanen im Süden eine Grenze aufzuzwingen. Bis heute wird dieser Eingriff von der Bevölkerung nicht akzeptiert. Viele Afghanen ignorieren die sogenannte Durand-Linie, der fast 2500 Kilometer lange Grenzverlauf zwischen Afghanistan und dem heutigen Pakistan. Familien ziehen über die Grenze, als wäre es das Selbstverständlichste der Welt.

Neben den Briten fielen im 19. Jahrhundert immer wieder die Russen aus dem Norden ein, um sich den Zugang zum Indischen Ozean zu sichern. Auch Deutsche tauchten am Hindukusch auf, wollen das Land zur Zeit des Ersten Weltkriegs gar auf die Seite der Mittelmächte ziehen. Und natürlich versuchten die USA und die spätere Sowjetunion immer wieder ihren jeweiligen Einfluss in Afghanistan auszubauen und geltend zu machen.

Die Stewardess in ihrer adretten türkisfarbenen Uniform, eine Kappe auf der perfekt sitzenden Frisur, die Augen trotz der frühen Stunde und mangelnder Fluggäste aufwendig geschminkt, steht wieder neben mir. In der Hand eine Tasse mit brühend heißem grünem Tee, dem afghanischen Nationalgetränk. Während ich mich bedankte, liegt mir die Frage auf der Zunge, wie sie wohl zum sowjetischen Einmarsch steht. Doch die Art wie sie sich gibt, die Modernität, die sie ausstrahlt, veranlasst mich dazu, die Frage mit dem Tee hinunterzuschlucken. Die Frau ist vermutlich eine Anhängerin des kommunistischen Kabuler Regimes.

Vielleicht begrüßt sie die Besetzung des Landes im Dezember des Vorjahres sogar, als die sowjetischen Streitkräfte unter dem Vorwand eines angeblichen afghanischen Hilferufs einmarschierten. Für viele Frauen in einer ähnlichen Position wäre das tatsächlich ein Grund zum Jubeln gewesen. Sie steigen unter der neu eingesetzten progressiven Regierung in Positionen auf, von denen ihre Großmütter nicht einmal hätten träumen können. „Befreiung aus der Vergangenheit" ist die Losung, unter der diese Umwälzungen stattfinden. Alles muss sich ändern. Alles soll besser werden. Obwohl selbst in der kommunistischen Partei darüber gestritten wird, was dies eigentlich bedeutet. Radikale und gemäßigte Flügel der Partei ringen in Afghanistan um die Vorherrschaft. Überall entbrennen blutige Scharmützel. Zehntausende Truppen der Roten Armee sind nun in Afghanistan, angeblich um diesen Bruderzwist im Zaum zu halten.

Die Okkupation ist für mich der Anlass zu meiner ersten Reise nach Afghanistan. Kabul ist zu diesem Zeitpunkt ein begehrtes journalistisches Ziel und ich gestehe, die Tatsache, dass mein Team und ich als Einzige im Flugzeug sitzen, macht mir berechtigte Hoffnung auf eine exklusive Reportage. Man wird ja wohl träumen dürfen …

Die Illusion endet, sobald sich die Maschine ein letztes schmales, lang gestrecktes Tal hinunterschlängelt und auf der Flugpiste von Kabul aufsetzt. In der Ankunftshalle werden wir von zwei Apparatschiks erwartet. Die mürrischen Beamten sind die personifizierte Gleichgültigkeit. Beide tragen Uniformen mit leicht sichtbaren Pistolen am Gürtel. Sie scheinen sogar denselben Friseur zu besuchen. Diese Männer sind unsere Aufpasser. Willkommen in Kabul.

Nicht nur unsere neuen Begleiter bereiten mir Kopfschmerzen – auch die Höhenlage der afghanischen Hauptstadt, fast 2000 Meter über dem Meeresspiegel, trägt dazu bei. Inzwischen brennen auch die Sonnenstrahlen unerbittlich herunter.

Irgendwo bellen einige Hunde, als hätten sie gerade ihren schlimmsten Feind entdeckt.

Der Rest ist himmlische Stille. Im ersten Moment scheint alles paradiesisch, sehe ich von den beiden Aufpassern einmal ab. Der Eindruck, in einem Shangri-La nicht am Himalaya, sondern am Hindukusch gelandet zu sein, verstärkt sich für mich bei jedem Schritt. Sobald wir den Flughafen in einem geräumigen Combi verlassen, sehe ich gepflegte Parkanlagen mit schier endlosen Reihen von Rosensträuchern, die in dieser Höhe gut gedeihen. Früher waren diese Parks die Lustgärten der Könige, doch heute gibt es auch viele Flächen für die Bevölkerung, um dort am Wochenende zu picknicken, Drachen steigen zu lassen und sich die Zeit mit Spielen zu vertreiben. Blitzsaubere Gehsteige ergänzen die Idylle.

Kabul ist bei meinem ersten Besuch nicht nur ein geputztes Himmelreich, sondern hat noch vieles andere vorzuweisen: eine Universität, eine Kunstakademie, ein Nationalmuseum und einen unfertigen Königspalast am südlichen Rand. Nun rollt der Combi am zentralen Paschtunistan-Platz vorbei, wo das düster anmutende Kabul Hotel mit seinem holzgetäfelten Restaurant im ersten Stock liegt. Gleich gegenüber entdecke ich ein Kino. Auf dem Plakat über dem Eingang wird ein schmalziger indischer Streifen angepriesen, aber da ich bei dieser Visite einen Kinobesuch versäume, bin ich neugierig, wie wohl der Innenraum aussieht. Mit einem lakonischen „Sehr schön", beantwortet einer der Aufpasser wie auf Befehl meine Frage. Wir fahren durch eine Welt des Friedens und der Stille.

Während ich meine Eindrücke von damals aufschreibe, fällt mir auf, wie positiv, um nicht zu sagen verklärt, ich das damalige Afghanistan wahrnahm. Damit war ich nicht allein – vor mir zeigten sich schon andere von diesem Land beeindruckt. So etwa der amerikanische Filmemacher Glenn Foster, für den Afghanistan über 50 Jahre hinweg eine zweite Heimat war. Nach Foster

Die Asmayi Road in Kabul mit Blick auf die mächtige Gebirgskette des Hindukusch.

litt keiner unter Hunger, trotz der „Massen an Menschen“ im Land, und „die Dorfbewohner waren sehr gastfreundlich.“[4]

Bei vielen jungen Europäerinnen und Europäern besitzt Afghanistan bis zu diesem Zeitpunkt auch den Ruf eines Freiluft-Haschisch-Ladens. Man reist hin, um sich zu vergnügen. Hippies auf dem Wege nach Indien und Abenteurer bevölkern die billigen Gästehäuser von Kabul. Die Afghanen verstehen es, die Träume der Aussteiger in bares Geld zu verwandeln. Neben dem Verkauf von Drogen machen sie noch auf viele andere Arten gute Geschäfte mit den Touristen. In einer zentralen Straße, in der früher Geflügel verkauft wurde, daher *Chicken Street* genannt, bieten biblisch anmutende Gestalten bodenlange zentralasiatische Kaftane zum Verkauf an. Diese bunten Hemden oder Kleider für Frauen sind bei den Hippies äußerst beliebt. In den Vitrinen ihrer Läden liegen Ballen von Teppichen, zu denen sich in den Wintermonaten noch Pelzkappen und Mäntel aus

Das Büro eines Busunternehmens in Kabul, das europäische Hippies und Abenteuersuchende durch Afghanistan brachte. 1978

Fuchsfellen mischen, die von Jägern aus Nordafghanistan in die Hauptstadt gebracht wurden.

Verhandeln ist in den Straßen Kabuls kein Kunststück. Jeder afghanische Händler wechselt sofort zu Englisch, wenn er nur den geringsten Kontakt zu Fremden hat, und kann die potenziellen Kunden oft dazu bringen, etwas zu kaufen, was sie eigentlich nicht brauchen. Dazwischen bekommen die Touristen literweise Tee eingeflößt. Händler scheuen keine Kosten. Sie haben keine Eile. In der Chicken Street steht die Zeit still. „Tatsächlich hat [Kabul] immer noch den Charakter eines Bergdorfes oder eines Außenpostens von Pelzhändlern“,[5] beschreibt der damalige Afghanistanreisende Peter Levi die Stadt. Er ist ein besonderer Hippie gewesen, denn eigentlich führte er als Priester eine Gemeinde an. Es hatte ihn, genau wie viele Lehrerinnen oder angehende Mechaniker, in das legendäre Himmelreich verschlagen.

Studentinnen an der Medizinischen Fakultät der Universität Kabul. 1962

Studentinnen bei einer Kundgebung der kommunistischen Demokratischen Volkspartei Afghanistans in Kabul. 1978

Zu all diesen Eindrücken reihen sich die Aufnahmen von blutjungen Afghaninnen in westlichen Miniröcken ein, die durch den Park spazieren. Aber diese Fotos habe ich erst Jahrzehnte später im Internet entdeckt. Als ich in Kabul ankam, entdeckte ich keine Miniröcke, dafür aber etwas altbackene Kostüme wie die der Stewardess.

Die Aufpasser, einer auf dem Vordersitz, einer neben uns im hinteren Teil des Autos, weisen auf der Fahrt zum Hotel energisch meinen Kameramann zurecht, der uns entgegenfahrende Militärkonvois filmen will. Der allererste Dreh scheitert somit. Die Idylle ist abrupt beendet.

Die Besatzungsfahrzeuge kriechen schwerfällig an uns vorbei, auf einer Anhöhe taucht das Hotel Intercontinental wie ein mächtiger Koloss vor uns auf. An der Schwelle zu dem fünfstöckigen Betonbau steht bereits ein livrierter Portier. Wir sind in einem Haus von Welt gelandet. Das Hotel, in den 1960er-Jahren mit Hilfe amerikanischer Investoren gebaut, wurde vom damaligen König in einer feierlichen Zeremonie eröffnet. Auf dem Gelände befinden sich sogar Tennisplätze und ein Swimmingpool, damals einmalig in Afghanistan. Vom livrierten Diener, der sich als charmanter Afghane mit universalem Wissen herausstellt, erfahre ich, dass der Pool aufgrund von Chlormangel leider geleert werden musste. Die Tennisplätze wären genauso wenig benutzbar. Fotografien von Tennis spielenden Damen in kurzen weißen Röcken hängen aber weiterhin im Lift, mit der Schrift *Enjoy our hotel* darüber. Alles erinnert eher an Miami als an Kabul. Nur der Portier trägt mit seiner pseudo-afghanischen Uniform plus fantasievollem Turban dazu bei, die Atmosphäre Afghanistans nicht völlig auszusperren.

Das internationale Flair kommt nicht von ungefähr, denn das Intercontinental war vor nicht allzu langer Zeit ein Treffpunkt von zahlreichen westlichen Geschäftsleuten, darunter so einigen Amerikaner. Sie trieben in Südafghanistan seit Lagem

Das Hotel Intercontinental kurz nach seiner Eröffnung 1969.

eine Reihe von Projekten voran. Zuerst waren es die Afghanen, die schon in den 1930er-Jahren ihre Fühler nach Amerika ausstreckten, um ihrer Abhängigkeit von den Sowjets ein Gegengewicht zu setzen. Als verführerische Eintrittskarte nach Afghanistan wurde einer US-Firma ein bis dahin einmaliger Vertrag angeboten, der Schürfrechte für Öl- und Mineralstoffe mit langer Laufzeit zusicherte. Diese sich anbahnende geschäftliche Liaison fand ein jähes Ende, denn die Firma zeigte keinerlei Interesse an Afghanistan.[6] Später bauten die USA doch noch im Süden Afghanistans einen Flughafen und Staudämme. Das war kein Akt der Selbstlosigkeit, sondern eine Reaktion auf sowjetische Waffenlieferungen nach Afghanistan. Dies markierte den Startpunkt für ein Wettrennen um Afghanistan. Beide Großmächte hatten einen Fuß im Land. Beide täuschten vor, lediglich einem kleinen entlegenen Königreich helfen zu wollen.

Der König ist das erste Opfer dieses Ringens um Afghanistan. Er wird 1973 von prosowjetischen Kräften aus dem Land vertrieben und verbringt seinen Lebensabend im Exil. Die Amerikaner wollen ebenfalls ihren Einfluss geltend machen. Sie haben die gesamte Region im Auge, besonders den ölreichen Iran. Im Osten beherrscht aber China alles. Im Norden die Sowjetunion. Nachdem der amerikanische Einfluss im Iran schwindet, als der radikale Ayatollah Khomeini die Macht übernimmt, intensivieren die Amerikaner ihre Bemühungen in Afghanistan. Dort gibt es Unzufriedene, die gegen die herrschende kommunistische Partei aktiv werden wollen. Diese werden von den Amerikanern unterstützt, was wiederum den Argwohn Moskaus erhöht. Die sowjetische Intervention ist eine Folge dieser Dynamik.

Afghanistan hat bei alldem wenig mitzureden. Es ist ein Spielball der Großmächte. Erst begehrt und umworben. Danach verhasst und vergessen. Wir befinden uns gerade in der ersten Phase. Die Sowjets wollen das Land nach ihren Vorstellungen modernisieren. Die Amerikaner dagegen wollen verhindern, dass der Einfluss aus Moskau zu groß wird.

Trotz des internationalen Interesses an Afghanistan sind mein Team und ich die einzigen Gäste, die im weitläufigen Speisesaal frühstücken. Dabei werden wir von einer ganzen Armee stoischen Personals beobachtet. Vor dem Fenster begleitet ein einsamer Wachsoldat das morgendliche Spektakel. Er dreht geduldig seine Runde um das Hotelgebäude. Ein Hubschrauber taucht plötzlich vor dem Fenster auf. Er zieht eine Runde, bevor er über dem Hotel verschwindet. Der Soldat draußen sieht dem Helikopter nach, als wäre er ein harmloses Spielzeug.

Ich hätte zu gerne vom Personal erfahren, wer die letzten Gäste vor uns waren, wer hier den Tennisschläger schwang. Jetzt scheint das Hotel verwaist. Aber jeder tut so, als wären ein leeres Hotel und ein Hubschrauber am Morgenhimmel völlig normal. Von unseren Aufpassern ganz zu schweigen. Jedes Mal, wenn sie uns abholen, frage ich nach einem Interview mit durchschnittlichen Afghanen. Doch sie bringen uns stattdessen zu offiziellen Schönfärbern, die einhellig die Errungenschaften des Kommunismus loben.

Dabei kann ich deutlich beobachten, dass der Krieg im Umkreis von Kabul in vollem Gange ist. So etwa im unruhigen Logar-Tal im Osten. Dort wollen bewaffnete Widerstandsgruppen verhindern, dass die Sowjets eine wichtige Mine mit Kupfervorkommen namens Mes Aynak ausbeuten. Sie greifen die Lastwagen, die das Kupfer wegbringen sollen, auf der Überlandstraße an. Als Reaktion darauf rücken Hubschrauber – wie der vor unserem Hotelfenster – aus, um die Aufständischen im Morgengrauen zu bombardieren. Auch im Süden von Afghanistan brechen zunehmend Kämpfe aus. Eine der Städte dort heißt Dschalalabad. Ich habe meine Aufpasser längst um eine Reise dorthin gebeten. Sie reagierten mit ausgesuchter Regungslosigkeit.

So geht das Spiel immer weiter. Während wir tagsüber zu offiziellen Terminen unterwegs sind, wird das Hotel, ausgenommen der geschlossene Pool, jeden Tag geflissentlich von einem Putzkommando gereinigt. Die hoteleigene Grünanlage ist in den guten Händen eines Gärtners. Die Zimmer sind sauber. Die Bettwäsche wird gewechselt. Und zur Freude meines Teams stehen in der Bar gegenüber der Rezeption noch einige Flaschen mit teurem Alkohol aus aller Welt in Regalen. Die Sorgfalt, mit der diese scheinbare Normalität aufrechterhalten wird, ist merkwürdig, wo doch jeder ahnen muss, dass es früher oder später damit vorbei sein wird. Vor allem unsere Aufpasser lassen sich nicht von ihrer Aufgabe abhalten, ja nicht einmal zu einem Glas verführen. Immerhin schaffen wir es, ihre Aufmerksamkeit so weit abzulenken, um zwischendurch den nahe gelegenen Flughafen vom Balkon unseres Zimmers im 3. Stock heimlich zu filmen. Wir beobachten zahlreiche Kampfflugzeuge und -helikopter, die von dort in die Luft steigen oder landen. Wir reden nicht miteinander, um nicht doch noch aufzufliegen. Dann kehren wir zurück in die Lobby und tun so, als hätten wir etwas Dringendes zu tun gehabt. Die Aufpasser täuschen weiterhin stur vor, dass wir hier in Kabul Sommerurlaub machen. Zwischendurch führen uns die beiden ins Restaurant im Hotel Kabul aus, wo sie sich die Bäuche auf unsere Kosten vollschlagen.

Doch nicht immer läuft der Alltag nach der Vorstellung unserer Bewacher ab. Der Portier macht ihnen einen Strich durch die Rechnung. Er organisiert mir einen Taxifahrer, damit ich mich zwischendurch selbstständig in der Stadt bewegen kann. Mehrmals täusche ich unabdingbare persönliche Wege, zum Beispiel in eine Apotheke, vor. Mein eigentliches Ziel ist aber der Kabuler Basar. Hier pulsiert das Leben in der Stadt. Der Fluss, der den Handelsplatz spaltet. Händler, die Teppiche und Blechgeschirr verkaufen. Der Geldmarkt, wo jede Währung der Welt – gegen einen gehörigen Aufpreis – getauscht werden kann. Die dortigen Budenbesitzer wissen genau, wie Wirtschaft hier funktioniert – und sind sicher keine Anhänger der Planwirtschaft. Dollar nehmen sie. Rubel vielleicht. Schecks aus Europa. Goldmünzen aus Indien. Aber große Reformen wie die Einführung eines Banksystems werden strikt abgelehnt. Selbst Supermärkte haben in Afghanistan mit dem Widerstand der sogenannten *Bazaaris* zu rechnen, denn die nehmen ihnen das Geschäft weg.

Auf die Idee, mich bei den Händlern umzuhören, hat mich ursprünglich ein Lehrer der deutschen Schule in Kabul gebracht. Diese ist nach dem sowjetischen Einmarsch sofort geschlossen worden, doch anders als andere Ausländer zog mein Bekannter nicht weg. Er will sehen, wie das sowjetische Experiment ausgeht. Dabei zeigt er sich mehr als skeptisch. Er prophezeit, dass es den Sowjets wie allen anderen Invasoren in Afghanistan ergehen würde. Früher oder später würden sie vertrieben werden. Es gäbe nur eine winzige Minderheit der Bevölkerung, die von Moskau profitieren würde.

Und trotzdem, bei meinen heimlichen Basar-Spaziergängen ergibt sich ein gemischteres Bild. Es gibt keinerlei Spur von Niedergeschlagenheit.

Als Ausländerin in den engen Gassen zwischen den Läden zu lange zu verweilen ist nicht ratsam. Es gab bereits Fälle, in denen russische Frauen hinterrücks erstochen worden waren. Die Ermittlungen der Polizei blieben erfolglos, denn niemand wollte den Behörden in irgendeiner Form helfen. Während ich den Basar erkunde, betone ich bei jedem einzelnen Händler, dass ich keine *Schurawi,* keine Russin sei. Danach bin ich willkommen. Und man serviert mir Tee.

Auf meinen Erkundungstouren schnappe ich so einige Informationen von den Händlern auf, die nicht im staatlichen Fernsehen gesendet werden. Die Kundinnen und Kunden blieben aus. Die Reichen hätten das Land längst verlassen. Die Armen würden ihre wenigen Afghani lieber sparen als ausgeben. Obwohl ich kein Kopftuch umgebunden habe, ernte ich keine schiefen Blicke auf dem Basar. Stundenlang sitze ich bei den Männern in den Buden. Der Basar ist eine Schule des Lebens. Lastenträger ziehen mit übergroßen Ballen Stoffen draußen vorbei. Sie beachten mich nicht einmal. Die Menschen hier sind anderes gewöhnt. Insofern spüre ich keinerlei Feindseligkeit mir gegenüber. Immerhin bin ich eine der rar gewordenen Kundinnen. Und tatsächlich kann ich den Angeboten der Händler, den Tüchern und Souvenirs, die Helfer in einem fort heranschleppen, schlecht widerstehen. Dabei fühle ich mich zunächst wie in einer anderen Welt, komme ich doch aus einer Kultur, die das Feilschen verlernt hat. Doch das Ritual ist leicht erkennbar. Zuerst muss der Händler seinen potenziellen Kundinnen und Kunden Tee servieren, auch wenn diese nichts kaufen. Teppichhändler legen dabei eine unglaubliche Überzeugungskraft und Ausdauer an den Tag. Ich kaufe meinen ersten eigenen Teppich, obwohl ich ahne, dass ich gnadenlos über Wert zahle. Doch zwischen den heißen Tees werden mir deshalb auch Insiderinformationen serviert – beispielsweise sei ein Großteil von Afghanistans kommunistischer Partei dem Alkohol verfallen. Eingeschlossen der emanzipierten Frau des Präsidenten. Einige Tage später interviewe ich sie. Sie sitzt in einem bräunlichen Kostüm vor mir, das mich an das Outfit der Stewardess erinnert. Sie redet von Fortschritten – und präsentiert mir damit das Kontrastprogramm zu den *Bazaaris*, die ihre eigenen Frauen und Töchter vor mir verbergen und zu Gott beten, dass sie wieder gehorsam bleiben.

Freitags versammelt sich Jung und Alt zum gemeinsamen Gebet bei den Moscheen am Fluss, und kein sowjetischer Soldat wagt sich in die Nähe. Selbst meine Aufpasser würden gut beraten sein, sich dort nicht sehen zu lassen. Sie sind nicht die Einzigen, die bewaffnet sind. Die übliche Gebetsformel übertönt jedes andere Geräusch, vom Autolärm bis zum Bellen der Hunde. Das Echo des Gebets hallt von den Hügeln wider, die Kabul umgeben: *Allahu akbar*! Gott ist groß!

Den gläubigen *Bazaaris* macht die aktuelle Situation in Afghanistan trotzdem große Sorgen. Der Kabuler Basar befindet sich auf den asiatischen Nord-Süd Verbindungen, von Zentralasien im Norden bis zum indischen Subkontinent im Süden. Früher lagen dort die besten Weideplätze für die usbekischen Pferdehändler, die ihre Tiere oft aus dem Norden auf indische Umschlagplätze brachten, um sie dort gewinnträchtig weiterzuverkaufen. Es sind die Nachfahren dieser Händler, die gegen die sowjetischen Invasoren aufbegehren, aber sich andererseits auch in Zurückhaltung üben. Die *Bazaaris* sind Überlebenskünstler. Sie wollen nicht, dass fremde Mächte über ihre Angelegenheiten bestimmen. Sterben wollen sie genauso wenig. Also leben sie nach dem Prinzip des *bitarafi*. Übersetzt heißt dies „auf keiner Seite stehen“, denn „was würden die […] Afghanen schon erreichen, wenn sie sich auf eine Seite stellen würden?“ schreibt der Anthropologe Louis Dupree.[7] In seiner Darstellung der Geschichte stand Afghanistan weder auf der einen noch auf der anderen Seite der Großmächte. Der britische Historiker Peter Frankopan schreibt, Afghanen wären gegenüber allen Fremden gleichermaßen misstrauisch und gegenüber allen Supermächten vorsichtig. Junge Afghanen, die im Ausland studieren, würden nach ihrer Rückkehr von den jeweiligen Aufenthalten in Moskau oder Washington daheim ihre Aufzeichnungen vergleichen. Dabei gelangten die meisten von ihnen zu ein und derselben Erkenntnis: beide Seiten würden lediglich ihre eigenen Interessen verfolgen. Vertrauen in die Großmächte könnte es daher nicht geben. Unabhängigkeit sei der einzige Weg, den es einzuschlagen gäbe.[8]

Übertragen auf die Kriegswirklichkeit, bedeutet das, wie ich langsam herauskriege, dass Menschen in Afghanistan ihre Söhne ohne schlechtes Gewissen in den Widerstand schicken. Wohlhabende Handelsfamilien unterstützen Familien, deren Söhne im Kampf gefallen waren. In Afghanistan gibt es oft interne Streitereien zwischen den Menschen, aber in Krisenzeiten greift man einander unter die Arme – wer weiß schon, was der nächste Morgen bringt. In dieser Logik war es damals vertretbar, einen Sohn in den Widerstand zu schicken und den anderen als Polizist ausbilden zu lassen. So war man für alle Eventualitäten abgesichert. Für Außenstehende ist dies schwer nachvollziehbar, aber die Afghanen konnten sich den Luxus einer offenen Rebellion gegen eine Supermacht nicht leisten. Das Land ist riesig. Unkontrollierbar. Die Zahl der Einwohnerinnen und Einwohner vergleichsweise niedrig, 1980 betrug sie nur um die 13,5 Millionen.[9] Fremdbestimmung wird von den Afghanen mit Überlebenskunst gepaart. Die ungewöhnliche Art der Afghanen, sich mit niemandem anzulegen, jedenfalls nicht vordergründig, ist in seiner Geschichte mitbegründet.

Afghanistan bestand als eigenständiges Königreich seit dem Jahre 1747. Sein erster König, Ahmad Schah Durrani, hatte sich gegen andere Stammesführer im Süden durchgesetzt und sie unter seiner Herrschaft vereint. Er und seine Nachfolger mussten eine Politik des ständigen Verhandelns verfolgen. Sich zu sehr in die Belange der eigenen Bevölkerung einzumischen brachte Ärger und entfachte Rebellionen. Die Bevölkerung regelte vieles unter sich. Im Gegenzug tolerierte sie die jeweiligen Herrscher und beanspruchte keinen Machtwechsel. Diese gegenseitige Gleichgültigkeit sicherte den Frieden. Kleinkriege zwischen den Stämmen in den entlegenen Regionen waren an der Tagesordnung, kein Herrscher versuchte hier energisch zu intervenieren. Irgendwann hörte jeder Kleinkrieg auf. Die Durchsetzungskraft der Könige blieb dementsprechend gering.

Wer Afghanistan von außen kontrollieren wollte, hatte es auf den ersten Blick daher leicht. Man musste nur besser organisiert sein. Wie die Sowjets, die sich bei ihrer Intervention auf eine lokale kommunistische Partei als Basis stützten, Figuren wie meine Aufpasser. Ein Fehler der Sowjets wurde schnell offensichtlich: Sie hatten es eilig, ließen ihren Reformbestrebungen nicht ausreichend Zeit. Sie legten Frauenrechte in der Verfassung Afghanistans fest. In der Folge wollten sie Kampagnen zur Alphabetisierung bis in die entlegenen Dörfer tragen, was den Zorn der konservativen Bewohnerinnen und Bewohner hervorrief. Sie hatten sich schlichtweg übernommen.

Die Afghanen dachten hingegen in langen Zeiträumen. So lang wie die Schatten des Hindukusch, wenn die Sonne sich langsam am Horizont senkt. Eile ist ein Fremdwort. Man saß eine Ewigkeit zusammen, Teegläser vor sich, Höflichkeitsformeln auf der Zunge, bis ein Problem gelöst ist. Oder eben nicht. Die einfallende Rote Armee verbitterte jene, die die Freundschaft mit den Sowjets, auch wenn sie selbst keine Kommunisten sind, aufgrund ihrer Vorteile nicht ablehnen. So schickten viele

Afghanen ihre Kinder zum Studium nach Moskau und merkten erst später, in welche Falle sie sich mit der sowjetischen Abhängigkeit begeben hatten.

Zu den Enttäuschten gehörte der angesehene Stammesführer Said Ahmed Gailani. Ihm wird folgendes Zitat zugeschrieben: „Wir haben unsere Offiziere zu Euch zur Ausbildung geschickt. Damit sie dort auf den Militärakademien studieren. Das bedeutete, wir haben eurer Regierung vertraut, aber ihr habt uns verraten!“[10] Von Verrat sprach nicht nur Gailani, sondern dies war ab dem Zeitpunkt der sowjetischen Invasion ein Massenphänomen unter Afghanen. Vertrag ist Betrug. Eine ernste Angelegenheit. Fortschritt ist seither bei vielen mit einem schalen Beigeschmack behaftet. Unabhängigkeit, selbst, wenn sie Armut brachte, ist zu kostbar – daher hat Gailani nicht allein die Sowjets beschuldigt. Er kündigt an, die Afghanen würden genauso die US.Amerikaner bekämpfen, wenn es notwendig wäre. Seine Warnung geht im Chaos der folgenden Jahre unter. Amerika ist noch fern.

Zurück im Hotel, bricht für mich und mein Team ein weiterer Tag in Kabul an. Beim Frühstück wird heute French Toast serviert, der in einer fetten Butterschicht ertrinkt. Der gute Tee und Kaffee stimmen uns wieder versöhnlicher. Draußen hat der Gärtner bereits mit dem Unkrautjäten begonnen. Rosafarbenes Licht verwandelt die Lehmhütten auf den umliegenden Hügeln in scheinbar begehrenswerte Heime. Die Idylle wirkt überzeugend – wären da nicht die Statistiken, die von einer Stadt erzählen, in der die Mehrheit der Bewohnerinnen und Bewohner keinen Strom- oder Wasseranschluss besitzt. An den Außenbezirken bilden sich inzwischen zunehmen Flüchtlingslager. Wann immer irgendwo bombardiert wird, strömen die Dorfbewohner mit ihren letzten Habseligkeiten in die Stadt. Hier erhoffen sie sich Sicherheit. Keine nächtlichen Angriffe aus der Luft mehr.

Niemand trauerte dem Verlorenen nach, solange die Familienmitglieder gerettet werden konnten.

Überpünktlich taucht der Combi der staatlichen Tourismusanstalt auf dem Parkplatz vor der Tür auf. Diesmal aber strahlen unsere beiden Aufpasser beim Aussteigen. Gute Nachrichten stehen ihnen in die Gesichter geschrieben. Man wird uns aus Kabul hinausbringen, um uns die echten Erfolge bei der Landreform, Neuverteilung von Grund und Boden zu präsentieren. Dazu die Fortschritte bei der Alphabetisierung. Mich beschleicht sofort Skepsis. Wird man uns in ein Musterdorf schleppen, um uns die Erfolge darzulegen? Werden wir eine inszenierte *Jirga*, eine Versammlung der Dorfältesten erleben, bei der wir stundenlang mit Lobeshymnen auf die Fortschritte überhäuft werden?

Die *Jirga* ist eine typisch afghanische Angelegenheit. Eine Art traditionelle Selbstverwaltung, ein Überbleibsel aus der Königszeit. In den meisten Dörfer entscheiden *Jirgas* fast alle Belange. Man erzählt sich über die *Jirgas*, sie wären, wenn sie nicht vor der ausländischen Presse auftreten müssen, gegen das sowjetisch kontrollierte Regime. Zum Beispiel sind in ihren Augen die Kampagnen zur Alphabetisierung nicht nur abzulehnen, weil sie Mädchen und Jungen in gemeinsamen Klassen zusammenbringen, sondern weil sie im ländlichen Afghanistan mit sämtlichen etablierten sozialen Normen brechen. Das Regime hat nicht genug Personal, um jede Dorfgemeinschaft darüber aufzuklären, welche Vorteile die Alphabetisierung mit sich bringen kann. Mehr Wissen bedeutet ein besseres Leben. Da die Sterblichkeitsrate in Afghanistan hoch ist, könnten Witwen mit Schulausbildung sich und ihre Kinder leichter durchbringen.

Doch je weniger die Dorfbewohner aufgeklärt werden, desto sturer bestehen sie auf ihren alten Lebensformen. Auf Religion und Traditionen, die alles regeln. Die fünf Gebete teilen ihren Tagesablauf ein. Aufstehen, Mittagessen, Pause am Nachmittag, Abend und dann der verdiente Schlaf. Freitags, am Ruhetag, treffen sich die Männer, in ihren schönsten Kaftans und gestärkten Turbanen, den Bart frisch gestutzt, in den Moscheen, um die Predigten ihrer Mullahs zu lauschen. Sie erzählen von der Schönheit und der Grausamkeit des Lebens, der Barmherzigkeit Allahs und der Notwendigkeit des Heiligen Krieges gegen Ungläubige wie den Kommunisten. Diese klaren Geschichten verstehen die Männer besser als die Lehren eines Karl Marx. Ihr Leben ist hart. Änderungen am Horizont werden immer von der Furcht begleitet, es könnte nicht besser, sondern nur noch schlechter werden. Die Mullahs tragen ihren Teil dazu bei, indem sie diese Befürchtungen von der *Minbar*, der Kanzel in den Moscheen, aus schüren und so die eigene Machtposition über die Gemeinde festigen. Die dörfliche Ordnung ist aber komplizierter, als sie auf den ersten Blick erscheint. Frauen arbeiten sehr wohl – etwa auf den Äckern. Sie tragen dabei keine umständliche *Burka*, sondern bunte Tücher auf den Kopf. Das Dorf ist in den Augen aller ein sicheres Biotop – bis die schnurrbärtigen Männer in den Anzügen auftauchen: „Die kommunistische Partei vergaß, die weitreichenden Folgen vieler ihrer Maßnahmen zu bedenken. Fragen, die für sie rein wirtschaftlich waren, hatten soziale Folgen, und viele ihrer sozialen Reformen betrafen so grundlegende Werte wie Familienehre. [...] Als die Partei erklärte, ihre Regierung beruhe auf einer nichtreligiösen Grundlage, untergrub sie damit ihre Legitimität in den Augen der ländlichen Bevölkerung. Nicht war in Afghanistan jemals völlig säkular: ein Schaf nach islamischen Regeln schlachten, betend einen Vertrag abschließen oder Almosen geben als Dank für Glück - alles hatte einen gewissen religiösen Unterton.“[11]

Die Regierung hat also nur begrenzte Handlungsmacht in Afghanistan. Sie kann nicht einmal ihre Landreform durchsetzen, also die Verteilung von Grundstücken an arme Bauern. Die

Landbevölkerung sperrte sich gegen diese Umverteilung und sah sie als Diebstahl am Besitz anderer.

Unter diesen düsteren Vorzeichen bringen uns die Aufpasser in ein nahegelegenes Dorf. Bald holpert unser Wagen auf dem steinigen Weg dahin. Die Aufpasser lassen den Fahrer mehrmals anhalten, weil sie offenbar die Adresse nicht kennen. Uns trottet ein Bauer mit einer Schubkarre entgegen, der so tut, als hätte er keine Ahnung, wohin wir wollen. Der Combi arbeitet sich weiter kilometerweise durch die ländliche Gegend. Bei jedem Loch droht der Wagen stecken zu bleiben. Der Fahrer fährt vorsichtig weiter als hätte er Angst, wir würden nach der nächsten Kurve gestoppt werden. Das Land ringsum ist trocken wie eine Steinwüste. Im harten afghanischen Winter müssen diese Pfade völlig unwegsam sein. Ich kann mir nicht vorstellen, wie hier ein Militärfahrzeug vorankommen soll. Zwischendurch bilde ich mir ein, das Brummen von Flugzeugen am Himmel zu vernehmen. Werden wir nun gleich bombardiert? Nein. Das Brummen verliert sich hinter einer endlosen Hügelkette. Jedes Geräusch nimmt in der Einöde, die wir durchqueren, einen besonderen Klang an.

Nach einer gefühlten Ewigkeit erreichen wir unser Ziel. Doch bei unserer Ankunft wirkt das Dorf wie ausgestorben. Unsere Aufpasser erkunden vorsichtig die Hauptstraße des Dorfes, die auf beiden Seiten von Lehmhütten gesäumt sind. In einer ist angeblich die Schule, aber in dem kleinen Raum finden wir nicht einmal eine Tafel und nur einige wenige Stühle. Weit und breit ist keine Menschenseele in Sicht. Einen Augenblick sieht es danach aus, als wären wir in eine Falle getappt. Leise berate ich mich mit meinem Team – wir sollten nicht abseits der Wege herumlaufen, denn Minen gehören zur sowjetischen Kriegsführung.

Wir wissen allerdings nicht, welche Seite das Dorf kontrolliert – das Kriegsglück kann sich über Nacht gewendet haben.

Muslimische Widerstandskämpfer mit einem eroberten sowjetischen Panzer, 1979.

Anti-sowjetische Widerstandskämpfer Anfang der 1980er-Jahre.

Die Gotteskrieger, *Mudschahedin*, wie sie die Afghanen stolz nennen, könnten das Gebiet möglicherweise auch kontrollieren. In diesem Fall könnte es uns schlecht ergehen. Ich will Klarheit haben. Zum Schrecken der Aufpasser gehe ich schnellen Schrittes auf dem Weg immer weiter, bis ich den Dorfrand erreiche. Unser Trupp trottet mir nach. Plötzlich steht vor mir ein alter Mann. Um ihn herum ein behelfsmäßig errichteter Friedhof. Dort wurden mehrere frische Gräber ausgehoben, geschmückt mit grünen Tüchern – der Farbe des Islam –, die behelfsmäßig an Stöcken befestigt wurden. Meistens bleiben die Gräber nur wenige Tage auf diese Weise gekennzeichnet. Vor Kurzem müssen sich hier Kämpfe ereignet haben, die Tote auf der Seite des islamischen Widerstands zur Folge hatten. Der Alte tut so, als wäre es das Selbstverständlichste auf der Welt, dass wir ihn und ihn und die Gräber filmen. Er drängt sich förmlich vor die Linse. Afghanen sind in der Regel alles andere als kamerascheu. Unsere Aufpasser hingegen treiben uns schnell wieder zurück zum Wagen. Auf dem Rückweg frage ich, warum wir nicht länger dageblieben sind, schließlich hatte man uns eine Tour versprochen. Einer der beiden meint, wir hätten noch einen wichtigen Termin. Zurück in Kabul, verabschieden wir uns dann voneinander als wäre Dienstschluss. Natürlich war am Abend kein anderer Programmpunkt mehr vorgesehen. Auf dem Himmel über meinem Balkon erscheinen bald die ersten Sterne.

Der Tag unserer Abreise rückt näher – dabei haben wir noch sehr wenig von Afghanistan gesehen. Und selbst ein kurzer Ausflug zum bekannten Wochenendort Paghman in den Tagen darauf, wo laut der Aufpasser angeblich immer noch Diplomaten den örtlichen Golfclub besuchen, verstärkt das schaurige Gefühl, das wir schon bei dem Dorfbesuch verspürten. Paghman ist ein weiterer Geisterort geworden. Beim kleinsten Geräusch sieht sich der Fahrer panisch um, als fürchte er, in einen Schusswechsel zu geraten. Im Kontrast zu dieser Aufgeregtheit liegt der

See von Paghman friedlich vor unseren Augen. Auf der anderen Seite zeichnet sich die Weite Afghanistans ab. Es gibt nichts zu sehen, und selbst wenn, wie mir der Lehrer erzählte, das gegenüberliegende Ufer von den Gotteskriegern kontrolliert werden sollte, sie zeigen sich uns nicht. Nach einer kurzen Visite des verlassenen Ortes machen wir uns auf den Rückweg nach Kabul.

Die Dämmerung zieht in Afghanistan plötzlich über die Berge. Dann ist es meistens schon zu spät, sich in Sicherheit zu bringen. Die Aufständischen fressen sich in diesen Stunden bereits langsam durch die Außenbezirke der Hauptstadt. Wie lange es dauern wird, bis sie Kabul erobern? Auch auf dem Campus der Universität hat das Regime Mühe, den Frieden zu erhalten. Die Studierenden sind in zwei Gruppen gespalten. Die Konservativen entwickeln sich zunehmend zu Verteidigern einer national-islamischen Idee. Die Progressiven frönen blind dem Fortschritt. Sie wissen sich unterstützt von der sowjetischen Supermacht. Die ersten gewalttätigen Zwischenfälle ereignen sich. Die Menschen in Kabul erzittern bei der Vorstellung, dass aus den Einzeltaten ein kollektiver Aufstand werden könnte. Auch mein Team und ich, eingeschlossen in unserem Biotop, dem Hotel, das wie ein Fremdkörper auf einem Hügel zwischen den Lehmhütten thront. Wir fühlen uns in Kabul regelrecht umzingelt.

Bevor ich mir aber noch ernsthaft die Frage stellen kann, wie wir aus dieser Stadt je wieder herauskommen sollen, finden die beiden Aufpasser zumindest einen Tag lang eine Antwort. Bald sei eine Fahrt nach Dschalalabad geplant, teilen sie uns mit. Mindestens drei Stunden Fahrt durch die Seidenschlucht stehen uns bevor. Alles kann auf dieser Route geschehen, denn die Straße hat große strategische Bedeutung Ich stelle mir vor, wie wir mit einem gutbewaffneten Konvoi durch die Schlucht fahren. Die aufkommende Angst davor schiebe ich ganz weit weg, um der Vorfreude Platz zu machen, endlich etwas von diesem Land zu sehen. Aber mein Gedankenbild platzt wie eine Seifenblase. Wir werden per Hubschrauber nach Dschalalabad gebracht. Also fahren wir zum Flughafen, der Lebensader von Kabul. Von hier aus werden die Sowjets mit Nachschub versorgt. Rund um die Uhr landen schwere Transportmaschinen, meistens am frühen Morgen, weil sie da besser landen und starten können. Der Flugplatz ist also ebenso strategisch wichtig und dementsprechend hart umkämpft wie die Seidenschlucht Richtung Südosten.

Als wir aufbrechen, ist es noch früh am Morgen. Nicht einmal sechs Uhr. Wir sitzen bereits angeschnallt in einem der Hubschrauber, als der Beschuss beginnt. Wie aus dem Nichts schlägt plötzlich eine Rakete in Sichtweite auf einem Hügel ein. In der nächsten Sekunde wirbelt eine Staubwolke auf. Im Hubschrauber regt sich niemand. Jeder von uns wartet auf einen weiteren Angriff, der aber ausbleibt. Wir leben noch. Nach einiger Zeit erhält der Pilot schließlich die Order zu starten, und begleitet von einem zweiten Helikopter, steigen wir fast senkrecht auf. Mein Team und ich sind uns sicher: Wir leben nicht mehr lange. Die werden uns in der Luft treffen.

Anderthalb Stunden später landen wir sicher in Dschalalabad. Die Lage dort ist angespannt, aber wenn ich den lokalen KP-Bonzen glauben kann, sind die sowjetunterstützten Regierungstruppen gerade dabei, die islamischen Söldner zu besiegen, die keinerlei Rückhalt in der Bevölkerung hätten. So reden sich die Kommunisten in Afghanistan ein, alles sei nur eine Frage der Zeit. Egal ob in Dschalalabad oder in Kabul, immer wieder das gleiche Gespräch mit sich ähnelnden Personen: schnelle Sätze. Dieselbe Wortwahl. Kurz geschorene Haare und jede Menge Schnurrbärte.

Dschalalabad ist eigentlich eine liebliche Provinzstadt. Im Osten der Stadt beginnen die fruchtbaren Felder, der Obstgarten Afghanistans. Aber dieses Gebiet ist Sperrzone für uns. Nach wenigen Stunden in der Stadt geht es hektisch zurück zum

Obsthändler in Dschalalabad.

Flughafen, damit wir vor Einbruch der Nacht noch die Hauptstadt erreichen. Da merke ich erst, dass einer der Aufpasser eine Plastiktüte voller Bananen zwischen den Knien geklemmt hält, die er heimlich im Basar für seine Familie gekauft hat. Bananen sind im Süden billiger.

Nach diesem Besuch sind unsere Visa abgelaufen. Bleibt nur noch die Arbeit, die Zensurüberprüfung, die man uns bereits ankündigte, zu überrumpeln. Da bei der Einreise alle Kassetten abgezählt wurden, müssen wir dieselbe Anzahl abgeben. Bei Beginn der Überprüfung gebe ich mich entrüstet. Einer der Aufpasser bekommt beinahe Mitleid mit mir. Danach gehe ich in das Zimmer des Kameramanns, und wir verstecken sorgfältig jene Kassetten, auf denen sich unsere heimlichen Aufnahmen befinden. Natürlich hatten wir bei der Einreise nicht alles angegeben. Schon denken wir, den afghanischen Zensor überlistet zu haben. Doch um sicherzugehen, dass keine Reportage entstehen kann, löscht er sogar offizielle Aufnahmen, die wir mit Genehmigung aufgenommen hatten. Als ich das Material zurückerhalte, bleiben nur noch einige sporadische Reste übrig. Dazu die geheim gefilmten Szenen von unserem Balkon und einige Eindrücke von meinen Besuchen im Basar.

Am nächsten Tag, zu Mittag, bringen uns die Aufpasser zum Flughafen. Sie weichen nicht von unserer Seite, um ssicherzugehen, dass wir auch wirklich das Land verlassen.

In den zwei Wochen, in denen wir uns in Afghanistan aufgehalten haben, ist viel passiert. Kabul konnte gegen die Rebellen verteidigt werden. Es gibt Afghanen, die ohne Weiteres den Reformkurs des Regimes stützen. Menschen sind gestorben. Kinder wurden geboren. Die Welt hat sich weitergedreht. Die Katastrophe ist ausgeblieben. Vielleicht denken unsere Aufpasser: „Alles gut im Moment. Morgen sehen wir weiter!“ Afghaninnen und Afghanen sind geborene Lebenskünstler.

2. Kapitel

Kabul, 1989

Im April 1988 unterzeichnete der sowjetische Parteichef Michail Gorbatschow einen Friedensvertrag mit Afghanistan. Danach begann der langsame Abzug der Roten Armee nach fast einem Jahrzehnt Militäreinsatz in Afghanistan. Seit 1979 waren rund 13 000 sowjetische Soldaten getötet worden. Angaben über afghanische Kriegsopfer reichen von 100 000 bis zu einer Million und etwa sieben Millionen Geflüchteten.[12] Die letzten Truppen verließen Afghanistan im Februar 1989.

Die letzte Reise, die keine war

„Wenn es diese Dukhi hart genug wollen, schießen sie ein Dutzend Mal auf dieselbe Stelle. Und wenn sie keine Patronen mehr haben, wird ein Kommandant seinen eigenen Scharfschützen töten, nur weil der mehrmals danebengeschossen hat!“[13]

Es ist bitterkalt. Ich beuge mich weit aus dem Fenster meines Hotelzimmers in Kabul hinaus und lausche angespannt in die klare, dunkle Nacht hinaus. Nichts. Kein Laut. Kein Raketeneinschlag. Doch plötzlich bellen Hunde. Vielleicht sind es die vom Stadtrand, die von ihren Besitzern gegeneinander aufgehetzt werden – Hundekämpfe sind in Afghanistan sehr beliebt. Jetzt im Winter stehen tagsüber große Menschentrauben in dicke Decken gehüllt kreisförmig um die Eisfläche, auf der die Tiere aufeinander losgelassen werden. Auf die Ausgänge der Kämpfe werden beträchtliche Geldsummen verwettet.

Das Fenster mache ich wieder zu. An Schlaf ist nicht zu denken. Unten in der Lobby hat sich die Hälfte des Personals um den Fernseher versammelt und wartet auf neue Nachrichten. Die derzeitige Aufmachung derselben ist mehr als unpassend, bedenkt man die Lage im Land. In den Fernsehprogrammen voller einschläfernder Eintönigkeit haben die Mudschahedin eine skurrile Hauptrolle zugeteilt bekommen. Einmal sieht man einen Kämpfer in einem afghanischen Ministerium unbeholfen seine Waffe abgeben. Bei anderen Gelegenheiten sitzt eine ganze Versammlung der selbsternannten Gotteskrieger bei Versöhnungstreffen mit ehrwürdig aussehenden Stammesführern. Abend für Abend tauchen Mudschahedin in den verschiedensten Formen im staatlichen Fernsehen Afghanistans auf.

Wenn es nur so einfach wäre, wie das Regime es vortäuscht, wenn ihm nur irgendjemand Glauben schenken würde! Wenn man nur einfach selig einschlafen könnte in diesen eiskalten Nächten, in denen Kabul den Abzug der Sowjets, den Fall des Regimes und den Einmarsch der Mudschahedin gleichzeitig erwartet. Die Bevölkerung ist gespalten. Die einen erhoffen diesen Machtwechsel, so etwa die zunehmenden Menschenmassen in Zeltstädten um die Stadt. Vertriebene. „Binnenflüchtlinge", wie die NGOs sie nennen. Menschen, die von einer Provinz in die andere geflohen sind, bis sie schließlich erschöpft in Kabul ankamen. Hier bleiben sie meist, denn die Stadt ist der einzige Ort im Land, wo bisher noch selten Raketen einschlagen. Hier können sie sich sicherer fühlen als in den übers Land verteilten Dörfern und Ortschaften. Mehr als zehntausend Dörfer sind inzwischen vom kommunistischen Regime dem Boden gleichgemacht worden, um so dem Widerstand Unterschlupfmöglichkeiten zu entziehen. Zu dieser Politik der verbrannten Erde kommen Millionen von ausgestreuten Minen. Sie sollen die Bewegungen der Kämpfer einschränken, doch stattdessen werden sie über Generationen eine Last für alle. Über Jahre und Jahrzehnte werden die Sprengkörper nicht eingesammelt, das Regime und die sowjetische Besatzungsmacht geben die Lagepläne nicht weiter. Einfache Menschen und ihre Familien werden auf der Flucht in Stücke gerissen oder erleiden schwerste Verletzungen, wenn sie – ohne von der Gefahr zu wissen – auf die unsichtbaren Kriegswerkzeuge treten.

Das ist längst nicht alles, was sich in den ländlichen Gebieten Afghanistans abspielt. Die afghanische Regierung, die eigentlich die Bevölkerung schützen sollte, überzieht das Land unterschiedslos und unerbittlich mit Angriffen. Wie viele zivile Familien bei diesen Militäraktionen sterben, darüber gibt es lediglich grobe Schätzungen. Die Opferschätzungen gehen in die Millionen, genauso wie die Anzahl der flüchtenden Menschen. Afghanistans begrenzte Agrarfläche wird von der sowjetischen Luftwaffe mit Bombenteppichen belegt – die oft mittellose Bevölkerung muss oft nicht nur um ihr Leben fürchten, sondern auch um ihr wirtschaftliches

Auskommen. Manche Jahre sind besonders schlimm, und oftmals bleiben von den einfachen Behausungen und Agraranlagen nur Schutt und Asche übrig. Neben den bebaubaren Flächen ist für die ansässigen Bauern auch der Zugang zu den Bewässerungssystemen entscheidend. Sie befinden sich vor allem im Süden, dem Obstgarten des Landes. Aber die Plantagen dienen den Mudschahedin als Verstecke, was zur Folge hat, dass die Gärten besonders gezielt bombardiert werden. Die Bewässerungsanlagen sind gefüllt mit entwurzelten Bäumen und Erdklumpen und damit unbrauchbar.

Trotzdem wären viele der Geflüchteten glücklich, wenn sie aus den Zeltstädten wieder in ihre Dörfer zurückkönnten. Sie erwarten das Ende des Krieges. Sie wollen endlich Frieden in Afghanistan. Stattdessen frieren Frauen und Kinder unter behelfsmäßigen Planen, reiben sich aneinander, um sich so zu wärmen. Sie müssen wie ich in die Nacht hineinhören, auf Raketeneinschläge oder die schneidenden Rotorgeräusche aufsteigender Hubschrauber warten. Doch jetzt ist nichts zu hören. Bedeutet das wirklich das Ende des Krieges?

Es gibt aber auch einen anderen Teil der afghanischen Bevölkerung, der den Abzug der Roten Armee fürchtet. Armeeangehörige, Apparatschiks und Spitzel des Geheimdienstes, dazu Händler, die sich ihre Geschäfte nicht entgehen lassen wollen, oder unsere verschiedenen Aufpasser in all diesen Jahren, die abhängig sind vom herrschenden Regime und der sowjetischen Unterstützung, ohne welche es nicht funktionieren würde. Vergeltungsaktionen gegen die Regimetreuen sind daher nicht ausgeschlossen. Daher hätten sich, so die Kabuler Gerüchteküche, schon Hunderte Beamte des prosowjetischen Regimes abgesetzt. Tatsächlich habe ich bei diesem Besuch in Afghanistan zum ersten Mal keinen Aufpasser mehr rund um die Uhr, denn der Beamte, der eigentlich für mich zuständig sein sollte, hat sich abgesetzt, um seine Familie in Sicherheit zu bringen. Dieser Umstand verschafft mir zum ersten Mal Bewegungsfreiheit, die ich natürlich nutzen möchte. Nach Einbruch der Dunkelheit teste ich die Lage. Ich rufe mir ein Taxi und mache mich völlig allein auf den Weg zum afghanischen Staatsfernsehen, um dort meine Berichte für die Abendnachrichten daheim zu überspielen. In Kabul herrscht zu dieser Zeit eigentlich Ausgangssperre. An jeder Kreuzung stehen gut bewaffnete Sicherheitskräfte, die mich jedoch lethargisch durchwinken. In diesen Tagen sind viele Soldaten und Polizeikräfte unsicher, auf welche Seite sie sich schlagen sollen. Es geht nicht einmal mehr um Sieg oder Niederlage, sondern darum, wie sie am besten überleben können. Die Besatzungsmacht will wiederum bestmöglich das Gesicht wahren. Eine stille Panik macht sich bei Regimetreuen breit: Was, wenn die Mudschahedin entgegen der TV-Berichte plötzlich vor den Toren Kabuls auftauchen? Keiner glaubt daran, dass der in Genf abgeschlossene Friedensvertrag zwischen Regierung und Widerstand Bestand haben wird. Das Regime will die Afghaninnen und Afghanen hingegen glauben lassen, man habe sich mit den Widerstandskämpfern brüderlich versöhnt, und alle Kampfhandlungen seien eingestellt worden. Doch dafür hatte der Konflikt zu lange angedauert und zu viele Opfer gefordert.

Auf meiner Rückfahrt von der TV-Station nimmt der Fahrer einen anderen Weg, um die Kontrollen zu umgehen. Man weiß ja nie. Der Schnee knirscht unter den Reifen. Die Heizung im Wagen funktioniert nicht. Auf den Hügeln sehe ich aus den Lehmhütten Rauch aufsteigen. Die Menschen von Kabul finden genauso wenig Schlaf wie ich.

Neben mir sind noch einige andere internationale Pressevertreter vor Ort. Eine zufällig zusammengewürfelte Schar, nicht mehr als ein gutes Dutzend, die einen mutiger, die anderen weniger. Die meisten sind Männer, die Afghanistan bereits besucht haben und daher wissen, was ihnen an Überraschungen bevorstehen kann. Kugelsichere Westen lagern in den Zimmern. Helme liegen daneben. Taschenlampen. Gutes Schuhwerk.

Man kann aber nicht ständig an das Schlimmste denken. Sobald es dunkel wird und die Ausgangssperre einsetzt, füllt sich die Hotelbar, und Reporter verbrüdern sich mit dem Personal, das mit besorgten Mienen um den Fernseher versammelt ist. So sind die Afghanen nicht alleingelassen und befinden sich in guter Gesellschaft, soweit man leicht angesäuselte Kriegsreporter als eine solche bezeichnen kann. Einige sind besonders eifrig dabei, die Hotelbar von den restlichen Wein- und Whisky-Beständen zu befreien. Es ist kein rein sinnloses Trinkgelage. Niemand weiß, was der nächste Morgen bringen würde. Vielleicht müsste man dann nach einem Machtwechsel auf alkoholfreie Alternativen wechseln? Das Personal hat ganz andere Sorgen. Die Menschen denken an ihre langfristige Zukunft. Werden sie ihren Job behalten können? Andere Bewohner von Kabul beten nicht nur für Frieden, sondern auch für ein Ende der „unafghanischen" Sitten. Gläubige Menschen. Einige Fanatiker sind darunter, die Kriege regelmäßig hervorbringen. Die einen heben ihr Glas, die anderen neigen ihren Kopf ehrfürchtig vor dem Allerhöchsten.

Beinahe zehn Jahre sind seit meinem allerersten Besuch in Kabul vergangen. Danach folgten weitere Reisen nach Afghanistan – zu jeder Jahreszeit, Sommer oder Winter. Reportagen, Interviews. Bestandsaufnahmen einer Besatzung. Im Vergleich zu all den vorigen Besuchen ist das Hotel nun beinahe ausgebucht. In den Jahren zuvor saß ich oft allein oder nur mit ein oder zwei Kolleginnen am Frühstückstisch. Stets dasselbe freundliche, aber nicht übermäßig engagierte Personal um uns herum. Dazu der livrierte Diener am Hoteleingang, dem nichts entgeht. Auch das Putzkommando gab nie auf. Obwohl zwischendurch kaum mehr Reinigungsbedarf bestand. Über einen riesigen Andrang an Gästen konnte sich das Hotel, wie gesagt, nicht beklagen. Der vierte und fünfte Stock sind nicht mehr bewohnbar – ausgebrannt nach dem Einschlag von Raketen, abgefeuert von den Mudschahedin schon einige Jahre davor.

Antonia Rados bei Dreharbeiten für das österreichische Fernsehen in Kabul vor einem sowjetischen Panzer. 1989

Ich kann mich noch gut an diesen Angriff erinnern. Ich befand mich zu dem Zeitpunkt zusammen mit zwei anderen Journalisten in der Stadt. Beide Amerikaner. Einer jüdischen Glaubens. Beim Frühstück tauschten wir unsere jeweiligen Erfahrungen aus. Der jüdische Amerikaner berichtete, er hätte noch eine kleine jüdische Gemeinde in der Nähe der *Chicken Street* aufgespürt, wo sich seit jeher ein jüdischer Tempel befände. Wie es die Juden nach Kabul verschlagen hat, weiß niemand so genau. Möglicherweise kamen sie, wie auch andere Minderheiten – etwa die indischen Sikh –, als Händler nach Kabul. Doch nun ist die Gruppe der Gläubigen zu klein, um einen Gottesdienst abzuhalten. Viel später höre ich, die allerletzten Juden von Kabul wären bald danach nach Israel ausgewandert.

Am Vormittag nach meinem Frühstück mit den Kollegen fallen die Raketen. Zuerst wird das nahe gelegene Wohnviertel beschossen. Ich fahre gerade mit meinem Kameramann zurück von einem Dreh den Hügel zum Hotel hinauf. Wir lassen den

Wagen am Straßenrand stehen und eilen zu Fuß weiter, um im Hotelgebäude Schutz zu suchen. Als wir den Anhang hinaufrennen, schlägt in der Nähe mit einem pfeifenden Ton eine Rakete ein. Staub wirbelt in die Höhe. Man kann sich diese Raketen vorstellen als eine Art Ofenrohr, gefüllt mit Schießpulver. Diese Sprengkörper richten nur begrenzten Schaden an. Todbringend können die Waffen trotzdem sein, etwa wenn sie in einer Menschenmenge einschlagen – das ist auf dem Kabuler Basar auch schon geschehen. Gerade als wir die Hotellobby erreichen, wird das Hotelgebäude von mehreren Raketeneinschlägen erschüttert. So brennt dann der fünfte Stock aus, während der vierte wegen eines daraus entstehenden Wasserrohrbruchs unbewohnbar wird. Während mein Adrenalinspiegel in die Höhe schießt, zuckt der Portier während des Angriffs nicht einmal mit der Wimper. Er verweilt stoisch wie eine Statue auf seinem Posten und klopft sich den herabfallenden Schutt von der Uniform. Er hat wohl schon einige solcher Situationen erlebt.

Für die Menschen von Kabul hat sich das Leben während all meiner Besuche kontinuierlich verschlechtert. Die Gewalt nahm zu. Der Krieg rückte immer näher an den Alltag heran.

Nun sitzt ein neuer Mann im Präsidentenamt, der trotz der sich verschlimmernden Lage ständig nur von Versöhnung spricht – ganz wie die Programme des Staatsfernsehens. Mohammed Nadschibullāh bereichert die offizielle Propaganda, indem er sich zu jeder Gelegenheit beim Gebet in einer Moschee filmen lässt, wobei er eine traditionelle Kopfbedeckung, den *Pakol*, trägt. Diese Inszenierung steht in auffälligem Widerspruch zu seinem beeindruckend buschigen Schnurrbart, der in kommunistischen Kreisen im Trend war. Für viele Afghanen klingt es wie Hohn, wie gerade dieser Mann von Versöhnung redet, denn in seiner Position als ehemaliger Chef des Geheimdienstes war er umstritten und ihm wurden Menschenrechtsverletzungen, Folter und Willkür vorgeworfen. Regimegegner, vor allem aus dem Lager des Widerstands, werden von dem Versöhnungspräsidenten zu Tausenden in der Haftanstalt Pul e Charkhi zusammengepfercht, die von den Sowjets im gleichnamigen Vorort von Kabul errichtet wurde. Ein Ort des Grauens – hier werden die Häftlinge geschlagen, es werden regelmäßig Exekutionen durchgeführt. Aber wie zum Trotz lässt der Präsident zwischendurch gnädig Mudschahedin frei, unter der Voraussetzung, dass diese von nun an das Regime unterstützen.

Die Afghaninnen und Afghanen wundern sich über dieses Schauspiel nicht einmal mehr, denn sie haben schon so einiges Seltsames erlebt. Im Vergleich zu dem, was noch folgte, waren die allerersten ideologischen Kehrtwendungen noch nachvollziehbar. Man befinde sich in einem unerbittlichen Kampf zwischen Feudalherren und landlosen Bauern, hieß es nach der sowjetischen Invasion. Diese vordergründig marxistische Leseart der Geschichte kommt der afghanischen Dorfbevölkerung suspekt vor und wurde daher gezielt durch eine islamischere ersetzt. Mitglieder der Kommunistischen Partei wurden angehalten, die religiösen Gefühle der Bevölkerung zu respektieren und deren Traditionen und Sitten zu erhalten. Doch wie sollte das gelingen, wenn das Land von einem unerbittlichen Krieg durchzogen wurde? 100 000 sowjetische Soldaten waren zeitweise im Land. Aber das Regime hielt an seinem Kurs fest, durch Verfassungsreformen wurde islamisches Recht, die *Scharia,* als Rechtsprechung beigefügt. Später wurde sogar ein neues Ministerium für religiöse Angelegenheit geschaffen.[14] Das alles in einem gottlosen Regime, das von Spitzeln und schnurbärtigen Apparatschiks durchzogen ist.

Der Selbstbetrug des Regimes hinderte die Afghanen nicht daran, Nadschibullähs Misserfolge genüsslich auszukosten. So etwa die Geschichte des übergelaufenen Mudschahid Ismatullah Muslim aus der Region um die Stadt Kandahar. Kandahar ist bekannt konservativ, Ismatullah Muslim war aber weniger wegen seiner Religiosität und mehr wegen seines Alkoholkonsums berühmt. Nadschibullāh ernannte ihn in einer öffentlichkeitswirksamen Zeremonie zum General. Bei einem Treffen von Dorfältesten, schoss der Neue plötzlich wie wild um sich, tötete dabei zwei Menschen und verletzte weitere. Um eine ausufernde Blutrache zu verhindern, musste die Regierung Ismatullah Muslim nach Moskau ausfliegen. Er nahm dabei gleich zwei seiner Ehefrauen mit. In den Augen vieler Afghanen war er bei den trinkfreudigen Russen um einiges besser aufgehoben.

Doch die Regierung gab den Tanz auf der Rasierklinge nicht auf. Um die konservativen Kräfte des Landes auf ihre Seite zu ziehen, begann sie das Regime von Ayatollah Khomeini, neuer Führer der Islamischen Republik im Iran, als freundlichen Nachbarn darzustellen. Das erzürnte wiederum ihre kommunistische Basis.

Die Afghaninnen und Afghanen haben also so einiges hinter sich, bevor der Abzug der Sowjets im Februar 1989 endlich beschlossene Sache ist und die Lage im Land sich etwas entspannt. All die politischen Manöver sind ab diesem Zeitpunkt nicht mehr von Bedeutung. Alles Vergangene ist Schall und Rauch – Reden, Propaganda, die Lügen einer Besatzungsmacht. „Die sowjetische Okkupation dauerte ein Jahrzehnt und hat sowohl dem Land als auch der Bevölkerung enorm geschadet“, schreibt der Anthropologe Thomas Barfield. „Die Landwirtschaft wurde derart zerstört, dass die afghanische Bevölkerung von importierten Nahrungsmittelhilfen abhängig wurde, vor allem in den Städten.“[15] Die Vergangenheit ist nicht zu ändern. Jetzt sorgen sich die Afghaninnen und Afghanen eher darum, was ihnen noch bevorsteht.

Auf dem Basar werden wie immer auch die frischesten Neuigkeiten gehandelt, deshalb will ich auch bei diesem Besuch dorthin zurückkehren. Es beginnt zu schneien. Kabul liegt bald unter einer frischen weißen Decke. Zum Glück gibt es wenig Verkehr, denn unser Wagen schlittert nur so dahin, einmal rechts, dann wieder links. Im Basar angelangt, erwärmen runde Holzofen das Innere der Läden und ich kann mir an einer heißen Glastasse mit Tee die Hände wärmen. Ich imitiere das Teeritual der Afghanen. Sie steckten Zuckerstücke in den Mund. Dann trinken sie einen Schluck, und die Tasse wird wieder als Händewärmer verwendet. Diese Abfolge der Ereignisse wiederholt sich, als hätte man alle Zeit der Welt. Nicht einmal das extreme Klima kann diese Gelassenheit stören. Von Oktober bis Februar sinken die Temperaturen auf bis zu -10 Grad. In diesen Perioden sinkt die Kampfeslust der Aufständischen zumeist. Anschließend steigen die Temperaturen bis auf 40 Grad. Im Basar von Kabul werden bei jeder Witterung Geschäfte gemacht. Waren, von Haushaltgegenständen bis zu Schuhen aus Zentralasien erreichen selbst im tiefen Schneegestöber auf wundersame Weise über die ständig attackierten Überlandstraßen ihr Ziel. Die heimische Produktion von Zucker im Norden oder von Obst im Süden ist hingegen inzwischen zusammengebrochen. Die hochwertigsten afghanischen Teppiche sind ebenfalls vom Basar verschwunden. Sie werden von den Händlern in Depots versteckt oder nach Pakistan verschifft, um sie vor dem Zugriff sowjetischer Militärfunktionäre zu schützen, die kurz vor dem Abzug noch wertvolle Waren aus dem Land mitgehen lassen wollen. Die Gier mancher Generäle beschränkt sich nicht nur auf Teppiche, auch Halbedelsteine und sogar Kunst aus dem Nationalmuseum sind nicht vor ihnen sicher. „Die klauen alles", berichtet mir ein Händler, den ich inzwischen gut kenne.

Die niedrigeren Ränge der Roten Armee nehmen aus Afghanistan hingegen oft Abhängigkeiten von Drogen und Alkohol mit, meinen andere Afghanen mit einer gewissen Schadenfreude in der Stimme. Es geht das Gerücht um, dass noch andere Güter für den Abtransport Richtung Sowjetunion bereit gemacht werden.

Bereits vor einiger Zeit hatten sowjetische Geologen reiche Roherzvorkommen in Nordosten Afghanistans entdeckt. In

Zentralafghanistan wurden Halbedelsteine und Eisenerze vorgefunden, während östlich von Kabul eine Kupfermine den Betrieb wiederaufnahm, von der chinesische Quellen bereits im ersten Jahrhundert n. Chr. berichteten. Dort wurden Lithium-Bestände vermutet, ebenfalls ein wichtiges Metall für die moderne Industrie. Von zentralem Interesse war außerdem das afghanische Erdgas. Nach dem Plan der Sowjets sollte es nicht den Weltmarkt versorgen, sondern vor allem für den Bedarf in der Sowjetunion gefördert werden. Sie zahlten den Afghanen niedrige Preise und außerdem mussten diese ein Drittel aller ihrer Einnahmen aus Exporten, damals 25 Millionen US-Dollar jährlich, als Rückzahlung für die wirtschaftliche und militärische Hilfe an die Sowjetunion abgeben. Auf diese beträchtlichen Summen schlug Moskau noch die Kosten für die Invasion auf, denn schließlich sei man nicht freiwillig gekommen, sondern wurde um Hilfe gerufen. Dieser Logik können die Afghanen verständlicherweise nicht folgen. Aus irgendeinem Grund zieht sich die Fertigstellung der Gaspipeline in den Norden ewig hin. Die Passivität der afghanischen Arbeiter verhinderte lange, dass das Gas fließen konnte. Die Afghanen interpretierten „brüderliche Hilfe“ eher als Beihilfe zur Unabhängigkeit – eine Auffassung, die von der sowjetischen Führung nicht geteilt wurde. So blockierte man sich zehn Jahre lang gegenseitig, bis am Ende die genervten Sowjets die Gasventile zerstörten und in einem Akt, den man nur als Kriegsraub bezeichnen kann, Tonnen vom seltenen Halbedelstein Lapislazuli auf Lastwagen Richtung Sowjetunion aus dem Land schafften.[16]

Die allgemeine Ausbeute des sowjetischen Einsatzes fällt trotzdem spärlicher aus, als man sich erhofft hat. Selbst die relativ leicht zugängliche Kupfermine im Logar-Tal in Betrieb zu halten ist kostspielig, weil die ständigen Angriffe des Widerstands viele Soldaten und Kriegsmaterial binden. Als die Sowjets realisierten, dass die Brüder vieler der eingesetzten afghanischen Soldaten auf der anderen Seite kämpften, war es bereits zu spät. Das Tal wird zu einem Musterbeispiel eines falsch geführten Krieges. Eines Krieges, der nicht gegen einen Feind geführt wurde, sondern gegen die Bevölkerung. Für das Land hatte dieser Krieg ungeahnte Langzeitfolgen: Neben den Toten, den Verletzten, den Vertriebenen, dem Frust wurde durch ihn auch die klimatische Zukunft des Landes ungewiss. Im Logar-Tal wurden die Baumbestände regelrecht dezimiert. Jeden Tag, so wurde mir erzählt, fuhren 50 Lastwagen mit Holz nach Pakistan. Die Sowjets profitierten davon genauso wie afghanische Schmuggler.

Die geraubten Bodenschätze, selbst wenn die wahren Erträge nicht bekannt sind, mussten zumindest die Kriegsrechnung von Präsident Gorbatschow im fernen Moskau reduzieren, denn der Einsatz in Afghanistan hat die Sowjetunion umgerechnet 45 Milliarden Euro gekostet – damals eine enorm hohe Summe. In den Augen der afghanischen Bevölkerung sind die Kosten nicht zum Wohle Afghanistans verwendet worden, sondern wurden vor allem von den enormen Militärkosten der Roten Armee aufgefressen.

Nach meinem Besuch im Basar kehre ich ins Hotel zurück, die Nacht über hat es geschneit. Das hindert mich und mein Team allerdings nicht daran, uns auf die Suche nach der abziehenden Roten Armee zu machen. Auf den Gehsteigen schlittern in Decken gehüllte Afghaninnen und Afghanen an uns vorbei. Die Bergspitzen des Hindukusch, in dessen Richtung wir unterwegs sind, sind unter einer Decke aus Schneegestöber und Nebel vollkommen verschwunden. So wie es aussieht, ist der Flugverkehr eingestellt, und wieder befällt mich das beklemmende Gefühl, eingeschlossen zu sein, das Kabul vermittelt. Rund eine Stunde später steckt unser Taxi endgültig in der tief verschneiten Bergstraße fest. Wie aus dem Nichts rollt uns eine russische Panzerkolonne entgegen und macht kurz vor uns einen Stopp – so als würde sie uns aufhalten wollen. Der diensthabende Offizier nähert sich dem Taxi, aber anstatt uns zu vertreiben, fragt er uns auf Russisch, ob wir Hilfe

Weite Teile Afghanistans sind in den Wintermonaten isoliert von der Außenwelt.

brauchen. Unser Fahrer, der alle Sprachen der Welt bruchstückhaft beherrscht, verneint. Als ich aber die Gelegenheit für ein Interview ergreifen will, winkt der Russe ab und verschwindet so schnell, wie er aufgetaucht ist. Soldaten der Roten Armee geben keine Interviews in Afghanistan. Sie sind nicht unfreundlich, aber sehen die westliche Presse als Spione der Amerikaner an.

Anschließend rollt die Kolonne weiter Richtung Norden. Wir stecken jedoch mit unserem Taxi weiter fest. Der Schneesturm wird heftiger. Eine gute Stunde vergeht, bis wir endlich unser Taxi aus der Rinne, in der es feststeckt und sich immer tiefer eingräbt, mit vereinten Kräften befreien können. Als wir wieder am Hotel ankommen, ist die Dämmerung bereits angebrochen, und wir sind bis auf die Knochen durchgefroren.

Ich gehe in den Telex-Raum im Keller. Dort befindet sich die einzige Verbindung zur Außenwelt. Die Telefone im Hotel funktionieren nicht, und es gibt zu dieser Zeit kaum eine andere

Möglichkeit der Kontaktaufnahme. Natürlich wollen alle Reporter ausgerechnet in diesem Moment Redaktionen erreichen und ich muss eine Ewigkeit warten, bis ich den Fernschreiber benutzen kann. Ich tippe eine kurze Nachricht in die Maschine. Anschließend finalisiere ich einen Bericht, fahre zur TV-Anstalt und stehe nach meiner Rückkehr am Fenster meines Zimmers und schaue in den Kabuler Nachthimmel. Ich höre das Bellen der Hunde. Die Artillerie hüllt sich in Schweigen. Die Stadt liegt wie ein friedliches verschneites Dorf vor meinen Augen. Morgen ist offizieller Abzugstag.

Am nächsten Morgen überflutet die klare Wintersonne Kabul. Es hat aufgehört zu schneien, und die Kälte ist besser erträglich. Die versammelten Reporterinnen und Reporter befinden sich in einem wahren Hochgefühl, denn dies ist der Tag, den sie alle erwartet haben. Der Abzug der Roten Armee aus Afghanistan. Der Beginn eines neuen Kapitels. Eine andere Regierung und bessere Zeiten für die Menschen. Doch dann stellt sich heraus: Nadschibullāh tritt keineswegs zurück. Im Gegenteil. Moskau sichert ihm auch weiterhin Unterstützung zu. Die wirtschaftlichen und militärischen Hilfen werden nicht ausgesetzt. Trotzdem gestaltet Moskau die perfekte Inszenierung eines Abzugs mit allem, was dazugehört. Der allerletzte Panzerkonvoi, mit grinsenden Soldaten in den Luken, überquert die Freundschaftsbrücke über den Grenzfluss Amudarja ins nördliche Nachbarland. So gemächlich wie nur möglich. Begleitet wird der Zug von Kameras des sowjetischen Fernsehens. Man will allen demonstrieren, Freunden wie Feinden, die Rote Armee verlässt Afghanistan zwar, aber sie tut das erhobenen Hauptes. Die Sowjetunion und nicht deren Feinde haben den Zeitpunkt des Abzugs gewählt. Es ist eine gut gemachte Show, die nur so vor patriotischem Symbolismus strotzt.

Diese Inszenierung ist notwendig, da der Krieg in Afghanistan bei den Bürgerinnen und Bürgern der Sowjetunion unbeliebt ist. Zu viele Soldaten sind gefallen. Zu lange hat er angedauert. Und

Der Abzug der letzten sowjetischen Truppen aus Afghanistan am 15. Februar 1989.

Antonia Rados mit ihrem Team beim Abzug der Sowjets auf der Straße zum Salangpass nördlich von Kabul.

wozu? Die Afghanen werden seit Jahren mit Erzählungen über die Versöhnung mit Gotteskriegern überschwemmt. In der Sowjetunion hingegen übernehmen Kriegsreporter die Aufgabe, der eigenen Bevölkerung darzulegen, warum 17 000 junge Männer in Afghanistan nicht umsonst ihr Leben ließen. Die Erzählung dort: Die andere Seite, die Mudschahedin, besteht nicht aus Menschen, sondern beinahe aus Bestien. Dort werden die Gegner abwertend „Geister", im russischen Dialekt *Dukhi,* genannt. Die Geister, die Horden von bärtigen Gotteskriegern, sind für die guten, braven Soldaten der Roten Armee kaum zu besiegen. Berichte über Einsätze klingen bei sowjetischen Journalisten so: „Um sieben Uhr morgens wird die Sonne stechend. Die Wolken sind mit einer goldenen Kruste bedeckt, und die Straße, noch nass, glänzt wie eine Metallfolie. [...] Wie alle Straßen in Afghanistan ist diese nicht intakt, sondern durch Minen und Geschosse beschädigt. Wenn eine Straße vor Schmerzen schreien könnte, würde ich vorziehen, zwischen Kunduz und Baghlan taub zu sein."[17] Oder, noch dramatischer: „Wenn es diese Dukhi hart genug wollen, schießen sie ein Dutzend Mal auf dieselbe Stelle. Und wenn sie keine Patronen mehr haben, wird ein Kommandant seinen eigenen Scharfschützen töten, nur weil der mehrmals danebengeschossen hat!"[18] Dies klingt mehr nach sowjetischer Propaganda als nach einem echten Einblick in die Geschehnisse vor Ort. Sowjetische Reporter sind bei den Gotteskriegern ohnehin nicht willkommen.

So effektvoll die Russen im Norden abziehen, so enttäuschend undramatisch geht dieser Tag, der 15. Februar 1989, in der Kabuler Hotelbar zur Neige. Unter den Reportern macht sich Frust breit. Nichts läuft so ab, wie wir gedacht haben. Im Viertel sind die Fenster der Villen mit Brettern zugenagelt. Der Preis einer Kalaschnikow, weiß ein Kollege zu berichten, ist auf dem Schwarzmarkt ins Unermessliche gestiegen. Keiner von uns hat aber nur einen einzigen *Mudschahid* in der Stadt aufspüren können. Auch zum

Hinunterspülen der Enttäuschung gibt es bald nichts mehr. Den Nachschub an Alkohol kann selbst der gut vernetzte Portier nicht garantieren. Jetzt heißt es nur mehr abwarten und anstatt Whisky Tee trinken.

In den Stunden vor diesen frühabendlichen Routinetreffen bin ich in der Stadt unterwegs. Es ist ein Tag wie jeder andere. Ein Mittwoch. Keine zusätzlichen Sperren auf den Straßen, ja sogar das Viertel Makroyan ist zugänglich, obwohl dort in den Augen der Bevölkerung das Herz der sowjetischen Besatzung liegt. Vor einiger Zeit diente es als Wohnblock für sowjetisches Personal, Ingenieure und Ausbilder. Danach ergatterten sich immer mehr Afghanen mit guten Beziehungen zum Regime einen Wohnsitz. Inzwischen lebt dort die Führungsschicht – jedenfalls diejenigen, die noch nicht ins Exil abgetaucht sind. Die Siedlung besteht aus niedrigen in Reih und Glied erbauten Gebäuden. Das ist insofern auffallend, weil Städteplanung in Kabul ein verpöntes Fremdwort ist. Wohngebäude werden je nach Bedarf der Familien errichtet und bei Nachwuchs oder im Falle von Heirat ohne entsprechende Baugenehmigung vergrößert. Makroyan mit seinen Planbauten ist für die typischen Großfamilien ungeeignet. Die Wohnungen sind zu klein, sie bieten gerade genug Platz für einen sowjetischen Berater, der meistens ohne Familie nach Kabul zieht. Trotzdem ist das Viertel eine beliebte Adresse, weil es über eine Zentralheizung verfügt, die vor Jahren begleitet von TV-Berichten installiert wurde. Ich will mir Makroyan von innen ansehen. Daher nehme ich die Einladung eines afghanischen Offiziers, mit dem ich auf dieser Reise bekannt wurde, sofort an. bewohnt eine kleine Wohnung mit seiner Frau. Die beiden sind kinderlos, was ungewöhnlich für Afghanistan ist. Ich sitze also an diesem Mittwochnachmittag in einem winzigen Wohnzimmer und kriege auf traditionelle afghanische Weise das Essen auf einem Teppich serviert. Obwohl der Mann ein Offizier ist, nimmt er beim Gespräch kein Blatt vor den Mund und schimpft zwischen zwei Bissen köstlichen Kabuli

Das Viertel Makroyan in Kabul wurde ursprünglich für sowjetische Berater und Ingenieure erbaut.

Palau, dem lokalen Kabuler Reisgericht, auf seine eigene Regierung. Zumindest bei ihm scheint Loyalität nicht ganz oben auf der Prioritätenliste zu stehen. Tatsächlich schreibt er mir später einen langen Brief, er hätte die Nase voll vom Kommunismus und würde am liebsten in ein westliches Land wie Deutschland auswandern. Der Wechsel ist ihm später gelungen.

Am Abend des entscheidenden Abzugstages stehe ich nicht am Fenster. Ich liege flach auf meinem Rücken auf einer Matratze. Ein finnischer Arzt bringt mir trotz Ausgangssperre Schmerzmittel für meinen Bandscheibenvorfall vorbei, rät mir aber, schnellstmöglich abzureisen. Eine Stadt im Kriegsgebiet sei kein guter Ort für Rückenprobleme. Er hat leicht reden. Den Vorfall habe ich der Kälte und dem Tragen des schweren Kamerastativs zu verdanken. Eine Abreise aus Kabul scheint allerdings in weite Ferne gerückt zu sein, denn aufgrund des Wetters sind alle Flüge bis auf weiteres gestrichen. Alle sitzen fest. Arm und Reich, Afghanen und Ausländer gleichermaßen. Das Gefühl, in dieser Stadt eingeschlossen zu sein, hat sich von einer vagen Ahnung zur Realität entwickelt.

Auch an den Folgetagen hebt kein Flugzeug vom Kabuler Flughafen ab. Auf dem einzigen möglichen Landweg, dem nach Pakistan, sitzen eingeschneite Menschen fest. Sie können weder weiterreisen noch den Weg zurück finden. Es dauert mehrere Tage, bis die Wolkendecke aufreißt. Am Morgen darauf soll angeblich ein Flug in die indische Stadt Neu-Delhi starten. Auch wenn wir telefonisch keine Plätze buchen können, fahren wir auf gut Glück zum Flughafen. Auf der Fahrt dorthin liege ich auf dem Hintersitz, um so meine Rückenschmerzen besser unter Kontrolle zu halten. Auf dem Flughafen drängen sich wahre Menschenmassen gegeneinander. Frauen mit schreienden Kindern auf den Armen bahnen sich einen Weg durch die Menge. Männer in Anzügen und mit Lesebrillen auf der Nase machen ihnen den hart erkämpften Platz wieder streitig. Der Himmel über Kabul ist wolkenlos, aber eine weitere Wetterstörung wurde bereits angekündigt. Alles muss schnell gehen. Übervolle Koffer, zusammengeschnürt, damit sie die den Flug überstehen, werden von Greisen in zerschlissenen Overalls in den Bauch des Flugzeuges gehoben. Einige fallen wieder zu Boden. Die alten Männer sind die Hoffnungslosen, die in Afghanistan bleiben müssen – in Armut, in Unsicherheit. Wie wird es ihnen wohl ergehen?

Aus dem Fenster der afghanischen Airline sehe ich noch andere Afghanen, die sich von ihren Verwandten verabschieden. Einige weinen. Dann heben wir ab. Das Kabul unter mir ist entgegen allen Voraussagen noch nicht in die Hände der Gotteskrieger gefallen. Aber sie werden kommen. Morgen, nächste Woche. In einem Jahr oder später. Niemand kann sie mehr aufhalten. Egal, wie lange die brüderliche Hilfe dauern wird – jede Invasion hat ein Ende.

3. Kapitel

Peschawar, 1991

Die Welt steht im Zeichen des Mauerfalls, des Zusammenbruchs der kommunistischen Regimes in Osteuropa und der darauffolgenden Wiedervereinigung Deutschlands ab 1989. Der Kalte Krieg ist vorüber, als 1990 die Sowjetunion auseinanderfällt. Obwohl Moskau weiterhin das Kabuler Regime unterstützt, weitet auch Washington seine Einflusssphären in der Region aus. Der afghanische Widerstand in Pakistan, den die USA unterstützen, entwickelt ein Eigenleben.

Wir stehen auf eurer Seite!

„Für den Verzweifelten gibt es weder Glück oder Trauer. Tod ist weder bitter noch süß.... Was macht es schon aus, ob unser Ziel nahe ist oder in der Ferne?"

(Ustad Khalilullah Khalili, afghanischer Dichter)[19]

Wie ein furchterregender Gott der Rache hat der *Qādī* in einem unscheinbaren Gebäude in Peschawar Platz genommen und rührt sich nicht mehr. Der todernste islamische Richter wirkt wie eine Statue. Ein Besucher von einem anderen Planeten. Und aus einem anderen Jahrhundert. Unter seinen überkreuzten Beinen nicht einmal ein Teppich, wie es sonst in Afghanistan üblich ist. Auf einen letzten Rest Komfort legen die Allerärmsten Wert. Der *Qādī* sitzt nur auf einer Strohmatte.

Man hatte mir aufgetragen, mich für meine Audienz nicht zu verspäten. Er hätte viel zu tun. Daher sucht mein Taxifahrer allein einen Parkplatz, während ich mich beeile, meinen Gesprächspartner im Viertel aufzuspüren. Ein Helfer führt mich schließlich zu ihm, die Holztür geht knarrend auf, und zugleich stammle ich eine Entschuldigung für die Verspätung. Hätte ich mir sparen können. Der *Qādī* würdigt mich keines Blickes. Wird er meinem Anliegen überhaupt Gehör schenken? Ich beobachte ihn, wie er mit überkreuzten Beinen auf der graugelben Unterlage ruht. Sein Bart reicht bis zur Brust, seine Kleidung ist traditionell, seine Füße stecken in Sandalen. Er gilt als extrem religiös, daher soll ich ihm nicht die Hand hinstrecken. Ich habe mich bereits an das Berührungsverbot gewöhnt. Wer sich in diesem Land nicht an einheimische Regeln anpasst, hat hier nichts verloren. Dann aber entdecke ich am Handgelenk des Richters eine Armbanduhr, was sehr ungewöhnlich für strenge Islamisten ist. Sie richten sich in der Regel nach den Stunden des Gebets. Treffen werden beispielsweise nach dem Mittagsgebet oder vor dem Abendgebet ausgemacht, eine genauere Zeitangabe gibt es oft nicht.

Ich bin bei diesem *Qādī* in Peschawar gelandet, weil ich Aufnahmen aus Südafghanistan brauche – eine Region, die ich allein nicht besuchen kann. Zu dieser Zeit, 1991, weiß niemand, was in den Gebieten außerhalb von Kabul, die Nadschibullāh kontrolliert, vor sich geht. Die Grenze ist für Ausländer geschlossen, doch die Afghanen scheren sich nicht darum und wandern hin und her: vom afghanischen Kandahar über die Berge nach Pakistan, meistens hierher nach Peschawar oder wieder zurück. Auf dieser Route tummeln sich Kämpfer, Schmuggler und allerlei andere gefährliche Personen. Die Grenze zu Afghanistan ist nur 40 Kilometer von Peschawar entfernt, aber dazwischen liegt die sogenannte Stammeszone. Ein Niemandsland. Als Nicht-Einheimische auf eigene Faust loszuziehen wäre nicht ratsam.

Den *Qādī* hat man mir aufgrund seiner guten Beziehungen empfohlen. Wenn jemand mir helfen kann, dann er. Doch nun schweigt er. Ich höre draußen Autos vorbeifahren und denke an meinen Parkplatz suchenden Fahrer. Dann stellt ein Helfer ein Glas mit Tee vor mir ab, woraufhin ich Hoffnung schöpfe. Es sieht nach einem Willkommensgruß aus. Inzwischen reden die Männer miteinander auf Paschtu, dem Dialekt des afghanischen Stammes, in dessen weitläufigem Siedlungsgebiet wir uns befinden. Paschtunen gelten allgemein als gastfreundlich und korrekt – zumindest, wenn es nicht um ihre eigenen Frauen geht, die wie Menschen zweiter Klasse behandelt werden. Ihr Leben besteht von Geburt an aus Zwängen, zuerst die der eigenen Familie, dann die des Ehemannes. Sie führen ein Dasein, das diesen Namen nicht verdient. Da ich selbst eine Frau bin, darf ich die Gemächer betreten, die zumeist abgetrennt im hinteren Teil der Häuser liegen. Ich lausche angespannt, um vielleicht eine Frauenstimme zu hören. Es bleibt still. Ich bin an einem Ort der Kämpfer und Betenden – besser also, ich frage erst gar nicht nach den Frauen.

Auch wenn die Situation angespannt ist, in eine Falle getappt bin ich nicht. Ich bin freiwillig hier, mit einem festen Ziel. Als ich schließlich angesprochen werde, lege ich den Grund meines Besuches dar, woraufhin der Richter mir über einen seiner Männer auf Englisch ausrichten lässt, ich solle einige Tage warten. Man werde mich kontaktieren. Ich bedanke mich, obwohl meine Instinkte mir sagen, dass hier irgendetwas faul ist. Ich erhebe mich. Der *Qādī* greift erst da zu seinem Teeglas.

Der Rückweg zum Hotel dauert ewig. Peschawar liegt in einer Trockenebene und versinkt die meisten Monate über in einer Staubwolke, die nicht nur Staus, sondern auch Hupkonzerte hervorruft. Bei meinen früheren Besuchen in Peschawar – zwischen denen in Kabul – konnte ich mir nur schwer vorstellen, dass hier Weltgeschichte geschrieben wird. Peschawar war eine Provinzstadt am Ende der Welt, entlegen von jeglichem Fortschritt. Natürlich gibt es den üblichen Basar. Und es gibt bunt geschmückte Lastwagen, die über den Karakorum Highway vollgeladen im Schritttempo nach Peschawar rollen, um dort aber nur Rast zu machen. Dann geht es weiter Richtung des pakistanischen Hafens Karatschi, wo die Waren für die ganze Welt verladen werden. Dann sind da noch zahlreiche Moscheen, die Koranschulen sowie einige Reste aus der britischen Kolonialzeit – mehr hat Peschawar nicht zu bieten. Und trotzdem ist die Region der vielleicht wichtigste Geburtsort von islamischen Gotteskriegern. Peschawar ist ihr Sammelplatz, die Stadt des afghanischen Widerstands, der *Mudschahedin*. Aus diesem Grund bin ich als Reporterin immer wieder hierhergereist.

Ich beobachte aus dem Taxi heraus, wie Gestalten in breiten Hosen und Sandalen an mir vorbeiziehen. Das sind keine Pakistani, sondern Afghanen wie der *Qādī*. Mittlerweile kann ich unterscheiden zwischen denen, die hier Befehle austeilen, und denen, die sie ausführen müssen. Zwischen Hardlinern und Gemäßigten. Der *Qādī* gehört zur ersten Gruppe. Wenn er und Gleichgesinnte

US-Präsident Ronald Reagan mit den Führern der afghanischen Mudschaheddin im Oval Office, 1983.

die Stimme erheben, ertönt ihr Ruf weit über Peschawar hinaus. Die Botschaft ist über die ganze islamische Welt zu hören: von hier, im Osten von Pakistan, wo sich Peschawar befindet, bis hin zum Atlantik, an die Grenzen Marokkos.

Der afghanische Widerstand ist in diesen Tagen tatsächlich eine internationale Operation. Mittlerweile spielt er selbst in Washington eine Rolle, wo verschiedene Regierungen den Kampf am Hindukusch zur Chefsache erklärt haben. Ein Präsident nach dem anderen bezeichnet die *Mudschahedin* als Freiheitskämpfer. Der Widerstand wird am Kongress vorbei mit Millionen von US-Dollar unterstützt. Damit das bisher größte Vorhaben der USA in Zeiten des Kalten Krieges geheim bleibt, reisen CIA-Agenten mit gefüllten Geldkoffern heimlich nach Peschawar und übergeben sie dort den Widerstandsführern. Ab 1985 schleusen Waffenhändler außerdem eine neue Wunderwaffe der Amerikaner ins Land. Sie heißt „Stinger" und soll es schaffen, Hubschrauber mit einem

Schuss vom Himmel zu holen – eine Verheißung, die die *Mudschahedin* sofort tatkräftig austesten.

Durch das halboffene Taxifenster dringt der Ruf zum Gebet an meine Ohren. Religiosität und erzkonservative Sitten sind in Peschawar omnipräsent – auch den CIA-Agenten wird das nicht entgangen sein. Aber was tut man nicht alles, um gegen den Feind – in diesem Fall die Sowjetunion – vorzugehen. Der Zweck heiligt die Mittel.

Der Wagen durchquert das Universitätsviertel, bekannt als Bleibe für junge Kämpfer aus den arabischen Ländern, die gekommen sind, um die Afghanen in ihrem Kampf zu unterstützen. Viele Afghanen sehen diese Hilfe skeptisch und halten die Araber für die tagelangen harten Märsche über die Berge nach Afghanistan hinein für denkbar untrainiert. Doch sie sehen nicht jede Zuwendung kritisch. Der Geldsegen der Amerikaner, der Saudis und auch der von anderen Nationen ist bei ihnen ohne Wenn und Aber willkommen. Wer etwas zum Widerstand beitragen will, wird nicht zurückgewiesen. Aber wenn es um die Krankenhausbelegung geht, haben Afghanen den Vortritt – verletzte ausländische Freiwillige, sollte es sie doch an die Fronten verschlagen, werden sofort in ihre jeweiligen Länder zurückgeschickt.

Die meisten Araber kommen aus all diesem Gründen unbeschädigt aus dem Krieg heraus, so auch der saudische Millionär Osama bin Laden. Er gilt immerhin als großzügig. Bin Laden hält in diesen Tagen im Universitätsviertel in Peschawar vor allem Sprechstunden ab. Mir wird berichtet, dass einige Kommandanten, etwa aus dem Haqqani-Netzwerk, von ihm beeindruckt seien und die Stimmung gegenüber den Arabern positiv sei.

Die Haqqani sind keine Mitglieder des berühmtesten Paschtunenstammes, der Durrani. Während die Durrani als Königsstamm gelten und hochangesehen sind, gingen die Ghilzai, zu denen auch die Haqqani zählen, als Schmuggler in die afghanische Geschichte ein. Umso besser kennen sie die geheimen Pässe und Übergänge durch die Schluchten ins östliche Afghanistan. In diesem Terrain setzen die Haqqani-Kämpfer den Sowjets stark zu. Die Kriegszeiten sind für Mitglieder des Haqqani-Netzwerks auch Zeiten der Aufstiegschancen. Doch um sie zu nutzen, brauchen sie Geldmittel.

Hier kommt Bin Laden ist Spiel. Bevor er in Peschawar landet, führt er das Leben eines verwöhnten – wenn auch streng religiösen – Saudi-Millionärs. Mit seinen neuen afghanischen Freunden wittert er die Gelegenheit für einen globalen Heiligen Krieg. Mit anderen Worten: Auch er will hoch hinaus.

All das berichten mir meine afghanischen Quellen in Peschawar. Es sind die Worte von Männern, die den Kampf nicht scheuen. Notgedrungen ist es für mich einfacher, mit den Afghanen in Kontakt zu treten, als mit den arabischen Brigaden, die zum Teil mit Touristenvisa ins Land gelangt sind und dann untertauchen. Auch die Hintergründe der Araber sind oft unklar, bei den Afghanen liegt die Sache klarer. Sie sind hier, weil sie vertrieben wurden. Peschawar ist inzwischen ihre Stadt, ihr Rückzugsgebiet, ihr Hinterland. Aufgrund der Nähe zu Afghanistan müssen sie lediglich auf die Flachdächer der Häuser steigen, den Blick in die Weite richten, und schon erblicken sie ihre Heimat. Ihre Felder und die Häuser, die nun in Trümmern liegen oder von anderen besetzt gehalten werden. Diese Männer sind davon überzeugt, dass all dies wieder ihr Besitz sein wird, koste es, was es wolle. Zehn Jahre lang geben sie nicht auf. Auf Peschawars Friedhöfen liegen zu viele ihrer gefallenen Brüder. Zwischen den Gotteskriegern herrscht trotzdem wenig Einigkeit. Es gibt die verschiedensten Gruppen mit unterschiedlichen Zielen und Motivationen. Sieben davon sind besonders aktiv. Sie alle positionieren sich gegen die Sowjets, wobei sich einige für die Rückkehr des vertriebenen Königs einsetzen.

Gemeinschaftlich teilen diese Gruppen auch die Idee des *Dschihad*, des Heiligen Krieges. Wie genau dieser Krieg allerdings aussehen soll und gegen wen er geführt wird, da scheiden sich die Geister. Ist es ein Kampf mit der Kalaschnikow oder eine innere starken Einstellung, sich nicht unterkriegen zu lassen? Letzteres nennt man in Afghanistan den „kleinen *Dschihad*“und meint damit die Bemühung, ein guter Moslem zu sein. Doch wie ist diese Einstellung charakterisiert? Geht es nur um pazifistische Demonstrationen, wie es der königstreue Stammesführer Gailani sieht, selbst wenn die Zivilbevölkerung unter einem nicht enden wollenden Krieg leidet?

Je länger der Krieg dauert, desto mehr Menschen schenken Hardlinern wie Dschalaluddin Haqqani oder Gulbuddin Hekmatyār Gehör. Hekmatyār hält von pazifistischem Gerede wenig, daher empfängt er keine Reporter und schon gar keine Reporterinnen. Radikale wie er debattieren nicht, sondern erheben lieber die Kalaschnikow. Auch bei ihnen heiligt der Zweck die Mittel. Wenn sie mit den Amerikanern in den Hinterzimmern der Gästehäuser von Peschawar zusammensitzen, sprechen sie ein und dieselbe Sprache. Die Sowjets müssen besiegt und aus dem Land vertrieben werden, egal wie. Die Radikalen sind mit ihrem religiösen Todesmut die idealen Partner für die US-Agenten.

Einige Tage sind seit meinem Besuch bei dem *Qādī* vergangen. vergangen . Ein ungewöhnlich frischer Wind treibt dünnen Wüstensand in jede Pore. Trostlose Stimmung begleitet mich auf dem Weg in die Außenbezirke von Peschawar. Helle Kinderstimmen erheben sich, die eintönig Texte rezitieren, in diesem Fall von Koransuren. In den Klassenzimmern der Flüchtlingslager halten die kleinen Wesen ehrfürchtig den Blick gesenkt, sprechen im Chor. In den Koranschulen wird die nächste afghanische Generation ausgebildet. Es ist Unterricht, Indoktrinierung und Beschäftigungstherapie in einem. Die Großfamilien sind froh, wenn die

Afghanische Flüchtlinge in einem Lager am Rand von Peschawar.

zahlreichen Kinder vormittags beschäftigt sind. Während der Vater durch die Straßen von Peschawar irrt, um als Tagelöhner in einem herrschaftlichen Haus Arbeit zu finden, wäscht die Mutter und bereitet in den Gemeinschaftsöfen köstliche afghanische Brotfladen vor. Vielleicht träumen die Eltern davon, dass einer ihrer Söhne ein mutiger Kämpfer wird.

Die Idee des Heiligen Krieges wird in den Koranschulen weiter angefacht von Gönnern wie etwa saudi-arabischen Ölprinzen, die diese Schulen zum größten Teil finanzieren. Sie geben Geld unter der Auflage, dass bei der Ausbildung der Kinder strikte islamische Kriterien einzuhalten sind. In vielen Fällen geben sie eine Erziehung im Sinne ihrer eigenen Leseart des Koran, der wahhabitischen Lehre, vor. Ihr asketischer Gründer Mohammed Abd Wahab hat im 18. Jahrhundert in der saudischen Wüste die Rückkehr zu einem Ursprungsislam, eingeschlossen der Kleidung und der Sitten von früher, propagiert. Die strenge Auslegung, die auch als Salafismus bezeichnet wird, entwickelte in der ärmlichen Bevölkerung, die zu einem Großteil aus geflüchteten Bauern bestand, eine Wirkmacht, die an Gehirnwäsche grenzte. Auch die zahllosen Kriegswaisen, deren Väter im Kampf auf der anderen Seite der Grenze gefallen sind, sehen in dieser strikten Lehre einen Sinnhorizont für ihr Leben.

In diesen Koranschulen bereitet man also die verlorene Jugend Afghanistans darauf vor, sich künftig den Gotteskriegern anzuschließen. Märtyrertum wird den Kindern als erstrebenswertes Ziel präsentiert. Das Bild der singenden Jungen wirkt für mich wie aus einem anderen Jahrhundert. Mit geschorenen Köpfen sitzen sie da, tragen weiße bodenlange Kaftane und eine Kappe. Nach einigen Jahren Schulunterricht können die wenigsten von ihnen lesen und schreiben. Mädchen bleiben ohnehin auf der Strecke, denn Wahhabiten verfolgen eine strenge Geschlechtertrennung. Sind die Zöglinge im Heiratsalter werden sie mit ihren Cousinen oder entfernten Verwandten verheiratet. Dazwischen beruhigt man die jungen Seelen mit Gedichten von afghanischen Poeten: „Was macht es schon aus, wenn unser Ziel nahe ist oder in der Ferne?"

Diese Art der Erziehung wird in Peschawar seit Jahren praktiziert. Sollte aber doch jemand Zweifel an der weltfremden Erziehung der Kinder hegen, werden diese von hohen offiziellen Besuchern zerstreut. Wer kann noch an der Sinnhaftigkeit seines Daseins zweifeln, wenn selbst ein amerikanischer Außenminister die Lager besucht und dabei den versammelten Afghanen zuruft: „Ihr seid unsere Mitstreiter für die Freiheit [...] Die Nachricht, die ich euch aus Amerika mitgebracht habe, ist einfach: Wir stehen auf eurer Seite!"[20] Welche geflüchtete Familie soll bei solchen Worten nicht von Stolz erfasst werden? Sie sind die, die alles erdulden müssen. Wenn diese Menschen nicht weiterhin Opfer sein wollen, bleibt ihnen kaum eine Wahl. Die meisten glauben an die eindeutigen Kampfparolen. Sobald sich eine Gelegenheit ergibt, versuchen sie ihre Söhne den Kommandanten der *Mudschahedin* zu übergeben. Nur wenige versuchen, aus den Lagern zu verschwinden und in die Golfstaaten auszuwandern, sich dort eine Existenz aufzubauen, anstatt sich in der Propagandamaschine zu verlieren.

Die Amerikaner sind auch nicht die Idealisten, als die sie sich ausgeben. Die kalten Regeln des Pragmatismus überwiegen. Natürlich sind sie froh, in den Zeltstädten willige Kämpfer zu finden. So kann der Krieg gegen die Sowjetunion von anderen ausgetragen werden, denn tote Amerikaner sind nicht in das Kalkül eingeschlossen. Die Afghanen seien *zeitlich* begrenzte Partner der Amerikaner, betont der Pulitzer-Preisträger und Afghanistan-Experte Steve Coll. Mit der Vertreibung der Sowjets würden auch die Beziehungen zu Afghanistan obsolet: „Afghanistan war wirklich nur der Hintergrund." Spätere Geheimdienstberichte stellen klar: Es gab „keinerlei gemeinsame langfristige Interessen".[21] Ganz andere Töne werden angeschlagen, wenn US-Minister und -Senatoren nach Peschawar pilgern, um dort die Afghanen, vor allem aber ihre eigenen Interessen zu unterstützen. Niemals werden so viele Lügen erzählt wie im Krieg.

In den Lagern, so ist damals mein Gefühl, tickt eine Zeitbombe, die noch detonieren wird. Wann es dazu kommen wird, weiß niemand. Die Lage während all meiner Besuche ist ungewiss, ebenso die Zukunft. Es ist vorstellbar, dass sich hier ein dauerhafter Konfliktherd etablieren könnte, der ewig schwelt, aber ohne Folgen für den Rest der Welt bleibt.

Zurück im Taxi, wird der Chor der Kinderstimmen bald durch den Wind in eine andere Richtung getrieben. Peschawar lässt sich davon nicht beeindrucken. Rund um die Uhr herrscht hier eine unfassbare Geräuschkulisse aus Geschrei, wildem Gehupe und geschäftigem Treiben. Die Stadt kennt keinen Schlaf. Essbuden und *Bazaris* haben keine Ladenschlusszeiten. Neonleuchten tauchen die Stände bald in ein grelles Licht, und in den Kinos der

Stadt finden die letzten Vorstellungen um Mitternacht statt. Hier gibt es Clubs, in denen früher britische Kolonialherrn speisten. Restaurants, in denen ein Essen mehr kostet, als eine afghanische Flüchtlingsfamilie pro Monat zur Verfügung hat.

Bald rufen die Muezzins aus den Moscheen zum Gebet. Die Dämmerung bricht ein. Die Stadt hält kurz den Atem an, und die Bethäuser füllen sich. Nach Abschluss des letzten Abendgebets, genannt *Maghrib*, sitze ich wie auf Kohlen neben dem Telefonapparat auf dem Nachttisch in meinem Hotelzimmer. Ich warte auf den Rückruf des *Qādī*, doch der lässt mich zappeln.

Eines Morgens erhält mein Kameramann schließlich doch einen Anruf von einem Helfer des *Qādī*. Wir sollen gegen Mittag an einem Treffpunkt warten. Unser Fahrer zieht die Augenbrauen zusammen, denn die Adresse liegt weit außerhalb der Stadt. Ich will mir die Gelegenheit dennoch nicht entgehen lassen. Weil mein Kameramann verhindert ist, lasse ich mich allein dorthin fahren.

Die ungewöhnliche Mittagshitze taucht alles in ein weißliches Licht. Die Fahrt nimmt kein Ende. Langsam wird mir doch mulmig, wenn ich an das Treffen denke. Wieso liegt der Treffpunkt so weit außerhalb? Doch schnell siegt meine Routine als Reporterin über das flaue Gefühl im Bauch, und als wir die Adresse endlich erreichen, steige ich aus, weise den Fahrer an, zu warten, und gehe auf ein schlichtes Gebäude zu, das wohl eine Raststätte oder ein Restaurant sein muss. Erst allmählich bemerke ich, dass sich hier kein Zeichen von Leben zeigt. Lautlos liegt alles vor mir. Im Inneren des Hauses verdecken dicke Vorhänge die Fenster, und erst nachdem sich meine Augen an die Dunkelheit gewöhnt haben, entdecke ich im hinteren Teil den *Qādī* an einem Tisch sitzend, neben ihm noch ein Mann. Zwei in sich versunkene Gestalten, die ihre Köpfe zusammenstecken. Bevor ich sie erreiche, heben sie die Augen. Ich setze mich zu ihnen, aber es dauert lange, bis sie zu reden beginnen.

Sie stellen mir allerlei oberflächliche Fragen. Habe ich Kinder? Seit wann bin ich in Peschawar? Warum ist der Kameramann nicht mitgekommen?

Ich versuche durch die Vorhänge einen Blick nach draußen zu erhaschen, frage mich, ob der Fahrer noch auf mich wartet. Nichts zu sehen. Ich denke daran, dass ich die Aufnahmen aus dem Süden Afghanistans unbedingt für meinen Bericht brauche. Doch wie lange kann ich hier bleiben und darauf warten, dass der *Qādī* endlich zum Punkt kommt? Im Hotel warten noch andere Aufgaben auf mich. Neben solchen pragmatischen Gedankenfetzen bin ich auch immer wieder kurz vor einem Panikanfall. Ich versuche mir aber nichts anmerken zu lassen und beruhige mich vorübergehend wieder.

Dann frage ich die beiden mit möglichst neutraler Stimme, warum das Lokal geschlossen sei. Sie bleiben mir die eine Antwort schuldig und sehen sich gegenseitig an. Diese Szene wiederholt sich noch einige Male. Schließlich erhebe ich mich ratlos und murmle eine Verabschiedung. Die Männer rühren sich nicht, auch als ich bewusst bedächtig zurück zur Eingangstür gehe. Das helle Licht draußen blendet mich.

Auf der Rückfahrt ins Hotel entlädt sich die ganze Spannung, und mir wird klar, wie gefährlich diese Situation war. Ich wusste praktisch nichts über den *Qādī*, hätte mich besser erkundigen sollen. War ich etwa gerade nur knapp einer versuchten Entführung entkommen?

Die Sonne steht hoch am Himmel. Alles ist wie immer. Der chaotische Verkehr, über die Straße rennende Mädchen, das Hupkonzert. Peschawar ist ein trügerischer Ort. Von einem Moment auf den anderen kann sich alles ändern.

Geheimdienste mischen hier mit, wie der gefürchtete pakistanische ISI, dem man nachsagt, die Afghanen für seine eigenen Interessen zu missbrauchen. Ein Teil der amerikanischen Gelder wird über ihn ins Land geschleust. Wenn sich die Dschihadisten treffen, sitzen die Agenten mit am Tisch und sagen, wo es langgeht. Westdeutsche Geheimagenten nennen Peschawar ebenfalls ihre zweite Heimat. Sie kaufen den Gotteskriegern für gutes Geld alles ab, was die über die Grenze bringen – mit Vorliebe Teile von sowjetischen Panzern, um so die jüngsten technologischen Entwicklungen der Feinde genau zu inspizieren. Dazwischen predigen Christliche NGOs ihren Glauben und versuchen die Massen an afghanischen Flüchtlingen zum Christentum zu bekehren.

In Peschawar schenkt man einander nichts. Menschen werden bei helllichtem Tag mitten auf der Straße gekidnappt. Man glaubt nur immer, es geschieht den anderen und nicht einem selbst. Doch der Schock zeigt langsam Wirkung bei mir. Plötzlich erscheint mir jeder harmlose Motorradfahrer als potenzieller Bösewicht.

Als ich schließlich zurück im Hotel bin, kann ich mir nur wenige Tage lang einreden, dass ich dem *Qādī* damit entwischt bin. Eines Abends läutet in meinem Zimmer das Telefon. Der Richter meldet sich in gutem Englisch und teilt mir mit, dass er schlechte Nachrichten für mich habe. Er behauptet, er hätte jemanden losgeschickt, um Aufnahmen für mich zu machen. Der Mann wäre verhaftet worden. Man würde ihn der Spionage beschuldigen, und die Anklage würde seinen Tod durch Erhängen fordern. Für ein paar Tausend US-Dollar könnte ich ihm das Leben retten, aber wir müssten sofort handeln. Es fällt mir schwer, überhaupt ein Wort von dieser wilden Geschichte zu glauben, aber während er noch redet, wird mir klar, dass ich eigentlich keine Wahl habe. Der Mann ist gut verknüpft. Gebe ich ihm das Geld nicht freiwillig, wird er Mittel und Wege wissen, es sich von mir zu holen.

Zwei Tage später zähle ich die Scheine genau durch, gebe sie unwillig dem Kameramann, und der überreicht sie dem *Qādī* in der Hotellobby. Damit verschwindet der Mann mit dem Methusalem-Bart und der beeindruckenden Portion Dreistigkeit für immer in der Versenkung. Ich habe nie wieder von ihm gehört.

Ich weiß, nicht, ob ich mich darüber freuen oder ärgern soll. Solche Schattenmänner bringt jeder Krieg hervor.

Die Tausenden in den Flüchtlingscamps können aber nicht durch einige Tausend US-Dollar bei der Stange gehalten werden. Geld allein macht aus dem verklemmten *Qādī* noch keinen echten Helden. Doch ein anderer in Peschawar, Kommandant Abdul Haq, hat das Zeug dazu. Er ist ein Kriegsheld, wie er im Buche steht: zahlreiche nächtliche Grenzübergänge, großer Mut im Kampfeinsatz. Seine Männer wissen mir davon zu berichten, dass er auf einem Maulesel lange Strecken zurücklegt, dabei niemals klagt und immer an vorderster Front kämpft. Abdul Haq ist im Widerstand der Mann, der Kabul zu Fall bringen soll. Er kennt jeden Winkel der Region um die Hauptstadt. Seine Mitkämpfer bewundern ihn und sind ihm treu ergeben. Ehrfurchtsvoll erzählen sie davon, wie er verwundet wurde und trotzdem nicht aufgab – ein leichtes Humpeln bezeugt diese Geschichte. In den Augen seiner Mitkämpfer hat er sich den Spitznamen „Der Löwe von Kabul" redlich verdient.

All diese wilden Geschichten regen meine Vorstellungskraft als Reporterin an. Ich stelle mir einen besonderen Mann vor. Stattdessen wirkt er wie ein freundlicher Mann mit einem runden Kindergesicht, der ständig Witze macht.

In Peschawar lässt er sich selten blicken. Seine Familie sorgt sich ununterbrochen um ihn. Ich versuche, Treffen mit ihm zu organisieren, aber sie kommen nicht zustande. Ich muss mich gedulden, denn der Kommandant ist im Namen des Widerstands unterwegs.

So unermüdlich wie der blutjunge Rebell Abdul Haq ist nur noch der andere Löwe, Ahmad Massoud – der Löwe von Pandschir –, aus dem Pandschir-Tal im Nordosten Afghanistans. Ahmad Massoud organisiert und inspiriert den gesamten Widerstand im Norden des Landes und sorgt dafür, dass sowjetische

Rebellenführer Abdul Haq (rechts), im Gespräch mit Angehörigen eines Paschtunen-Clans.

Truppen keinen Fuß in sein Tal setzen. Europäische Geheimdienste unterstützen ihn, trainieren seine Männer, liefern ihm Waffen. Seine Erfolge verschaffen ihm eine gewisse Berühmtheit, es werden Dokumentationen über ihn gedreht. Sein markantes Profil mit der langen Adlernase wird zu einem Kennzeichen des Widerstandes.

Im Vergleich zu ihm ist Abdul Haq eine bescheidene Figur. Aber beide sorgen sich gleichermaßen darum, was mit Afghanistan geschehen wird, wenn die Sowjets abziehen. Sie fürchten, dass das Land im Chaos versinkt. Sie warnen vor den Radikalen – sowohl Abdul Haq als auch Massoud sind gemäßigt. Sie wollen keinen islamischen Staat begründen und schon gar nicht den globalen Dschihad ausrufen. Sie besprechen ihre Ängste mit einem Gleichgesinnten, einem Mann namens Hamid Karzai, der in Peschawar bei einer NGO tätig ist. Niemand ahnt, dass ausgerechnet er später afghanischer Präsident werden wird. Noch versuchen Abdul Haq

Der Anführer des Widerstandes im Nordosten von Afghanistan, Ahmad Massoud, genannt der Löwe von Pandschir.

und Massoud den Westen – vor allem die Amerikaner – dazu zu bewegen, die radikalsten unter den Gotteskriegern, wie Haqqani oder Hekmatyar, nicht mehr zu unterstützen. Vergeblich.

Abdul Haq hat nach diesen Ereignissen genug von den amerikanischen Gönnern. Er bleibt im Untergrund, wenn die Agenten in Peschawar auftauchen, um weitere Niederlagen gegen die Sowjets einzufordern. Abdul Haqs gemäßigte Ansichten halten die Amerikaner für gefährlich. Sie verleumden den Mann, der für sie gekämpft hat und sich nun von ihnen abwendet.

Bei diesem Besuch in Peschawar ist spürbar, dass große Veränderungen bevorstehen. Einige Monate nach dem Abzug der Sowjets, im Spätherbst 1989, kann man den Sturm bereits erahnen, der bald losbrechen wird. Bald werden die Widerstandskämpfer aufbrechen, um die Hauptstadt zurückzuerobern. Damit wollen sie ein neues, ein goldenes Zeitalter einläuten. Radikale und Gemäßigte stehen gleichermaßen in den Startlöchern, um die Macht in Afghanistan unter sich aufzuteilen. Neue Konflikte sind vorprogrammiert.

Währenddessen füllen immer mehr Flüchtlinge die Lager am Stadtrand von Peschawar. Neue Koranschulen, neue *Madrasa,* schießen aus dem Boden. Sie nehmen die wachsende Zahl an Kindern auf, deren Väter aus den Bergen nicht mehr zurückkehren. Ihre Mütter können sie allein nicht ernähren. In den Schulen setzt man den jungen Waisen Teller mit Reis vor, zum Nachtisch gibt es religiöse Indoktrinierung. Lehrer bläuen den Zöglingen ein, es gäbe nur eine Zukunft für Afghanistan, die eines Gottesstaates. Man nennt die Schüler dieser neuen Kaderschmieden *Taliban,* wörtlich übersetzt: Koranschüler.

4. Kapitel

Kabul, 1992

Die zerfallene Sowjetunion stoppt drei Jahre nach dem Abzug über Nacht alle Hilfslieferungen für das Kabuler Regime. Auch in den USA ist Afghanistan kein Thema mehr. Der neue Präsident, der Demokrat Bill Clinton, hat in seinem Wahlkampf Afghanistan kein einziges Mal erwähnt. Vor diesem Hintergrund kann der Widerstand in Afghanistan ungehindert die Macht übernehmen. Der bisherige afghanische Präsident Nadschibullāh versteckt sich in der UN-Mission in Kabul, um dort vier Jahre lang auszuharren, bis er gefasst und erhängt werden wird.

Tod den Gemäßigten

„Unter den Lebenden gibt es keine Guten, unter den Toten keine Schlechten."
(Afghanisches Sprichwort)[22]

Während Peschawar noch schläft, hängen die Männer sich ihre Waffen um, bevor sie die offene Ladefläche des Pick-up-Trucks erklimmen. Messer, Pistolen und Kalaschnikow-Maschinengewehre. In diesem April im Jahre 1992 ist das Wetter tagsüber berechenbar stabil. Es kann weiter im Nordwesten nachts kalt werden. Einer der Kämpfer schleppt ein Paket mit zusammengeschnürten Decken. Ich will erst gar nicht darüber nachdenken, wie oft wir auf der Fahrt im Freien übernachten werden und wie viele Stunden ich zwischendurch auf der harten Ladefläche verbringen werde. Letzteres bleibt mir zumindest erspart. Das Privileg, die einzige Frau in der Gruppe zu sein, rettet mich, und ich darf auf dem Rücksitz Platz nehmen. Meine beiden Kollegen werden hingegen zu den Kämpfern auf die Ladefläche gesetzt, umständlich steigen sie hinauf und verstecken ihre Kameraausrüstung penibel unter den Decken.

Man hat die beiden als Afghanen verkleidet. Lange Hemden, auf den Köpfen *Pakol*-Kappen. Unser Plan ist, dass ich mich an der Grenze als kranke Schwester ausgebe, um die Zöllner dazu zu bewegen, mich respektvoll zu behandeln und nicht nach meinem Ausweis zu fragen. Meine Aufgabe ist, mich unter einer *Burka* zu verstecken und mich in Schweigen zu hüllen. Die Kämpfer schauen mir amüsiert zu, wie ich den Umhang umlege.

Die Stadt beginnt sich zu regen, als der kleine Konvoi von drei Lastwagen sich in Bewegung setzt. Wir ziehen kaum die Blicke anderer Kämpfergruppen auf uns, die die Dämmerung nützen, um sich ebenfalls auf den Weg nach Kabul zu machen.

Bald liegt Peschawar hinter uns, und die ersten Anhöhen des Chaiber-Passes, den wir überqueren müssen, vor uns.

Zu normalen Zeiten würden wir die knapp 300 Kilometer in die afghanische Hauptstadt innerhalb eines Tages schaffen. Doch wir sind nicht an einem normalen Apriltag nach Kabul unterwegs. Es ist das entscheidende Jahr 1992. Nur eine Woche ist vergangen, seit die Nachrichten vermeldeten, in Kabul wären die allerletzten sowjetischen Hilfsgüter eingetroffen. Damit wäre nun Schluss. Stunden später verlässt Präsident Nadschibullāh seinen Amtssitz, und es heißt, er würde sich in einem Büro der UN versteckt halten. Sein gesamter Stab ist wie vom Boden verschluckt. Ein Machtvakuum ist entstanden. Nach einer Schrecksekunde ist klar: Afghanistan stehen unsichere Zeiten bevor, es droht Chaos auszubrechen. Kurz nach diesen schicksalhaften Neuigkeiten hieven sich die Kommandanten der Widerstandsgruppen in Peschawar bereits in ihre Land Rover. Die endlosen Soldatenkonvois eröffnen buchstäblich das Rennen um Kabul. Unter ihnen befinden sich Radikale, die unter *Allahu Akbar*-Rufen losfahren, um die Macht, die nun in greifbarer Nähe ist, an sich zu reißen. Sie wollen auch Rache an all ihren Gegnern, übrig gebliebenen Kommunisten und Gemäßigten gleichermaßen, nehmen. Ihr Traum ist ein anderes Afghanistan, religiöser und konservativer.

Kommandant Abdul Haq lässt sich von den Radikalen nicht abschrecken. Er ist längst auf dem Weg nach Kabul, als ich nach tagelangen Irrflügen Peschawar erreiche. Der Kabuler Flughafen ist inzwischen gesperrt, daher bleibt auch mir nur der Landweg. Ein in Peschawar zurückgebliebener jüngerer Bruder von Abdul Haq organisiert jedoch meine Fahrt nach Kabul – und sogar den Geleitschutz durch einige Kämpfer, den mein Team und ich als Ausländer in diesen Tagen bitter nötig haben.

Zeiten des Zusammenbruchs sind immer die gefährlichsten Perioden für Reporterinnen und Reporter. Jede Regel ist ausgesetzt. Keiner hält sich mehr an das, was gestern noch Gesetz war. Es gibt genug Leute auf der Welt, die sich von unseren Presseausweisen ohnehin nicht beeindrucken lassen. In Kriegslagen sind wir genauso wie andere Zivilisten den Gefahren hilflos ausgeliefert. Wir sind unbewaffnet und daher eine leichte Beute. Aber andererseits hat die Unordnung den Vorteil, dass niemand mein Visum sehen will. Unter dem Schutz der bewaffneten Männer, die sich sichtbar auf den Land Rovern platziert haben, ist die bevorstehende Reise durch die engen Seidenschluchten nach Kabul, die als Route von Banditen und Schmugglern bekannt ist, aber weniger riskant.

In der ersten afghanischen Stadt, in Dschalalabad, ist bei einem anderen Bruder von Abdul Haq namens Hadschi Qadir, ebenfalls ein Mudschahedin, ein Stopp geplant. Wenn alles nach Plan läuft, werde ich den Kommandanten Abdul Haq in Kabul treffen, wo er, wie man hört, mit anderen Gruppierungen über das weitere Vorgehen verhandelt. Es geht darum, das Machtvakuum so rasch wie möglich zu beenden und eine nationale Regierung aller Afghaninnen und Afghanen auszurufen. Dies ist jedenfalls die Absicht der Gemäßigten. Zuerst wollen sie Einheit im Land erreichen, erst danach folgt die Aufteilung der verschiedenen Aufgaben. Der erste Teil des Vorhabens ist schon heikel, denn Abdul Haq gehört zu den mächtigen Paschtunen – die machen jedoch nur rund 40 Prozent der Bevölkerung aus. Die anderen Ethnien – Tadschiken im Norden, Hazara in Zentralafghanistan, Usbeken im Nordwesten – wollen ebenfalls ein Wort mitreden. Die Unterschiede zwischen den Völkerschaften und ihren Wünschen sind groß. Der lange Krieg hat sie nicht vermindert, weil jeder seine Opfer zu beklagen hat.

Die Hazara, eine schiitische Minderheit, sehen endlich ihre Chance gekommen, ihren Status einer unterdrückten Minderheit abzulegen. Abdul Haqs Paschtunen beanspruchen wie früher unter den Königen Kabul. Die Tadschiken wollen dem nicht kampflos zustimmen, denn ihr „Löwe von Pandschir“, Ahmad

Massoud, hat maßgeblich zur Vertreibung der Sowjets beigetragen, und sie wollen sich bei der Verteilung der Macht nicht abspeisen lassen. Die Usbeken in Afghanistan sind hingegen an einer angemessenen Repräsentation und guten Beziehungen zum neu gegründeten Staat Usbekistan interessiert, der sich nach dem Zerfall der UdSSR formierte.

Wo wir in Kabul Unterschlupf finden werden, wird sich ergeben. In Ländern wie Afghanistan kann man häufig bei Privatleuten unterkommen. Das Gastrecht ist jedem Stamm und jeder Völkergruppe gleichermaßen heilig.

An der Grenze geht unser Plan auf. Wir werden durchgewunken, und niemand interessiert sich näher für mich unter meiner Burka. Mir entgeht unter dem schweren Umhang nichts, aber ich spiele ja eine Kranke und muss mich dementsprechend still verhalten. Nicht nur der Grenzübergang ist eine sehr aufregende Erfahrung für mich. Es ist meine erste Reise auf dem Landweg von Pakistan nach Kabul. Alles fühlt sich plötzlich anders an, große Veränderungen stehen unmittelbar bevor. Eine neue Zeit wird anbrechen. Es wird ein anderes Afghanistan entstehen – die Frage ist nur: Wie wird es aussehen?

Unsere Begleiter müssen sich innerlich dasselbe fragen. Sie sind allesamt junge Männer, ziehen aber trotzdem schon seit einigen Jahren in den Heiligen Krieg. Sie kennen jeden Winkel der umkämpften Ostprovinzen, durch die wir nun fahren. Sie haben mit den Stinger-Raketen der Amerikaner gegnerische Hubschrauber vom Himmel geholt und die sowjetischen Konvois mit gezielten Angriffen aus dem Hinterhalt gelähmt. Nun sollen diese Heranwachsenden und ihre Kommandanten das Land regieren. Die meisten sind Zöglinge aus den *Madrasa*, wo sie von Kindesbeinen an auf diesen Krieg vorbereitet wurden. Ihr Beruf ist das Kämpfen – etwas anderes haben sie nie gelernt. Dementsprechend legen sie eine strikte Disziplin an den Tag. Jeder hält sich an die vorgegebene Hierarchie. Der jüngere Bruder von Abdul Haq sitzt auf dem Beifahrersitz und gibt die Befehle. Ich hingegen kauere auf dem Rücksitz in meiner Burka und mache mir langsam Sorgen um meinen knurrenden Magen. Zum Frühstücken blieb keine Zeit, und es scheint keine Pause geplant zu sein, nicht einmal zum Gebet wird angehalten. Die Stimmung dieser Fahrt lässt nicht hoffen, dass der Frieden schon greifbar nah ist.

Staub wirbelt hinter uns auf. Eine endlose Kolonne von Kämpfern in Geländewagen überholt uns. Einige Autos haben schwarz getönte Scheiben, um den Blick auf die Kommandanten zu versperren. Weiße Fahnen mit Aufschriften wehen von den Wagen und verkünden den Dschihad. Die Insassen würdigen uns kaum eines Blickes. Nachdem sie in der Ferne verschwinden, biegen wir sicherheitshalber in einen Seitenweg ab und machen in einem nahegelegenen Dorf doch noch Rast. Hier leben Verwandte von Abdul Haq. Sie berichten uns, dass der gesamte Widerstand sich mobilisiert und auf dem Weg nach Kabul ist. Auch einige Plünderer seien in der Hoffnung auf leichte Beute unterwegs.

In dem Dorf zwitschern Vögel. Die Felder herum werden bereits wieder beackert, und eine schwache Frühlingssonne reckt sich am Himmel. Wir sitzen im Freien, und zumindest für eine halbe Stunde genieße ich die scheinbar perfekte Idylle.

Es folgt das harte Erwachen in Dschalalabad am frühen Nachmittag. Unser Konvoi schlängelt sich durch die Straßen. Läden sind verrammelt, Abfälle türmen sich in den Ecken. Nirgendwo ist nur eine Spur von menschlichem Leben zu sehen, ausgenommen die Bewaffneten an einigen Ecken, die uns aus irgendeinem Grund nicht kontrollieren.

Schließlich erreichen wir unser Ziel, die ehemalige königliche Winterresidenz. Abdul Haqs Bruder hat Anweisung gegeben, uns dort unterzubringen. Er würde später zu uns stoßen. Zunächst klingt das nach echtem Luxus, aber als wir das Gebäude staubbedeckt betreten, auf ein stärkendes Essen und eine komfortable Unterkunft hoffend, kehrt schnell Ernüchterung ein. Das Innere des Hauses ist ausgeräumt. Unter den Kommunisten wurde der Palast als Relikt der alten Herrschaftsordnung vernachlässigt. Den Rest erledigten Plünderer. Nicht einmal die Betten sind geblieben, und so legen wir unsere Schlafsäcke auf den Marmorboden für die Nacht aus. Blind gewordene Spiegel säumen den Saal – selbst sie zeigen nur noch ein trübes Abbild des einstigen Prunks.

Ich begebe mich auf die Suche nach Steckdosen, um die Batterien der Kamera zu laden, erspähe dabei einen verwunschenen Garten hinter dem Palast, in dem die königlichen Familien selbst in Wintermonaten, die in Dschalalabad um vieles milder sind als in der Hauptstadt, die Sonnenstrahlen genossen. In den oberen Stockwerken öffne ich eine Tür. Dahinter taucht das ehemalige Arbeitszimmer der Könige auf. Überall Staub, dazwischen Teppiche so groß wie Fußballfelder, ein Schreibtisch im Empire-Stil. Wie viele Dekrete hier wohl von den früheren Königen Afghanistans unterschrieben wurden?

Einige dieser Herrscher, etwa König Abdul Rahmann, haben das Land an seine Wurzeln erinnert, betonten die Wichtigkeit von Stamm, Nation und Islam. Andere, wie König Amanullah Khan, galten als fortschrittlich, weil sie den einheimischen Frauen früher das Wahlrecht als in Europa erlaubten. Ein Mann von Welt. Ein Sturm der Entrüstung erhob sich unter den Konservativen Afghanistans, bevor vieles wieder rückgängig gemacht wurde. Weitere Modernisierer folgten vor unausweichlichen Rückschritten. Zwei Schritte vorwärts, einen zurück, so ging es dahin. Aber Afghanistan war in seiner Geschichte keinesfalls ein rückständiges Land

Die Sonne geht bereits unter, als Haji Abdul Qadeer zu uns stößt, und ich erfahre, dass er vorläufig als Gouverneur der Stadt fungiert. Der groß gewachsene Mann mit den ebenmäßigen Zügen trägt einen weißen Turban auf dem Kopf und sieht überhaupt traditionell aus, was mich geradezu herausfordert, ihn auf das Thema Frauenrechte anzusprechen. Zuvor hatte ich gehört, dass die Universität von Dschalalabad nun für Studentinnen nicht mehr zugänglich sein soll. Dies verlangten konservative Kreise unter den Afghanen, mit dem Argument, die Lage in sei vor allem für junge Frauen zu gefährlich. Anstatt also für mehr Sicherheit zu sorgen, wollen sie die Frauen einsperren. „Wie sehen Sie das? Sollen Frauen die Universität besuchen wie Männer?", frage ich. Der Gouverneur antwortet ausweichend. „Wir haben derzeit sehr viele Problem zu lösen. Es fehlt an allem." Ich lasse nicht locker und will eine direkte Antwort aus ihm herauskriegen. „Ich bin dafür", erwidert Haji Abdul Qadeer schließlich. „Frauen sollen eine Ausbildung erhalten." Er macht eine Pause. „Ich bin mit zwei Frauen verheiratet, die beide nicht lesen und schreiben können. Ich möchte gerne eine Frau heiraten, die das kann", erläutert er seinen Standpunkt.

Danach wird auf runden Blechtellern ein Gericht aus Reis und Lammfleisch mit daruntergemischten Rosinen serviert. Dazu reißt man warmes Brot in mundgerechte Stücke und benutzt es anstelle von Gabel und Löffel. Das Essen schmeckt himmlisch gut. Mein Team und ich schlagen uns hemmungslos den Magen voll. Unser Gastgeber deutet noch an, er würde am nächsten Tag viel zu tun haben. Stammesführer aus den umliegenden Dörfern hätten bei ihm um eine *Schura*, eine Art Versammlung, gebeten. Sie benötigten dringend Hilfe: Lebensmittel, Saatgut. Medizin für die Kranken und Krücken für die durch Minen verletzten Kinder. Er verabschiedet sich bald und wünscht uns eine gute Nacht. Haji Abdul Qadeer ist so gastfreundlich wie vielschichtig. Er gilt als eine der mächtigen Figuren im neuen Afghanistan. Er genoss bei vielen Menschen hohes Ansehen. Später wird er Minister im Staatsparlament werden. Seine Hochburg Dschalalabad gilt jedoch auch als Umschlagplatz für den Drogenhandel in der ganzen Provinz. Haji Abdul Qadeer hat angeblich auch dort seine Finger im Spiel. Viel später wird er eines gewaltsamen Todes bei einem Anschlag sterben, dessen Hintergründe nie aufgeklärt werden.

Nach dem opulenten Mahl wickeln wir uns in die Schlafsäcke. Die Stille der Nacht wird mehrmals von Maschinengewehrsalven durchbrochen, aber der Palast wird von unseren Reisebegleitern gut bewacht. Ich konnte beobachten, wie sie die Reste unseres Essens gierig aufessen. Sie lachten und scherzten dabei ausgelassen. Jetzt schlafen sie draußen im Freien, eingehüllt in die mitgebrachten Decken. Die Waffen immer griffbereit. Zwei von ihnen halten rund um die Uhr Wache. Wir sind sicher wie in der Bank von England.

Bevor wir weiterfahren müssen, möchte ich am nächsten Morgen noch den Gouverneur bei seiner Arbeit filmen. Daraus wird nichts. Vor dem Amtsgebäude des Gouverneurs wird mir gesagt, die *Schura* drinnen könne nicht gefilmt werden. Also mache ich mich daran, einige wartende Stammesführer zu befragen. Sie weichen meinen Fragen aus, bis sie endlich offenlegen, sie wären da, um das Unterrichtsverbot für Frauen einzufordern. „Sie wollen nicht, dass Frauen zur Schule gehen?", frage ich die versammelten Männer. „Nein!", erwidern sie im Chor. „Frauen sollen daheim bleiben?" „Ja!", bekräftigen sie und lachen sogar dabei. Sie scheinen sich zu amüsieren. „Sie sollten auch ein Kopftuch aufsetzen!", fügt einer von ihnen hinzu. Meines ist auf die Schulter gerutscht, wo ich es trotz der Aufforderung belasse. Die Männer verschwinden in dem Gebäude. Einer der Helfer des Gouverneurs lässt mich wissen, dass sie alle den Gouverneur um Unterstützung bitten müssten. Das sei der eigentliche Anlass ihres Besuches. Da der Gouverneur ein erfolgreicher Kämpfer war, glauben sie, er müsse von den Amerikanern Millionen erhalten, und ein Teil davon stehe nun ihnen zu. Würden sie ohne Geld abziehen, würden sie ihr Glück beim nächstbesten Kommandanten versuchen – egal, ob dieser radikale Ansichten vertritt oder nicht. Wer ihnen hilft, erhält im Austausch ihre Loyalität. Zuerst müssten Gelder fließen, danach wären sie bereit, über Frauenrechte zu diskutieren – wenn überhaupt. Haji

Abdul Qadeer hat aber kaum etwas anzubieten. Seine Kassen sind leer. Keine einzige NGO hat es in die Stadt verschlagen, und die Amerikaner haben sich ebenfalls zurückgezogen und ihre finanzielle Unterstützung ausgesetzt. Auf dem Höhepunkt des Krieges der von den USA so titulierten „Freiheitskämpfer“, zu denen auch Haji Abdul Qadeer zählte, gaben die USA stattliche 250 Millionen Dollar für die Afghanistan-Mission aus. Nun sind die Sowjets weg, und damit ist die Unterstützung der USA über Nacht auf null gesunken.[23]

Die Zukunftsaussichten der Provinz Nangarhar mit seiner Hauptstadt Dschalalabad sehen dementsprechend düster aus. Wie lange der Gouverneur die Bittsteller hinhalten können wird, ist zu diesem Zeitpunkt schwer abzusehen. Um die Bevölkerung zu beruhigen, lässt Haji Abdul Qadeer – entgegen seiner eigenen Haltung, die er mir vorher offenbart hat – die Universität für Studentinnen sperren. Die Dorfältesten kommen mit gestärkter Brust aus der *Schura*, denn so können so nach ihrer Rückkehr behaupten, sie hätten zumindest diesen wichtigen Punkt durchgesetzt, wenn sie schon keine Mehlsäcke oder Fleischstücke mitbringen. Der Gouverneur wird also so bald keine Frau in Dschalalabad finden, die lesen und schreiben kann. In Afghanistan sind Konflikte zwischen Gouverneuren einerseits und Dorfältesten andererseits keine Seltenheit. Die Landbevölkerung fühlt sich oft von „denen da oben“ im Stich gelassen. Im Krieg haben viele Familien ihre Söhne verloren. Ihre Felder sind zum Teil verwüstet und die Versprechungen, dass nach dem Abzug alles besser werde, scheinen sich nicht zu bewahrheiten. Die Menschen in Afghanistan fühlen sich von allen betrogen – auch von den Amerikanern, die sie und ihren Widerstand früher zu Helden stilisiert haben. Die Amerikaner zeigen sich von der Notlage in Afghanistan hingegen unbeeindruckt, denn „weitere Einmischung in die Belange der Afghanen würden amerikanische Streitkräfte und Ressourcen zu sehr beanspruchen. Man sollte daher besser Distanz zu den internen reinigenden Problemen der anderen halten."[24]

Dunkle Wolken ziehen am afghanischen Himmel auf – und wir nehmen unsere Reise wieder auf. Wir wollen den Rest der Strecke nach Kabul vor Einbruch der Nacht hinter uns bringen. Unsere Begleitung wurde aufgestockt, uns folgt nun ein vierter Wagen mit Bewaffneten. Rasch bringt der Konvoi die ansteigenden Hänge in den Schluchten rund um Dschalalabad hinter sich. Zu unserer Rechten lauert ein tiefer Abgrund neben der Straße. In unregelmäßigen Abständen kann ich die schon rostenden Wrackteile von russischen Panzern im Bett des Kabul-Flusses sehen. Sie konnten den Hinterhalten der Mudschahedin nicht entkommen. Doch die Männer auf der Ladefläche haben keinerlei Aufmerksamkeit für das Altmetall. Hingegen kundschaften sie beim kleinsten Geräusch sofort die umliegenden Bergspitzen aus. Vereinzelt sind Schüsse zu vernehmen. Dann stoppt das Führungsfahrzeug abrupt. Einige Männer rennen mit Kalaschnikows in den Händen flink die Anhöhen hinauf. Sie bringen sich in Position und warten, aber es bleibt ruhig. Danach setzt sich unser Konvoi erneut in Bewegung.

Die sogenannte Seidenschlucht, die wir gerade durchqueren, ist der einzige Zugang zur Hauptstadt aus dem Osten – und hat daher eine große strategische Bedeutung. So gut wie alle Gruppierungen, die um die Macht im Lande konkurrieren, wollen sie unter ihre Kontrolle bringen. Überfälle auf Durchreisende gehören zum Alltag.

Unsere Reise verläuft zunächst ohne weitere Zwischenfälle. Doch als wir Kabul schon fast erreicht haben, hallt plötzlich von allen Seiten das Echo von Gewehrfeuer durch die Felsschlucht. Noch bevor unser Konvoi zum Stehen gekommen ist, haben unsere Begleiter bereits ihre Waffen gezückt. Im letzten Straßenabschnitt vor Kabul sei anscheinend Streit zwischen

Milizen ausgebrochen, teilen sie mir mit. Wer die Milizen sind und welche Ziele sie verfolgen, ist unklar, aber die Mudschahedin wollen schon aus Eigeninteresse kein Risiko eingehen. Der Trupp ist bekannt wegen der Verbindung zu Abdul Haq, was uns zu potenziellen Zielen macht. Nach einiger Zeit verstummt das Gewehrfeuer, und wir fahren vorsichtig weiter.

Die Dämmerung zieht bereits herauf, als der Konvoi plötzlich einen Steilhang nach rechts nimmt und im Eiltempo einen Seitenweg hinauffährt. Lose Steine fliegen unter den Reifen weg. In dieser Gegend ist keine Menschenseele zu entdecken, geschweige denn Behausungen. Nach einer Weile entdecke ich hinter einer Böschung die Umrisse einer flachen Halle. Wir nähern uns dem Gebäude. Die Männer halten ihre Waffen schussbereit. Kurz vor dem Eingang springen sie vom Wagen, verteilen sich, um die Halle zu untersuchen, doch schon bald kehren sie beruhigt zurück. Das Gelände scheint sicher zu sein.

Man signalisiert mir, die Halle zu betreten, wo ich mit Hilfe meiner Taschenlampe überall Reste von zerbrochenen Souvenirs aus Jade erspähe. Eine Buddha-Figur da. Eine Kette dort. Touristensouvenirs, die vor allem bei Hippies beliebt waren. Wir sind in einer verlassenen Manufaktur für Kitsch gelandet. Abgesehen von den offenbar willkürlich zerstörten Figuren, gibt es hier keinerlei Anzeichen menschlichen Lebens.

Es wird schnell dunkel. Ich sehe, wie einer der Männer ein altmodisches Funkgerät auspackt. Er will sich über die Lage in Kabul informieren. Alles scheint ruhig zu sein, aber nun ist es zu spät zum Weiterfahren. Ich verbringe die Nacht voll bekleidet, den Schlafsack ausgebreitet zwischen zerbrochenen Buddhas. Mein Kameramann und Assistent haben wieder den Kürzeren gezogen und werden angewiesen mit den Kämpfern draußen zu übernachten. Erschöpft von der Reise und den Anspannungen des Tages, schlafen wir alle sofort ein.

Ein Geräusch weckt mich. Draußen ist die Morgensonne noch schwach, aber einer der Männer erhitzt bereits Teewasser auf einem mitgebrachten Gaskocher. Andere drücken ihre Nasen an den Fensterscheiben platt und sehen zu, wie ich meinen Schlafsack zusammenfalte. Inzwischen kenne ich die Afghanen gut genug, um zu wissen, dass sie sich fragen, ob sie mit uns ein Foto machen können. Fotos sind eine große Leidenschaft in Afghanistan. Wenn man sich mit Fremden ablichten lassen kann, hat man anschließend etwas in der Hand, um seine Landsleute zu beeindrucken. Diesmal habe ich keine Polaroid-Kamera mit, um ihnen den Wunsch zu erfüllen.

Plötzlich ertönt ein kurzer, scharfer Befehl. Die Kämpfer springen auf die Geländewagen. Es geht wieder los. Wir haben noch ungefähr 20 Kilometer bis Kabul vor uns. Dies ist der gefährlichste Teil der Reise. Die Seidenschlucht verengt sich an dem Ort Sarobi so sehr, dass sie sich Straßenräubern als Ort für Überfälle geradezu aufdrängt. Von außen betrachtet, sieht das Städtchen völlig unauffällig aus, aber besser, man verweilt hier nicht zu lange, wenn einem seine Besitztümer und sein Leben etwas bedeuten. Ich verstecke mich unter der Burka. Nur nicht auffallen. Dann die Erleichterung: Ganz Sarobi scheint zu schlafen, und wir können ungehindert passieren. Auch Banditen brauchen ihre Ruhe.

Gleich sind wir in Kabul. Alles ist gut gegangen, sage ich mir erleichtert, sehe aber die Entspannung nicht in den Gesichtern der anderen im Wagen. Gleich an der Osteinfahrt haben bärtige Milizen am Straßenrand Stellung bezogen. Einige haben wegen der frühmorgendlichen Kühle Decken um die Schultern gelegt, andere dösen noch vor sich hin und heben nur unmerklich die Augen, als wir vorbeifahren. Diese Kontrollen wiederholen sich noch einige Male. Unsere Begleiter sind sichtbar nervös.

Inzwischen nehmen die Feinde von Abdul Haq, die Männer des extremen Gulbuddin Hekmatyar die Hauptstadt für sich in Anspruch. Aus dem Norden sind bereits die tadschikischen Kämpfer von Ahmad Massoud präsent. Egal, wo man hinblickt, sieht man offen zur Schau gestellte Waffen. Pistolen, Schnellfeuergewehre, selbst Handgranaten hängen an den Gürteln. Auf den Geländewagen sind Panzerfäuste montiert. Der Krieg hat sich von den Ebenen und Schluchten Afghanistans nach Kabul verlagert. Nicht nur die Milizen von Hekmatyar und Massoud wollen sich Kabul sichern. In Afghanistan streitet nun jeder um das, was ihm nach der eigenen Auffassung zusteht. Ein Jahrzehnt des Leidens und des Kämpfens darf nicht umsonst gewesen sein. Zu lange war der Krieg Alltag für die jungen und alten Männer in Afghanistan.

Nun entlädt sich all die Frustration. Das Museum wird geplündert. Geschäftsinhaber haben ihre Läden von Waren geleert und verschlossen. Inzwischen steht der berühmte Teppich-Basar in der Nähe der Festung Bala Hissar in Flammen, weil eine Miliz ihn versehentlich mit einem Sprengkörper getroffen hat.

In Kabul angekommen, habe ich die Burka abgelegt, unter anderen um das Schauspiel um mich herum besser beobachten zu können. In der Folge werde ich von einem greisen Afghanen in einem Autobus, der zufällig neben unserem Auto zu stehen kommt, mit wilden Handzeichen aufgefordert, doch meine Haare zu bedecken. Zuerst sehe ich wenig Grund, dieser Ermahnung zu folgen. Dann gibt mir ein bewaffneter Milizsoldat mit einer Geste nachdrücklicher zu verstehen, wie sich Frauen zu kleiden haben. Er deutet bestimmt mit seiner Waffe auf meine Haare. Das wirkt. Ich binde mir ein Tuch um. Kabuls Frauen werden nur Tage später im Radio vernehmen, die Kopftuchpflicht sei eingeführt.

Das Hotel Kabul am Paschtunistan-Platz. Der Himmel hat sich zusammengezogen, als mein Team und ich vor der Herberge aussteigen. Drinnen beendet Abdul Haq, der hier sein Hauptquartier eingerichtet hat, ein Treffen mit kleineren Kommandanten. Sein Plan, vor dem Fall von Kabul eine nationale Einheit der Mudschahedin zu schaffen, ist angesichts der Szenen, die ich in der Stadt beobachten konnte, offensichtlich gescheitert. Jetzt geht es ihm darum zu retten, was zu retten ist. Ein blutiger Bruderkrieg droht. Viele wollen Vergeltung an den Kommunisten üben. Dazu ein unüberbrückbarer Zwist zwischen verschiedenen islamischen Strömungen.

Man weist uns an, zu warten. Wir setzen uns in der dunklen Lobby auf ein ausgesessenes Sofa. Die Vorhänge sind aus Sicherheitsgründen zugezogen. Wir haben seit einem Tag nichts gegessen und wollen uns im Hotelrestaurant stärken. Es wird nicht mehr betrieben. Plötzlich humpelt Abdul Haq in die Lobby, entschuldigt sich für die lange Wartezeit und führt uns in einen schlichten Raum. Seine Kämpfer, die rund um die Uhr sein Leben schützen, positionieren sich an der Tür. Er lässt sich nichts anmerken, aber langsam muss selbst bei ihm Ernüchterung einsetzen. Beinahe noch dringlicher als die ungeklärte Machtfrage scheint im Moment in Kabul die Frage des blanken Überlebens. Selbst, wenn der Basar geöffnet wäre, könnten sich viele Menschen aus Geldnot nicht mehr mit dem Notwendigsten versorgen. Männer wie Abdul Haq müssen jetzt den unzähligen Familien, die ihren Kämpfern all die Jahre über in den Außenbezirken Unterschlupf gewährt haben, Mehl und andere Notwendigkeiten liefern. Diese Grundversorgung erwartet man von Kommandanten des Widerstands genauso wie von Stammesführern. Alles ist ein Geben und Nehmen.

Der Krieg ist ein hartes und teures Geschäft. Abdul Haq weiß das nur zu gut, denn in unseren Gesprächen macht er sehr deutlich, worum es jetzt geht. Wenn die Welt Afghanistan vergesse, sei der Zerfall nicht aufzuhalten. Die nötige Unterstützung sei der Preis für die eigene Sicherheit, den der Westen Afghanistan schuldig wäre.

Von draußen dringen Schritte und Stimmen in den Raum. Ständig werden Besucher angekündigt, die dem Kriegshelden ihre Aufwartung machen wollen. Er ist immer noch ein angesehener

Mann, aber das kann sich schnell ändern, wenn er nicht seinen Teil der Abmachung erfüllt. Wie bei seinem Bruder in Dschalalabad, folgt auf die Lobeshymnen immer auch die Frage, ob der Stamm mit Abdul Haqs Unterstützung rechnen könne.

Zwischen diesen Pflichtterminen isst der Kommandant mit uns, so als wollte er über uns noch irgendwie einen Draht zur westlichen Welt aufrechterhalten. Mein Team und ich sind aber ein schlechter Ersatz für die amerikanischen Agenten, die früher bei Abdul Haq ein und aus gingen. Auch die westlichen Diplomaten sind vor Tagen Hals über Kopf aus Kabul abgereist. Jetzt stellen sich die Amerikaner Abdul Haq gegenüber taub und stumm. Sie haben ihm zwar Waffen geliefert und seinen Männern beigebracht, wie man mit ihnen umgeht. Bei der Frage, wie man eine hungrige Bevölkerung ernährt, kann er nicht auf ihre Hilfe zählen.

Was ihm jetzt nur noch bleibt, sind Interviews mit herbeigeeilten Reporterinnen wie mir, die ihm seine Sorgen nicht abnehmen können. Kabul versinkt von Stunde zu Stunde tiefer im Chaos. Alle bisherigen Sicherheitskräfte, eingeschlossen meine früheren Aufpasser, sind wie vom Boden verschluckt. Der gesamte Apparat des Nadschibullāh-Regimes ist seit Monaten nicht mehr bezahlt worden, und da die meisten Menschen keine Ersparnisse haben, sind sie in ihre Dörfer zurückgekehrt, wo die Selbstversorgung eine gute Alternative ist. Der eine oder andere anpassungsfähige Kommunist verwandelt sich über Nacht in einen Anhänger der Mudschahedin, indem er die Uniform daheim in der hintersten Ecke versteckt und Frau und Töchter anhält, von nun an ihre Kopftücher zu tragen. Andere Familien, die mit dem gefallenen Regime verknüpft waren, flüchten nun aus Afghanistan, während jene, die vor dem Regime geflohen waren, nun zurückkehren.

Fünf Nächte, gespenstisch ruhig, folgen. Wir verbringen sie im Hotel Intercontinental, wo wir gerade noch die allerletzten Zimmer ergattert haben. Reporterinnen und Reporter aus aller

Welt haben einen ganzen Stock besetzt. In allen anderen sind Kommandanten und ihre Leibwächter einquartiert. Das Hotel gleich einem Heereslager. Das halbe Personal ist verschwunden. Die Zimmer werden nicht mehr gereinigt. Zimmerservice gibt es nur noch auf dem Papier. Die wenigen Telefonleitungen, die es mittlerweile hier gibt, sind ständig überlastet.

Vor meiner Zimmertür sitzt stoisch ein klein gewachsener Bewaffneter auf einem Hocker, der sich nicht vertreiben lässt. Nachts drehe ich den Schlüssel mehrmals im Schloss um. Mudschahedin und Presseleute beäugen sich mit einer Mischung aus Neugierde und Argwohn. Jeden Morgen im Frühstücksraum betrachten wir Journalisten eingeschüchtert die Waffen, die die Kämpfer auf die Tische und Stühle neben sich legen als wäre es das Selbstverständlichste der Welt. Wenn nur ein Schuss unabsichtlich losgeht, sagen wir uns, gibt es ein Blutbad. Niemand wagt jedoch Kritik zu üben. Bis ein Brite eines Morgens seinen ganzen Mut fasst und zum Tisch des ranghöchsten Kommandanten schreitet. Er fordert ihn auf, künftig die Waffen vor dem Speisesaal zu lagern. Eine Sekunde lang herrscht Schweigen. Danach steht der Kommandant auf und deponiert seine Waffe vor dem Frühstücksraum auf den Boden. Der gesamte Raum atmet erleichtert auf.

Bevor wir Kabul wieder verlassen, fahren wir zu Abdul Haq, um uns zu verabschieden. Seine rundliche Gestalt und das freundliche Gesicht können nicht darüber hinwegtäuschen, dass er zunehmend in einen Bürgerkrieg verwickelt wird. Verhandlungen scheitern. Dass hier bald blutige Kämpfe ausbrechen könnten, die Kabul in Schutt und Asche legen, wird von Abdul Haq mittlerweile nicht mehr ausgeschlossen. Das Schreckgespenst des Bürgerkriegs, der Afghanistan die drei folgenden Jahre heimsuchen wird, rasselt bei unserem Besuch im Hotel Intercontinental bereits mit den Ketten. Abdul Haqs Rivalen in den besetzten Villen im Distrikt Wazir Akbar Khan denken nicht ans Aufgeben. Jahrelang hat man ihnen gesagt, ihr Dschihad sei eine wichtige

Angelegenheit. Die Großmacht Amerika hat sie unterstützt. Die Amerikaner unterstützten den Heiligen Krieg, beteuerten, dass er gut und wichtig sei. Dass diese amerikanische Unterstützung nun ein Ende hat, lässt die Dschihadisten aber nicht verzweifeln. Sie verfügen über ausreichend Mittel von gläubigen Wohltätern in den reichen Ölstaaten, die einen luxuriösen Lebensstil führen. Mit ihren Spenden, dem islamischen *Zakāt*, für Afghanen, werden sie ihren Pflichten als Muslime gerecht.

Im Gegensatz zu Abdul Haq kümmern sich die radikalen Kräfte in Afghanistan weniger um die Sorgen und Nöte der zivilen Bevölkerung. Das Dasein auf Erden zählt in ihren Augen ohnehin nicht viel, den Lohn für den Heiligen Krieg erhalten sie erst nach dem Tod, im Himmelreich. Trotzdem bleiben sie nicht passiv, wenn es um die Verteilung der weltlichen Macht geht. Ihre Gegenspieler, wie Abdul Haq oder Ahmad Massoud, wollen sie vernichten. Es wird nur noch einige Monate dauern, bis Abdul Haq sich entnervt aus der Politik zurückziehen wird, um sich als Geschäftsmann in Dubai niederzulassen. Das wird ihn vor dem Zorn der Radikalen aber nicht retten, die ihn später ermorden.[25]

All diese Ereignisse liegen noch weit in der Zukunft, als wir Kabul wieder auf dem Landweg verlassen. Erneut geben uns die Männer von Abdul Haq Geleitschutz. Nachdem wir sicher die Ostausfahrt der Stadt erreichen, bringt uns der Fahrer so schnell wie möglich durch die Schluchten, und bald liegt die Ebene von Dschalalabad vor uns. Wir wähnen uns in Sicherheit, aber plötzlich tauchen in der Ferne einige dunkle Punkte auf. Der Fahrer nimmt den Fuß vom Gaspedal. Die Punkte werden grösser und stellen sich als eine Kamelherde, begleitet von einigen Kindern als deren Hüter, heraus. Eine Szene wie aus dem Mittelalter, dahinter eine endlose Leere, ein Nichts. Hier gibt es nichts mehr, was noch zerstört werden könnte. Es kann nur noch etwas Neues entstehen.

5. Kapitel

Kabul, 2000

Im Westen platzt die Dotcom-Blase mit einem lauten Knall. Tausende Investorinnen und Investoren verlieren ihr Geld. In Russland wird Vladimir Putin zum Präsidenten gewählt, während in Afghanistan die ultrakonservativen Taliban an der Macht sind. Sie beherbergen den Al-Qaida-Chef Osama bin Laden. Nach Terroranschlägen 1998 in den afrikanischen Metropolen Nairobi und Daressalam greifen die USA Al-Qaida-Ausbildungslager in Afghanistan aus der Luft an, aber ansonsten wird nichts Maßgebliches gegen die Taliban unternommen.

5. Kapitel

Der Talib mit dem Roman

„Was ist wichtiger für die Geschichte der Welt? Die Taliban oder der Zusammenbruch der UdSSR? Ein paar aufgeregte Muslime oder die Befreiung von Osteuropa und das Ende des Kalten Krieges?“

(US-Sicherheitsberater Zbigniew Brzezinski)[26]

Der mächtige Turban des Taliban dreht sich unmerklich in meine Richtung. Ich sehe sein scharfes Profil, seine braun gebrannte Haut, die wasserhellen Augen, den ellenlangen, ergrauten Bart. „Nicht filmen“, weist er mich auf Englisch an.

Draußen ziehen die Trümmer eines Kabuler Viertels an uns vorbei. Zwei Frauen, versteckt unter bläulichen verschmutzten Burkas führen ihre Kinder an den schneebedeckten Ruinen vorbei. Die Kinder sind ärmlich gekleidet, ohne winterfeste Schuhe, keine Mützen auf den Köpfen und nur Pullover und Hosen am Leib.

In unserem Taxi ist es zu eng für eine normale professionelle Kamera, aber mein Kameramann hält die Szene mit einer Handkamera fest. „Film mich nicht!“, wiederholt der Taliban, diesmal energischer. Wieder dreht er sich zu uns auf dem Hintersitz um, wobei ich einen Koran in der Seitentasche seines Hemdes bemerke.

Um uns herum wird die Ruinenlandschaft immer erschreckender, weil wir uns dem Viertel der schiitischen Hazara nähern, das in das Fadenkreuz des Machtkampfes geraten war. Moscheen, Wohnhäuser, Straßen, alles ist als Resultat des dreijährigen Bürgerkrieges dem Boden gleichgemacht worden, bevor die neue Gruppe namens Taliban den Trümmerhaufen eroberte. Eine erschöpfte Stadt. Unfähig, sich zu wehren, mit Menschen am Rande der Verzweiflung. Wenn sie sich nach etwas sehnen, dann nach dem Ende der Straßensperren, an denen Milizen ihnen ihre letzten Besitztümer abnehmen. Diese Sperren sind alle paar Kilometer von verschiedenen Gruppierungen errichtet. „Übeltäter kontrollieren ganze Regionen", so ein hoher Taliban. „Sie stehlen den Leuten ihr Geld, sie greifen ihre Ehre auf der Hauptstraße an, sie bringen Menschen um und legen ihre Leichname an die Felsen am Straßenrand [...] und niemand wagt es, die Opfer zu begraben."[27] Viele Afghanen müssen diesen Worten erschöpft zustimmen.

Was ist bloß geschehen mit unserem kleinen Paradies am Hindukusch? Die Rosengärten sind von Schutt verdeckt. In der Chicken Street ist der Geschäftsverkehr gleich null. Die Restaurants sind fast ausnahmslos verbarrikadiert. Die Taliban haben wenig zu bieten, aber für die Zerstörung der Stadt sind nicht sie verantwortlich, das geht auf das Konto der Mudschahedin vor ihnen. Zudem gelten die Taliban nicht als korrupt.

Es ist nun vier Jahre her, dass die Nachricht von der Einnahme Kabuls durch die Taliban durch die internationale Presse ging. Seither ist viel passiert, und die Welt brauchte eine Zeit lang, um aufzuwachen und zu merken, wer diese Koranschüler denn eigentlich sind. Auf jeden Fall ist die neue Führung Afghanistans nicht die schnellste, wenn es um die Ausstellung eines Visums geht, denn seit 1996 wartete ich vergeblich darauf. Auch meine früheren Kontakte in Afghanistan konnten mir nicht helfen, ins Land zu kommen, denn sie waren untergetaucht oder im Exil. Abdul Haq ging verbittert in Dubai Geschäften nach. Andere Interviewpartner bauten sich in Europa ein zweites Leben auf. Sie wollten nichts mehr von Afghanistan wissen. Andere begannen dagegen fast übergangslos eine Karriere im neuen Regime, Mitglieder des ehemaligen sowjetisch inspirierten Geheimdienstes KHAD waren in rauen Mengen zu den Taliban übergelaufen und unterstützen sie jetzt bei der Umsetzung ihrer Versprechen, „die unfertige Mission des Dschihad zu erfüllen, einen reinen islamischen Staat zu errichten und ihn von den Überresten der Vorgänger zu reinigen", wie der Taliban-Experte Achmed Rashid schreibt.[28] Zu dieser Gruppe mussten auch meine ehemaligen Aufpasser gehören.

Nach Afghanistan zu kommen war für mich also eine schwierige Aufgabe. Aber wieso soll man im Jahr 2000 überhaupt noch in dieses Land reisen wollen? Die Nachrichten über den neuen Kurs der Taliban sind Abschreckung genug: Beschneidung der Frauenrechte, Schulschließungen für Mädchen, die Einführung der harten Scharia als Rechtsform. Vier Jahre Warterei haben meine Entschlossenheit trotzdem nicht mildern können. Sobald ich die Nachricht kriege, dass ich eine Reiseerlaubnis kriegen könnte, fliege ich nach Peschawar. Der Taliban-Konsul in Peschawar stempelt mir und meinem Kameramann betont langsam die Visa für die neu benannten *Islamischen Emirate Afghanistan* in unsere Pässe. Zusammen mit einem Briten, der ebenfalls nach Afghanistan wollte, sowie zwei Einheimischen – einem Übersetzer und einem Fahrer – sind wir daraufhin in Richtung des neuen Gottesstaates unterwegs.

Wir sitzen in dem altersschwachen Volkswagen Combi unseres Fahrers und fragen uns, ob wir es damit wohl über den Chaiber-Pass schaffen werden. Doch wir haben keine Wahl – niemand sonst will uns nach Kabul bringen. Der Preis, den der Mann verlangt, hat es ebenfalls in sich – rund 1000 US-Dollar. Das sind Kriegspreise, die keinem normalen Standard entsprechen.

Auf dem Weg ist nichts Auffälliges zu entdecken, im Gegenteil. Die Reise hätte nicht ereignisloser verlaufen können. Die konkurrierenden Milizen, die sich noch 1992 und in den Jahren danach bekriegten, waren wie vom Boden verschluckt. Keine einziger Gewehrsalve durchbrach die Stille der Schluchten und Ebenen auf unserem Weg. Wir waren auf der gesamten Strecke allein unterwegs, sieht man von einigen Eseln am Straßenrand ab.

Das böse Erwachen folgte in Kabul. Es ist Februar, und Schneestürme fegen bei unserer Ankunft über die Stadt. Auf dem Hindukusch liegt meterhoher Schnee. Der Flugverkehr ist eingestellt. Kabul ist von der Welt abgeschnitten und zu einer frierenden Geisterstadt verkommen. Die Versorgung mit Strom und Wasser ist in vielen Vierteln ausgefallen. Wer es hier trotzdem noch aushält, leidet nicht nur unter der Kälte, sondern auch unter Hunger. Waisenkinder sitzen in ihren Unterkünften um einen Holzofen herum und zittern bitterlich, sobald die tägliche Ration an Holz verglüht. Eine NGO versorgt sie, mit Zustimmung der Taliban, mit einer warmen Mahlzeit pro Tag.

Frauen dürfen nur noch in Begleitung eines männlichen Familienmitglieds – und sei es ein fünfjähriger Sohn – aus dem Haus, weil es laut Taliban sonst für sie zu gefährlich ist. An einigen Stellen hocken Witwen, unter löchrigen Burkas, und strecken die Hände aus. Dabei haben sie ihre Kleinkinder auf dem Arm, um den Regeln der Gotteskrieger zu entsprechen. Taliban schlagen mit Stöcken auf die Bettlerinnen ein, um sie zu vertreiben.

Ich selbst kann nicht klagen, denn im Vergleich zu den Einheimischen sind wir gut dran. Das Hotel Intercontinental nimmt weiterhin Gäste auf. Mit seinem üblichen verhaltenen Schmunzeln empfängt uns der Portier in seiner immer noch adretten Uniform, so als würde er noch für ein High-Class-Hotel arbeiten. Er steht wie ein Felsen in der finsteren Lobby. Dabei flackert nur noch die Notbeleuchtung, und die Bar im hinteren Teil ist mit Brettern zugenagelt. Ohnehin ist nur noch ein Stockwerk bewohnbar. Einige Teile des Hotels sind zerstört, andere geplündert worden.

Ein Helfer des Portiers schleppt das Gepäck und bietet meinem Kameramann und mir verschiedene Zimmer an – eins hat keine Möbeleinrichtung, bei dem anderen fehlen die Anschlüsse im Badezimmer. Doch am Ende sind zwei halbwegs bewohnbare Zimmer gefunden. Die Heizung ist allerdings im gesamten Haus ausgefallen, und daher bitten wir den Portier, zwei Heizstrahler auf dem Basar besorgen zu lassen. Vorerst begnügen wir uns mit einigen zusätzliche Decken. Wir sind hungrig. Doch im Restaurant suchen wir vergeblich nach einem Zeichen menschlichen Lebens. Ich schaue in die Küche, wo Geschirr und Töpfe sauber auf einer Theke gestapelt sind. Zum Essen gibt es nichts mehr. Das Personal ist fast vollständig entlassen worden oder hat Reißaus genommen. Nur der Portier, der leiden muss wie alle anderen, will aus irgendeinem Grund nicht weg. Er muss über seine Dienstzeit hinweg Unfassbares erlebt haben.

Hartes Kabul. Stadt der Vergessenen. Am Morgen nach der Ankunft erklärt man uns im Außenministerium, nun ein ähnlich kaltes leeres Gebäude wie das Hotel Intercontinental, ich müsse einen offiziellen Taliban-Übersetzer an meiner Seite haben – uns bleibt keine Wahl, als uns von dem eigentlich engagierten Übersetzer zu verabschieden.

Nun sind wir mit dem uns zugewiesenen neuen Übersetzer unterwegs, ohne allerdings Menschen filmen zu dürfen – denn wie mir der Taliban auf dem Beifahrersitz namens Mohammed Shindandi trocken erklärt, würde dies gegen die Regeln des Islams verstoßen. Ruinen dürften wir allerdings ablichten. Den verschneiten Hindukusch dürften wir aufnehmen. Herumstreunende Hunde und Plakate ebenso.

Trotzdem blicke ich einer Gruppe von Frauen in Begleitung sehnsüchtig nach und will meinen Kameramann bereits bitten, doch noch die Kamera verstohlen durch das Rückfenster zu halten, als genau neben uns an einer Kreuzung ein Pick-up mit Taliban stoppt. Er schafft es gerade noch, die Kamera hinunterzureißen und unter dem Sitz zu verstecken. Aus dem Augenwinkel sehe ich, dass die Männer uns gar nicht weiter beachten.

Überall in Kabul sind bewaffnete Patrouillen unterwegs. Taliban in Pkws kontrollieren zusätzlich die Straßen. Ihr Vorgehen wirkt willkürlich auf mich. Die Taliban ignorieren einen Teil der Stadt, obwohl dieser noch bewohnt scheint.

Frauen mit Burkas in den Straßen der Ansiedlungen um Kabul.

Schnee sitzt auf den Flachdächern der Lehmhäuser, aus deren Schornsteinen aber kein Rauch weht. Kinder bleiben im Haus. Hochzeiten sind verschoben. In Kabul liegt wortwörtlich alles auf Eis. Unser Taliban-Aufpasser eskortiert uns bis an den Hoteleingang. Als er sich verabschiedet, hält er ein Buch in der Hand – keinen Koran, sondern eine beeindruckend zerfledderte englische Ausgabe des russischen Romans *Krieg und Frieden*. Auf Nachfrage finde ich heraus, dass er eigentlich Professor für englische Literatur ist. Nachdenklich blicke ich seiner gebeugten Gestalt mit dem übergroßen Turban, der ihm ständig über die Ohren rutscht, nach, als er auf dem abschüssigen Weg verschwindet.

Die nächtliche Ausgangssperre setzt früh ein, offiziell um 17 Uhr. Ganz Kabul eilt nach Hause, schweigt die Nacht über. Außer dem Scharren von hungrigen, heulenden Hunden, die zu dieser Stadt gehören wie jetzt die Taliban, ist nichts zu hören. Wir nehmen unser Abendessen, falls man es als solches bezeichnen kann, im Zimmer zu uns. Auf den Betten sitzend, verspeisen wir mitgebrachten Käse und Knäckebrot. Dazu trinken wir vom Portier vorbereiteten grünen Tee aus einer Thermosflasche. Die Heizkörper tun ihren Dienst mehr schlecht als recht – wir haben beide zwei zusätzliche Pullover an. Die Kälte dringt durch alle Mauern des riesigen ungeheizten Betonpalastes.

Am nächsten Tag steht eine klare Wintersonne am Himmel. Alles sieht gleich freundlicher aus. Um den Taliban-Patrouillen zu entgehen, fahren wir auf den Maranjan-Hügel, wo unter normaleren Umständen Kinder ihre Drachenflieger in den Wind werfen, damit sie wie bunte Vögel aufsteigen. Dies ist nun verboten. Einmal angekommen, beschließt Übersetzer Shindandi, im Wagen zu bleiben und zu lesen. Wir filmen das imposante Grabmal von König Nadir Schah, bis dahinter ein kindlich aussehender Taliban mit schwarzem Turban und noch spärlichem Bartwuchs auftaucht. Nach einer kurzen Schrecksekunde lächelt er uns freundlich zu. Mein Kameramann richtet ihm die Kamera mitten ins Gesicht, doch der junge Mann scheint sich sogar darüber zu freuen. Er redet vor sich hin und lächelt. Seine Worte übersetzt mir Shinandi im Nachhinein als eine der üblichen ausführlichen Begrüßungsformeln. Der junge Mann fragte uns, wie unser Befinden sei und woher wir denn kämen. Meine eigenen Kenntnisse der Landessprache reichen gerade so weit, um herauszuhören, dass der Mann aus der Taliban-Hochburg Kandahar stammt. Er blickt noch lange unserem Wagen nach, als wir den Hügel verlassen.

An diesem Tag ist unser Begleiter Shinandi wie ausgewechselt. Er sieht geflissentlich in die andere Richtung, sobald die Kamera gezückt wird. So filmen wir heimlich Konvois mit Kämpfern, die auf dem Weg an die Frontlinien sind. Afghanistan ist noch nicht vollständig unter Kontrolle der Taliban, und nördlich von Kabul verläuft die Front, wo ein Sitzkrieg gegen die

Antonia Rados in Kabul, 1999.

Männer von Ahmad Massoud ausgetragen wird. Massoud ist, wie schon erwähnt, Tadschike, die Taliban bestehen vor allem aus Paschtunen. Keiner schafft es, das Kräfteverhältnis zu den eigenen Gunsten zu verschieben. Seit vier Jahren will niemand nachgeben. Lieber zermürbt man sich gegenseitig, während sich in der Zwischenzeit der Hass zwischen den beiden Ethnien immer weiter potenziert.

Die Tadschiken werfen den Paschtunen vor, den Bürgerkrieg gestartet zu haben. Massoud ist aber kein Unschuldslamm. Ein Großteil der Zerstörung von Kabul geht auf seine Rechnung. Auf beiden Seiten nimmt die Finanzierung des Krieges eine Schlüsselrolle ein. Massoud fördert illegal Halbedelsteine in Nordafghanistan und verkauft sie nach Zentralasien, um so Waffen und Kämpfer bezahlen zu können. Die Taliban haben so einige Einnahmequellen.

Schneematsch behindert den Verkehr. Wir versuchen vergeblich, ein offenes Restaurant zu finden. Unsere mitgebrachten Vorräte sind bald aufgebraucht, und wir sehen uns schon den Tag über mit knurrenden Mägen durch die Stadt fahren. Plötzlich fällt Shindandi ein, dass ein Restaurant namens Herat im Viertel Wazir Akbar Khan noch geöffnet sein soll. Wir fahren sofort hin.

Im Restaurant sind die Temperaturen nicht viel höher als draußen, gerade einmal zwei bis drei Grad. Gleich ist Ladenschluss, trotzdem bekommen wir noch etwas serviert. Wir nehmen Platz in einfachen Holznischen, um uns herum sitzen Taliban-Kommandanten mit den typischen schwarzen Turbanen beim Abendessen. Die höheren Ränge tragen Kopfbedeckungen aus glänzenden Seidenstoffen, die unteren aus Baumwolle. Ein weißer Turban, wie ihn Shindandi umgebunden hat, ist hingegen ein Zeichen dafür, dass der Träger aus der Familie des Propheten Mohammed stammt. Diesen Menschen wird besonderer Respekt entgegengebracht. Die Taliban beachten weder Shindandi noch uns. Mein Kameramann fällt ohnehin wenig auf, weil er sich extra für die Reise einen Bart wachsen ließ. Die einzige Erscheinung, die aus dem Rahmen fällt, bin ich. Ich trage ein dunkles Kopftuch und weite Kleidung, einen bodenlangen Rock, Stiefel und einen Anorak bis zu den Knien – für eine Ausländerin gilt das noch als angemessen.

Der Kellner stellt Teller mit Schafsfleisch vor uns, dazu Reis. Innerhalb von Minuten ist alles kalt. Wir essen trotzdem gierig. Shinandi schlägt sich den Magen voll, als hätte er seit Tagen nichts zu sich genommen. Die Kommandanten haben ihr Mahl mittlerweile abgeschlossen, wischen sich die Essenreste aus dem Bart, gehen hinaus durch die Tür und steigen in wartende schwarze Geländewagen. Die Kolonne braust los.

Hohe Kommandanten der Taliban sieht man in Kabul selten. Es ist trotz vier Jahren Taliban-Herrschaft noch nicht wirklich ihre Stadt. Das eigentliche Zentrum ihrer Macht ist das südlich gelegene Kandahar. Dort sind die Taliban 1992 zum ersten Mal aufgetaucht, begleitet von einer ganzen Reihe von Mythen. Angeblich gingen sie gegen jede Art von Verbrechern unerbittlich vor.

Sie begannen damit, einen Streit zwischen zwei Mudschahedin um einen Jungen zu beenden. Es ging darum, wem er gehören sollte. Homosexualität ist unter Afghanen seit jeher nichts Verpöntes. Beziehungen zwischen Männern sind nicht ungewöhnlich, obwohl sie meist heimlich ablaufen. Manchmal sind die Begleiter von Kriegsherren beinahe Kinder. Einige werden zu sexuellen Diensten gezwungen. Die Taliban wollten dem offenbar ein Ende setzen. Sie brachten den Jungen zu seiner Familie zurück.

Danach maßregelten sie andere Verbrecher in Kandahar. Dazu setzten sie eine Rechtsordnung, basierend auf einer harten Auslegung der islamischen Gesetze der *Scharia*, in Kraft, die unter anderem schwere körperliche Strafen für Vergehen wie Diebstahl vorsieht. In Zeiten des Bürgerkriegs, als Gewalt und Korruption sich immer weiter ausbreiteten, zeigten diese drakonischen Strafen Wirkung. In jeder neuen Provinz, die die Taliban eroberten, setzten sie islamische Richter ein, die gegen Verbrecher – in den meisten Fällen gegnerische Milizen – hart vorgingen. Politische Gegner wurden unter dem Vorwand der Verbrecherbekämpfung ebenfalls ausgebootet. Nach der erfolgreichen Etablierung dieser populären Maßnahmen konnten andere folgen, wie etwa die Trennung von Männern und Frauen, die nichts mit der Verbrecherrate im Land zu tun hatte.

Eine Rolle bei der Akzeptanz der Taliban spielte sicherlich auch, dass sie oft einfache Leute sind, mit denen die große Mehrheit von Afghanen sich identifizieren konnte. Der derzeitige Taliban-Führer Mohammed Omar ist ein niedriger Islam-Gelehrter. Er ist kein Kriegsheld, sondern ein Kind seiner Zeit, ohne Privilegien aufgewachsen – eine Kriegswaise, der genauso viel verloren und gelitten hatte wie alle anderen. Seine Anhänger

Taliban mit einer erbeuteten sowjetischen Flugabwehrwaffe.

rechneten ihm hoch an, dass er auch nach seinem Aufstieg noch bescheiden wie ein Mönch in Kandahar lebte und sich nicht in den Luxusvillen von Kabul niederließ. Dieses Image des asketischen Kämpfers wird unterstützt durch die Tatsache, dass er ein Auge im Krieg verlor. Um seinen religiösen Hintergrund zu betonen, legte er sich an einem Freitagmorgen mitten in Kandahar wie ein wiedergekehrter Prophet den angeblich erhaltenen Mantel des Propheten um, der dort laut Überlieferung aufbewahrt wird. Damit kürte er sich zum Führer der Gläubigen, *Amir al-Mu'minin.*

Neben diesen ehrfurchtsvollen Berichten über den Taliban-Führer gibt es aber auch handfestere Informationen über Mohammed Omar. Er soll ein geschickter Kriegsherr sein, der seine Herrschaft mithilfe eines ausgeklügelten Systems organisiert. Dazu gehört eine unscheinbare Schatulle in seinem geheimen Büro in Kandahar. Darin befinden sich auf Papierfetzen Befehle sowie religiöse Sprüche, die sein Assistent an Kuriere übergibt, die diese Nachrichten wiederum in Zigarettenschachteln an

Taliban-Kämpfer im ganzen Land verbreiten. Mohammed Omar soll über beachtliche Summen an Geld aus verschiedenen Quellen wie Drogenhandel, Erpressungen und freiwilligen Zahlungen von reichen Unterstützern verfügen.

Zu ihnen gehört seit mittlerweile zwei Jahren der saudische Millionär Osama bin Laden, der 1998 standesgemäß mit einer privat gecharterten Maschine in Kandahar landete. Eine Taliban-Delegation empfing ihn. Die neu entstandene Freundschaft war für beide Seiten von Vorteil. Bin Laden war aufgrund seiner agitatorischen Erklärungen aus Saudi-Arabien verbannt worden, während die Taliban einen begüterten Gotteskrieger in ihren Reihen gerne begrüßten. Während aber Bin Laden seine Ideen eines globalen Heiligen Krieges verbreiten will, hat Mohammed Omar genug damit zu tun, in Afghanistan einen Gottesstaat zu errichten. Der globale Krieg ist keine afghanische Vorliebe, so schmeichelhaft Bin Ladens Glückwünsche an Mohammed Omar auch klingen, als dieser zum Taliban-Führer ernannt wird: „Die Taliban kämpfen gegen Amerika und seine Agenten unter der Führung von Mohammed Omar. Allah möge ihn beschützen!“[29] Nichtsdestotrotz erschüttert später der saudische Al-Qaida-Führer mit seinen Terroranschlägen am 11. September 2001 den Westen ohne einen einzigen Taliban unter den Attentätern. Auch der Schulterschluss unter Radikalen hat seine Grenzen.

Mohammed Omar und seine Taliban stützen sich ebenfalls auf das Nachbarland Pakistan, das stets alle willkommen geheißen hat, die den eigenen Interessen nützen. Früher waren das afghanische Dorfbewohner auf der Flucht vor den sowjetischen Hubschraubern – denn die Kosten für deren Unterbringung wurden zum größten Teil von der internationalen Gemeinschaft getragen. Danach wurden auch amerikanische Agenten mit vollen Taschen empfangen, solange Geld für pakistanische Zwecke abgezweigt werden konnte. Jetzt dulden die Pakistani die *Schura* der Taliban in der Stadt Quetta. So kann es für Außenstehende den Anschein haben, als seien die Pakistani die eigentlichen Übeltäter in der Region, die alle Seiten ausnutzen. Hier muss man allerdings den Hintergrund des Landes bedenken: eine Kolonialpolitik der Briten, die den Paschtunen-Stamm zwischen Afghanistan und Pakistan aufteilte. Die Afghanen beanspruchen weiter das ganze Gebiet. Aus pakistanischer Sicht muss aufgepasst werden, dass sich nicht über Nacht ein Teil ihres Landes abtrennt. Daher ist es in ihrem Interesse, Afghanistan schwach zu halten.

Die Taliban sparen das Thema Grenzziehung im Umgang mit Pakistan aus. Sie sind geschickt und manövrieren die verschiedenen Fronten. Sie wissen, dass ihr Fokus auf anderen Regionen liegen sollte. In Zentralasien sind Erdgasvorkommen entdeckt worden. Um sie von dort zum pakistanischen Hafen Karatschi zu befördern, wird der Bau einer Pipeline durch Afghanistan in Erwägung gezogen. Die kalifornische Erdölfirma Unocal ist interessiert und lädt eine Taliban-Delegation in die USA ein, um konkrete Gespräche zu führen. Der Deal scheint fast eine abgemachte Sache, als amerikanische Frauengruppen die Taliban für ihren Umgang mit Frauen harsch kritisieren. Unocal zieht sich zurück. Andere Ölgesellschaften, beispielsweise aus Großbritannien, sind weniger empfindlich, was dieses Thema angeht, wie ich während meiner Reise erfahre.

Nachts liege ich unter einem Berg Decken. Draußen stürmt es. Ich überlege mir Wege, wie wir am besten nach Kandahar gelangen. Die Stadt steht auf meiner Liste, obwohl der Taliban-Konsul, wie wir zu spät merken, uns eigentlich nur ein Visum für Kabul und Umgebung ausgestellt hatte. Den Taliban ist Kabul so unwichtig, dass sich in der Hauptstadt nur in Ansätzen Regierungsinstitutionen befinden. Das Innenministerium wird von Kandahar aus geleitet. Das Gesundheitsministerium verfügt über einige wenige noch arbeitende Krankenhäuser in der Stadt, weshalb zumindest dieser Minister in Kabul sein soll. Wenn wir wirklich erleben wollen, wie die Herrschaft der Taliban aussieht, dann müssten wir irgendwie nach Kandahar.

Am folgenden Tag hat uns Shindandi ein Interview mit einem mächtigen Mann vermittelt, dem Direktor des Taliban-Radiosenders Scharia. Vielleicht kann er uns weiterhelfen? Der Sender sendet den ganzen Tag über Koransuren ins Land. Dazwischen werden Nachrichten – natürlich in Interpretation der Taliban – vorgelesen. Hier geht es hauptsächlich um die Verbreitung von Siegesnachrichten und Schönwetterneuigkeiten. Das staatliche Fernsehen wurde abgeschafft, da die Taliban ja ohnehin der Überzeugung sind, Menschen zu filmen wäre gegen den Koran. Ich hege allerdings den Verdacht, dass es bei dem strikten Filmverbot eigentlich um etwas ganz anderes geht. Mir wird zugetragen, dass eine der Ehefrauen von Osama bin Laden in einer Villa nahe der indischen Botschaft leben würde und der Saudi daher Kabul von Zeit zu Zeit besucht. Dass er während dieser Visiten zufällig auf der Straße gefilmt werden könnte, ist nicht im Interesse der Taliban – denn das könnte Anlass zu Spekulationen bieten, dass sie enger mit Bin Laden verknüpft sind als sie bisher zugeben.

Draußen legt sich klirrende Kälte über das ganze Land. Gegen neun Uhr am nächsten Morgen fahren wir zum Radiosender, um das Interview zu führen. Kabul ist geschäftiger als am Vortag. Der Schnee beginnt zu schmelzen. Es wird wärmer. Alle Vorzeichen sind günstig.. Endlich etwas Substanzielles, denke ich mir. Ein echter ranghoher Taliban. Sicherlich kann ich den Mann dazu überreden, sich filmen zu lassen. In meiner Vorstellung werde ich einen rede- und weltgewandten Talib treffen, der uns besser verstehen wird als die Kämpfer von der Straße. Ich nehme mir vor, ihn nach einer Genehmigung für die Reise nach Kandahar zu fragen.

Wir steigen aus, und ich ziehe mein Kopftuch ins Gesicht, damit keine störrischen Haare zu sehen sind. Shindandi ist allerdings in der Hotellobby zurückgeblieben. Der Direktor würde ohnehin sehr gut Englisch sprechen, daher wäre er als Übersetzer überflüssig. Das leuchtet mir ein. Mein Kameramann ist natürlich an meiner Seite. Sobald wir das Haus – eine beschlagnahmte Villa, die nun als Redaktionssitz von Radio Scharia dient – durch einen verwahrlosten Garten betreten, weist uns einer der Mitarbeiter an, zu warten. Der Direktor wäre noch beschäftigt. Wir nehmen auf denf Matratzen am Boden Platz und warten. Es vergeht einige Zeit, bis eine mittelgroße Gestalt auftaucht, uns kaum grüßt und sich uns gegenüber im Schneidersitz setzt. Ich beobachte den Direktor. Er uns. Er hat ein auffallend blasses Gesicht. Durchschnittliche Züge. Jede Bewegung des Direktors ist beherrscht, er greift betont langsam zu dem Teeglas vor ihm, und bevor er es an den Mund setzt, wischt er ein Staubkorn vom Teppich. Er liebt Ordnung. Seine Übergewand ist perfekt gebügelt, auf dem Kopf trägt er einen schwarzen Turban aus feinem Stoff. Er kann nicht älter als dreißig sein. Der Direkter redet in verständlichen Sätzen. Dabei ignoriert er einfach meine Frage, was denn die Taliban der Bevölkerung Gutes gebracht hätten, und spricht lieber über die Notwendigkeit, das Land religiöser zu machen.

So reden wir einige Zeit aneinander vorbei, bis ich den Fehler begehe, ihn zu fragen, ob wir das Gespräch filmen könnten. Innerhalb von Sekunden versteinern sich seine Züge, und er fragt geradeheraus, ob wir eine verbotene Kamera bei uns hätten. Ich verneine natürlich – denn wir haben nicht nur eine, sondern sogar zwei Kameras dabei, wenn man das kleine Handgerät mitzählt, das in meinem Rucksack steckt. Der Taliban bohrt allerdings immer weiter, ich spiele stur die Unschuldige. Mein Kameramann sitzt erstarrt neben mir. Einen Moment lang fürchte ich, der Direktor wird uns durchsuchen lassen, aber er wirft uns schließlich einfach hinaus. Unbeweglich wartet er, bis wir den Raum verlassen haben.

Draußen atmen wir beide tief durch. Wir haben den Eindruck, einer Verhaftung nur knapp entgangen zu sein. In meinen Gedanken streiche ich die Kandahar-Reise endgültig von meiner imaginären Liste, denn von dem Direktor ist keine Unterstützung zu erwarten.

Wir fahren zurück zum Hotel. Auf einer Straßenseite taucht eine von Menschentrauben umgebene Bäckerei auf. Auf der einen Seite die Frauen, auf der anderen die Männer. Alles ärmliche Menschen. In Afghanistan werden Brotfladen jeden Tag frisch gebacken, sie sind für viele Grundnahrungsmittel. Reis ist um einiges teurer. Die meisten Menschen hier brechen das Brot in Stücke und bröckeln es in heißen Tee oder in eine Suppe. Die Kabuler Bäckereien werden von der UN finanziert, was wiederum Feministinnen im Westen kritisieren, weil sie sagen, dass man damit indirekt die Gotteskrieger unterstütze.[30] Wenn Afghanistan so einfach wäre, denke ich beim Vorbeifahren.

Nach all den Kriegsjahren sehnen sich die Afghaninnen und Afghanen nach Frieden und einer heilen Welt. Die Botschaft der Taliban, die einen Gottesstaat mit strengen, aber klaren Regeln erschaffen wollen, verfehlt ihre Wirkung nicht. Früher, als die meisten noch den Traditionen des Dorflebens folgten – Aufstehen, Beten, Arbeiten, Beten, Essen Beten, Nachtruhe –, war das Leben einfacher. Danach tauchten reformwütige Kommunisten auf. Anschließend auch Amerikaner, die allen das Blaue vom Himmel versprachen. Und noch später entwickelten einige Kommandanten die Idee einer islamischen Demokratie. Für die Menschen in Afghanistan hat im Rückblick nichts davon den Test der harten Wirklichkeit bestanden. Es wurde alles nur schlimmer. Jetzt stehen sie wie ein Volk von Bettlern an der Bäckerei, um ein wenig Brot zu erhaschen. Während Afghanistan noch in der 1950er-Jahren beinahe autark war, muss jeder Mehlsack heute importiert werden. Die Moscheen gelten durch all die Entbehrungen als ein Ort der Regeln. Nostalgie ist eine starke Kraft. Dafür nehmen viele sogar die Taliban in Kauf, die selbst eng mit der Geschichte Afghanistans verbunden sind.

Es heißt, die Ideen der Taliban stammen aus der Zeit von König Abdur Rahman, der im 19. Jahrhundert in Afghanistan ein strenges religiöses Regime führte. Damals war ein Großteil des heutigen afghanischen Territoriums – das Gebiet der Hazara und genauso der Norden – von den Königen mit ihrem damaligen Sitz in Kandahar unabhängig. Wichtige Fragen, etwa solche die die Religion betrafen, blieben den einzelnen Stämmen überlassen. Dies änderte sich, als Abdur Rahman den Thron bestieg. Unter seiner Führung wurden der tadschikische Norden und das schiitische Zentralafghanistan erobert und unterworfen. Nach diesen militärischen Erfolgen konnte er nicht mehr allein als paschtunischer König herrschen. Um die vereinzelten Stämme zu vereinen, musste er einen neuen Titel annehmen. Da die einverleibten Gebiete ausschließlich von Muslimen – selbst wenn die Hazara Schiiten sind – bewohnt waren, bot sich der Islam als naheliegende Grundlage des erweiterten Staates an. Das ist bis heute das Gebiet, das Afghanistan ausmacht. Abdur Rahman erfand damals eine Version des afghanischen Islams. Bis dahin bestand er aus unterschiedlichen Strömungen.

Innerhalb des Sunnitentums, dem die Paschtunen und damit Abdur Rahman zuzuordnen sind, ist der Sufismus, eine Art philosophische Strömung, inspiriert von persischen Poeten, in Afghanistan weit verbreitet. Er gilt als gemäßigt. Eine andere Richtung wuchs einige Jahrzehnte davor auf dem Gebiet des damaligen Britischen Empire, dem heutigen Indien heran. Zentralindien war Mitte des 19.Jahrhunderts Schauplatz von muslimischen Protesten, die von den Briten brutal niedergeschlagen wurden. Aus dieser Niederlage entstand die Sehnsucht nach einem reinen, ursprünglichen Islam. Federführend war eine Koranschule namens *Dar ul-Ulum* in Deoband. Ihre radikale, rückwärtsgewandte Lehre breitete sich aus.

König Abdur Rahman vermischte die beiden Richtungen. Es ging ihm vor allem um seine eigene Interpretation der Religion, die in entlegenen Dörfern oft willkürlich ausgelegt wird. Das will Abdur Rahman ändern. Eine zentrale Institution, wie im Christentum der Papst, fehlte im Islam. Der König schickte nun seine Berater aus, um seine Auslegung des Koran ins Land zu tragen. Zudem schuf er eine eigene königliche *Madrasa* in Kabul, um dort ausgesuchte Studenten in der islamischen Gesetzgebung zu formen. Aus dieser Akademie geht später die Scharia-Universität in Kabul hervor, wo bis heute das islamische Recht gelehrt wird.

Als erfolgreicher Kriegsherr bestand der König auf der Wichtigkeit des Heiligen Krieges. Er wurde in seiner königlichen *Madrasa* an die erste Stelle gesetzt und als Kampf gegen alle, die Afghanistan in irgendeiner Form einnehmen wollen, gelehrt. Abdur Rahman erhob Afghanistan, das sich zu seinen Lebzeiten ständig gegen das Britische Empire wehren muss, sogar zu einem Frontstaat des Islam, dessen Existenz nicht infrage gestellt werden durfte. „Sie [die Ungläubigen]", sagte der König, „werden sich nicht damit begnügen, unser Land einzunehmen. Sie werden ihre Sitten bei uns einführen […]; zum Beispiel werden Ehemänner kein Recht mehr haben, ihre Frauen im Falle von Untreue zu töten."[31]

Nach dieser religiösen Offensive riegelte Abdur Rahman sein Land hermetisch von der Außenwelt ab. Die Briten versuchten seinen Willen zu brechen: „Ohne die Zusammenarbeit mit den Briten konnte er keine Waffen und keine Munition importieren und nicht einmal die Rohstoffe, um selbst welche zu produzieren."[32] Danach erniedrigten sie den König: „Wir wünschen uns nur eines, eure Freundschaft", schrieb damals ein britischer General an das afghanische Königshaus. „Aber ob wir sie nun bekommen oder nicht, wir werden euren Gehorsam bekommen, ihr könnt euch wehren, so viel ihr wollt, aber wir werden eure Herren sein, und ihr werdet merken, dass der einzige Ausweg aus unserer starken Hand eure völlige Unterwerfung sein wird.“[33] Am Ende blieb die „völlige Unterwerfung“ der Afghanen ein frommer Wunsch. Das Unternehmen gelang nicht. Die Briten hatten kein leichtes Spiel mit den Afghanen, die sich trotz interner Querelen gemeinsam gegen alle Mächte von außen wehrten. Abdur Rahman hat ihnen zusätzliche Ideen geliefert, wie sie das am erfolgreichsten bewerkstelligen. Diszipliniert wie Abdur Rahman, der den Namen „Eiserner König“ trägt, setzten seine Nachfolger, die Taliban, diese Vorstellungen 100 Jahre später durch.

Zurück im Hotel, stecke ich sicherheitshalber alle bisherigen befüllten Filmkassetten, in meinen Rucksack, falls unsere Zimmer während unserer Abwesenheit auf Anordnung des Radio-Direktors durchsucht werden sollten. Ich lasse sie nicht mehr aus den Augen. Professor Shinandi kläre ich über den missratenen Besuch erst gar nicht auf.

Noch am selben Tag filmen wir aber unbehelligt im Fußballstadion, wo die Taliban mehrmals Hinrichtungen nach dem Freitagsgebet organisieren. Wie seltene Aufnahmen davon zeigen, sitzen Afghanen auf der Tribüne und jubeln. Wenn das Chaos die Menschen beherrscht, wenn die Ängste vor dem Morgen überhandnehmen, ist jede Gräueltat möglich. Doch nun scheint die Sonne über der Stadt, und eine seltsame Ruhe liegt über dem Stadion. Niemand scheint Anstoß daran zu nehmen, dass wir hier filmen. Trotzdem kann ich mich einem beängstigenden Gefühl nicht entziehen. Was haben die Opfer der Exekutionen angestellt? Wurden sie vielleicht verraten? In Diktaturen kann sich niemand seines Lebens sicher sein, jeder kann in der nächsten Sekunde auf einer Polizeistation landen. Nach der Erfahrung mit dem Radio-Direktor kann ich das auch für uns als Pressevertreter nicht ausschließen. Selbst das helle Tageslicht über Kabul ist trügerisch. Ich dränge meinen Kameramann zum Verlassen des Ortes. Aus seiner Sicht sollten wir noch weiterfilmen. Ich lasse ihn widerwillig gewähren. Teammitglieder sind in Fragen von Gefahren selten einer Meinung. Wenn die eine Angst bekommt, ist der andere ruhig. Jeder sieht, was er sehen will.

Wenn man eigentlich gar nichts mehr sehen will, greift man in Afghanistan zu Drogen, die im Land leicht zu erstehen sind. Unter deren Einfluss arbeiten beispielsweise viele meiner Fahrer rund um die Uhr und sind zu allen risikobeladenen Abenteuern bereit. Drogenkonsum bei den Afghanen hat oft auch mit dem Mangel an Medikamenten zu tun. Andere unterdrücken so ihren Hunger. Zu allen Zeiten, egal unter welchem Regime, blühen in allen Teilen Afghanistans Mohnblumen auf den Feldern. Die Taliban bauen sie nicht an, verlangen aber von den Bauern ihren Anteil an den Einnahmen.

Während mein Kameramann noch ein paar Aufnahmen macht, warte ich im Wagen, unser hoffentlich drogenfreier Fahrer und ein lesender Shindandi neben mir. Er wühlt sich immer noch durch das Buch von Tolstoi, das so gut zu der Situation in Kabul passt: *Krieg und Frieden*.

Zwei Tage später muss mein Kameramann abreisen. Eine andere Arbeit wartet auf ihn. Noch bevor die Sonne sich erhebt, packt er seine Ausrüstung in den Wagen, der Fahrer und Shindandi bringen ihn bis zur pakistanischen Grenze, wo ein anderes Taxi ihn erwarten soll. Ich bleibe im Zimmer, bis es hell wird, und rufe auf unserem tragbaren Satellitentelefon den Briten an, der mit uns nach Kabul gereist ist und mir helfen will, doch noch an ein Interview zu kommen. Weil die Verbindung schlecht ist, beuge ich mich weit aus dem Fenster, bis es ein Signal gibt. Trotz eines ständigen Knisterns in der Leitung können wir uns verständigen. Ich solle eine Stunde vor der Ausgangssperre im zweiten Teppichladen rechts in der Chicken Street warten, der Teppichhändler wisse Bescheid. Ein Taxi würde mich vor dem

Laden abholen, damit wir anschließend gemeinsam zu einer Afghanin fahren könnten, um sie zu interviewen. Alles sei eingefädelt. Die Aussicht, dass ich vielleicht doch noch ein interessantes Gespräch in Kabul führen kann, stimmt mich zuerst euphorisch, in der nächsten Sekunde nervös.

Da ich den ganzen Tag im Zimmer verbringe, gehe ich bereits am frühen Nachmittag hinunter in die Hauptstadt, um Luft zu schnappen. Der Verkehr kriecht die Böschung herauf. Normalerweise hupen afghanische Autofahrer mit Begeisterung, doch auch das haben sie sich unter den Taliban abgewöhnt. Als ich ein Taxi näher kommen sehe, strecke ich den Arm aus, steige ein, und der Mann zeigt keinerlei Überraschung, eine Ausländerin als Gast zu haben, sondern fährt auf dem schnellsten Wege Richtung Chicken Street. Die Bettlerinnen unter den Burkas flehen an den Straßenecken um Gaben, eine streckt ihr Baby in Richtung der vorbeifahrenden Autos. Die gespenstische Szenerie – die mit tiefen Löchern bedeckten Straßen und die flackernden Petroleumlampen, welche schlecht bestückte Kioske beleuchten – lässt einen daran zweifeln, dass wir uns wirklich am Beginn des 21. Jahrhunderts befinden.

Ich bin zu früh am Abholpunkt. Der Händler nutzt die Gelegenheit, um mir seine Teppiche zu präsentieren. Wir kennen einander seit Langem. Er stammt ursprünglich aus Usbekistan und pendelt zwischen den beiden Ländern hin und her. Er hat eine Gabe, seine Teppiche unwiderstehlich anzupreisen. Er würde mir die besten Preise machen, denn er hätte ansonsten kaum Kundschaft, sagt er mir. Gerade bringt er auf seiner Schulter einen weiteren Ballen aus dem Hinterzimmer, als ein Mann den Laden betritt, mich kurz grüßt und mir dann zu verstehen gibt, die Verabredung wäre verschoben, denn ein Wagen des Taliban-Geheimdienstes würde ihm folgen. Ich solle schnellstmöglich in einem Taxi zum Hotel zurückkehren. Er verschwindet. Um möglichst wenig aufzufallen, tue ich noch eine Weile so, als wollte ich einen Teppich kaufen. Zwischendurch schaue ich aus dem Fenster. Niemand zu sehen. Es ist spät, und der Händler drängt mich, weil er bald schließen möchte. Am Ende kaufe ich ihm ein riesiges Stück Teppich ab, damit ich mit einem gut sichtbaren Paket unterwegs bin. Bis zur letzten Minute feilschen wir um den Preis – mittlerweile bin ich ganz gut im Handeln geworden. Die Petroleumlampen in den wenigen offenen Nebengeschäften gehen schon aus. Ich mache einen allerletzten Versuch, den Preis zu drücken, wonach der Händler entnervt aufgibt. Er packt das dunkelrote Stück in Packpapier ein, schnürt alles zusammen und hilft mir, das Paket an die Straßenecke zu bringen, wo ich bald ein Taxi finde. An diesen Abend konnte ich zwar einen weiteren afghanischen Teppich ergattern, den ich eigentlich nicht brauche, aber auf mein Interview muss ich wieder verzichten. Die Rückfahrt zum Hotel verläuft problemlos.

Den nächsten Tag lang warte ich vergeblich auf einen Anruf des Briten. Mehrmals gehe ich hinunter, um den zurückgekehrten Shindandi zu vertrösten. Ich hätte Kopfschmerzen. Mein Visum ist nur noch zwei Tage gültig. Der Übersetzer und Literaturfreund schlägt vor, wir sollten zumindest essen gehen. Und so fahren wir zum Restaurant Herat, wo Shindandi erneut erstaunliche Portionen für seine hagere Gestalt hinunterbringt. Ich frage ihn, wie alt er ist. Fünfzig. Ich hätte ihn mindestens zehn Jahre älter geschätzt. Schlechte ärztliche Versorgung und ein hartes Leben lässt die Lebenserwartung aller, auch die eines Englischprofessors, sinken. In Afghanistan ist sie eine der niedrigsten auf der Welt. Ich bestelle noch eine Portion Reis, und Shinandi isst seinen Teller blank.

„Kommen Sie bitte runter!“, höre ich den Portier auf Englisch rufen, obwohl ich bereits unter meinem Deckenberg liege, um mich nachts warm zu halten. An der Rezeption würden Taliban warten, die mit mir sprechen wollen. Es bleibt mir nichts anderes übrig, als mich wieder anzuziehen und das Kopftuch umzubinden. In der finsteren Lobby stehen in einem Halbkreis von ungefähr zehn Gotteskreigern jeden Alters. Der älteste von ihnen richtet sich an den Portier als Übersetzer. Er will wissen, woher ich käme und was ich in Kabul machen würde. Meine Erklärungen scheinen den Taliban nicht zufriedenzustellen, denn er bohrt weiter, während seine Gefährten reglos um uns herumstehen. Ich versuche mir vorzustellen, warum die Männer hier sind. Das gesamte Filmmaterial ist in meinem Rucksack verstaut, der jetzt oben im Zimmer liegt. Wenn die Taliban mein Zimmer durchsuchen, würden sie schnell darauf stoßen. Nach der Abreise meines Kameramanns bin ich allein, was den Taliban bereits verdächtig vorkommen muss. In angespannten Situationen ist es am besten, so ruhig wie möglich zu bleiben und das Gespräch nicht abreißen zu lassen. Daher gehe ich in die Offensive und sage dem Portier, ich würde Afghanistan gut kennen. Aus welcher Region die Gruppe denn stammen würde? Der Taliban reagiert nicht auf meine Frage, doch er beginnt einen langen, ernsten Monolog. Der Portier fasst kurz zusammen: der Kommandant ihrer Einheit hätte Kopfschmerzen, und deswegen sei man hier, um zu fragen, ob ich Aspirin dabeihätte. Erleichtert eile ich in mein Zimmer, um aus meiner Reiseapotheke einige Schmerzmittel zu holen, gehe zum zweiten Mal hinunter, um sie dem einen Taliban in die Hand zu drücken. Gleich darauf sind alle durch die Tür verschwunden. Der Portier tut so als wäre eine Visite der Taliban das Natürlichste der Welt. Ich sehe die Männer nie wieder – ich kann also nur vermuten, dass ihr Besuch tatsächlich nur dazu diente, Schmerzmittel für den Kommandanten zu besorgen. In den Apotheken von Kabul sind die Regale seit Langem leer.

Die folgende Nacht ist eine der kältesten des Jahres, und durch die Ritzen des Fensters zieht ein eisiger Windhauch in mein Zimmer. Mir geht die Visite vom Vortag nicht aus dem Kopf. Eines hat der Besuch mir klargemacht: Der Taliban-Geheimdienst weiß sehr genau darüber Bescheid, dass ich in Kabul bin und wo ich mich aufhalte. Morgen ist der letzte Tag meiner Aufenthaltserlaubnis. Dann klingelt endlich das Telefon, und der Brite meldet sich. Es ist so weit – der neue Termin für das Treffen ist der kommende Abend.

Am nächsten Tag besuche ich zunächst mit Shindandi die allerletzte Klinik für Frauen in Kabul. Patientinnen liegen in Decken eingehüllt auf ihren verwahrlosten Betten mit rostigen Eisengestellen. Da die Taliban eine strikte Geschlechtertrennung eingeführt haben, ähnlich, wie sie in ihren Paschtunen-Dörfern Pflicht ist, dürfen Taliban das Gebäude nicht betreten. Ärzte genauso wenig. Einige verbliebene Krankenschwestern mühen sich rund um die Uhr ab, ausgebildete Ärztinnen sind ohnehin Mangelware in Kabul.

Zurück im Hotel. Bevor ich mich am Nachmittag erneut heimlich auf den Weg zum Teppichhändler mache, teile ich Shindandi mit, dass ich am nächsten Morgen abreisen werde. Er besteht darauf, mich bis zur Grenze zu begleiten. Mir ist das nur recht – es könnte sicherlich von Vorteil sein, einen offiziellen Taliban-Übersetzer an meiner Seite zu haben. Danach läuft alles wie geplant ab. Ich fahre in die Chicken Street, wo mich ein Taxifahrer abholt und zu einer jungen Afghanin bringt. Im Interview erzählt sie mir, dass sie ihr Studium nicht fortsetzen könne, weil die Universität geschlossen wurde – für Mädchen und Jungs gleichermaßen. Die Ausbildung junger Menschen sei keine Priorität für die Taliban. Beinahe heiter erzählt sie, die Menschen in Kabul wären den Taliban gegenüber nicht positiv gestimmt. Wie es woanders sei, wisse sie nicht. Die fehlende Bildung der Taliban sei ein klarer Indikator dafür, dass sie keine langfristige Regierung führen könnten. Eigentlich seien die Koranschüler schwach und würden ihre Stärke nur vortäuschen.

Pünktlich am nächsten Morgen steht Shindandi mit einem frisch gewaschenen Turban, den russischen Roman unter dem Arm, vor der Hoteltür. Wir fahren los – und sind fast die einzigen auf der Straße. Die Straße nach Dschalalabad im Osten der Stadt ist schnell erreicht.

Sobald wir dort den letzten Taliban-Checkpoint an der Ausfahrt hinter uns gebracht haben, dreht sich Shindandi zu mir um und fragt mich um Erlaubnis, seinen Turban abzunehmen. Ich bin zu verdutzt, um direkt etwas zu erwidern, doch der Übersetzer ist schon dabei, den Turban abzuwickeln. Normalerweise würde er die Kopfbedeckung gar nicht tragen, sagt er – denn er sei eigentlich gar kein Taliban. Er hätte nicht viel für das Regime übrig. Sobald er genug Geld angespart hätte, würde er das Land verlassen. Bis dahin plant er, sich zumindest in seine Heimatstadt in Westafghanistan abzusetzen, wo das Leben leichter wäre. Shindandi erzählt mir weiter, dass er in Kabul an der Universität englische Literatur unterrichtet hatte und den Job eines Taliban-Übersetzers nach dem Machtwechsel nur notgedrungen angenommen hatte.

Die Bergstraße führt steil bergab, das Wetter ist heute bereits frühlingshaft mild. Ich höre Shindandi zu und denke an die Filmkassetten, die ich vor meiner Abreise in meinem Stiefelschaft versteckt habe. Ich muss mir verkneifen, ständig nachzuprüfen, ob sie wirklich noch an Ort und Stelle sind. Auf diesen Kassetten befindet sich die Arbeit der letzten zwei Wochen, unter schwierigsten Bedingungen in einem Land ohne Filmerlaubnis zustande gekommen. Viel ist es nicht. Ein langes Interview mit der afghanischen Studentin. Dazu heimlich gefilmte Momentaufnahmen, wie etwa mein Besuch in dem Krankenhaus der Frauen. Mein britischer Kontakt hat mir außerdem versprochen, bei seinen Reisen heimlich Aufnahmen in einem Waisenhaus zu machen und uns später das Filmmaterial zukommen zu lassen. Jeder festgehaltene Eindruck der Zustände in diesem fast abgeschotteten Land ist wertvoll.

Vor meinen Augen ziehen die Schluchten vorbei, während Shindandi durchblicken lässt, der Großteil des Honorars, das ich ihm am Ende der Reise auszahlen werde, müsse er im Außenministerium abgeben. Ein afghanisches Schicksal, dieser hochgebildete Mann, den die Umstände in eine unverdiente Lage katapultiert haben. Auch wenn ich Mitleid mit ihm habe, geht mein Vertrauen nicht so weit, ihm davon zu erzählen, was in meinen Stiefeln steckt. Ich hoffe einfach, dass ich beim Grenzübergang nicht zu gründlich durchsucht werde. Shindandi gesteht mir schließlich noch, man hätte ihm die Pflicht auferlegt, abendlich einen Bericht über unsere Tätigkeiten zu verfassen. Nach dieser Enthüllung schweigen wir uns eine Weile an. Was könnte in diesen Berichten wohl dringestanden haben? Ich kann mir wenig darunter vorstellen. Allerdings wird mir nun klarer, warum die Taliban so genau über mich Bescheid wussten.

Shindandi weiß das bedrückende Schweigen schließlich doch noch zu brechen – er verfügt über einen beeindruckenden Schatz an afghanischen Witzen, über die wir gemeinsam lachen. Dabei geht es meistens um einen Mullah namens Nasruddin, den der Volksmund als ausgesprochen begriffsstutzig und eitel darstellt, ähnlich wie in Österreich Graf Bobby und in Deutschland Figuren des Karikaturisten Loriot. Mullah Nasruddin bringt die Menschen sogar in den allerschwersten Zeiten zum Lachen.

Einige Stunden vergehen. Kaum nähern wir uns den Taliban-Grenzposten, bindet Shindandi sich hastig den Turban wieder um. Händler mit Waren aus Pakistan auf ihren Wagen blockieren den Grenzübergang, weil sie versuchen, ihre Güter nach Afghanistan zu importieren. Weil sich alle Aufmerksamkeit auf sie richtet, kümmert sich niemand um mich und meine Stiefel. Bevor ich die Grenze zu Fuß überschreite, bezahle ich unseren Fahrer und meinen Übersetzer. Shindandi steckt das Bündel Dollarscheine in die Tasche seines Hemdes, rückt die Wolldecke, die er wegen der Kälte über die Schulter geworfen trägt, zurecht und wünscht mir noch eine sichere Reise. Ich klemme den Teppich unter einen Arm, meinen Rucksack hebe ich auf den Rücken und nehme auf der anderen Seite des Grenzpfahls eines der wartenden Taxis, um Richtung Peschawar weiterzufahren. Afghanistan, das nun unter der Herrschaft der Taliban steht, verschwindet hinter mir am Horizont. Das Land, einst das Paradies am Hindukusch, verfällt immer mehr.

DIE MISSION

6. Kapitel

Paris / Tel Aviv / Peschawar, 2001

Am 11. September 2001 werden Terroranschläge auf das World Trade Center in New York, Symbol amerikanischer Wirtschaftsmacht, und andere Ziele wie das Pentagon in Washington verübt. Ein Millionenpublikum verfolgt die Attacken live im Fernsehen. Die USA sind wie gelähmt. Nach einer der größten Tragödien der amerikanischen Geschichte werden alle Flughäfen geschlossen. Auf der Suche nach den Hintermännern fällt der Verdacht auf Al-Qaida-Chef Osama bin Laden, den die Amerikaner zuvor schon hinter den Anschlägen auf amerikanische Botschaften in Afrika vermuteten.

Flugzeuge

„Entweder ihr seid auf unserer Seite, oder ihr seid auf der Seite der Terroristen!"
(George W. Bush am 20. September 2001 vor dem US-Kongress)

Alle Augen im Wartesaal des Pariser Flughafens richten sich auf den Bildschirm über unseren Köpfen. Die Welt ist aus den Fugen geraten. Die Terroranschläge prägen sich in die Seelen der Menschen im Westen ein – es fühlt sich so an, als hätten die Bilder eine tiefe Wunde in der scheinbar heilen Welt hinterlassen. Überall auf der Welt laufen dieselben Szenen in Dauerschleife, ein Flugzeug bewegt sich wie magnetisch auf das World Trade Center zu. Es schlägt ein, doch noch fallen die Türme nicht zusammen. Ein Unglück? Ein technisches Versagen? Kaum hat man die Tragik dieser Aufnahmen halbwegs realisiert, rast eine zweite Maschine in die Gebäude, dann noch ein Flugzeug in das Verteidigungsministerium in Washington, und ein weiteres verfehlt sein Ziel nur, weil die Passagiere an Bord geistesgegenwärtig die Terroristen überwältigen und dabei einen Absturz auf einem Feld im US-Bundesstaat Pennsylvania provozieren.

„Wie, glauben Sie, werden die Amerikaner reagieren?", frage ich Xavier H., offiziell ein stets gut gekleideter französischer Ölhändler, inoffiziell eine meiner langjährigen Quellen, wenn es um die Stimmung im Nahen Osten geht. Ich kann seine Antwort kaum verstehen, so laut brüllt der Nachrichtenkommentator über unseren Köpfen: Der amerikanische Präsident hat den Urhebern des Anschlages Rache angedroht.

Währenddessen versucht mir Xavier zu erklären, die Amerikaner hätten ihr Schicksal provoziert. Wie oft hätten sie schon

Krieg geführt, andere angegriffen und ihre Interessen kaltblütig durchgesetzt.

Ich bin seit den frühen Morgenstunden auf dem Flughafen und trinke eine Tasse Kaffee nach der anderen. Zu Beginn des Tages hieß es noch, alle Flüge seien ausnahmslos gestrichen, später geht dann das Gerücht um, dass eine Maschine nach Tel Aviv in zwei Stunden starten würde. Nun sitze ich bereits seit acht Stunden auf einem Stuhl und frage mich, ob ich einen Schlafsack hätte mitbringen sollen. Nur ein Kiosk für Kaffee- und Chips-Nachschub hat geöffnet.

Mit den Bildern des apokalyptischen New York im Hintergrund wird plötzlich der Flug nach Tel Aviv aufgerufen, auf den wir alle – Xavier, eine beeindruckende Ansammlung von Pressevertretern, eingeschlossen ich selbst – warten. Der Rest des Gebäudes ist leer. Mein eigentliches Reiseziel ist dabei nicht Israel, sondern ich will dorthin, wo die Weltmacht USA aller Voraussicht nach eine Strafaktion starten wird: Afghanistan. Weil aber noch unmittelbarer ein Al-Qaida-Angriff auf den amerikanischen Verbündeten Israel befürchtet wird, ist Tel Aviv mein erstes Ziel.

Die amerikanische Militäraktion wird nicht von heute auf morgen erfolgen. Es braucht eine lange Zeit, um die Logistik für Kriege zu organisieren und Truppen zu mobilisieren. Nach dem Fall der Sowjetunion sind die Amerikaner in der Region allerdings gut aufgestellt. Seit 1990 hat die USA keinen echten Konkurrenten mehr um den Weltmacht-Status. Bereits ein Jahr danach vertreiben die Streitkräfte der USA im Alleingang die Armee des irakischen Diktators Saddam Hussein aus dem Ölstaat Kuwait. Nach diesem Krieg stationieren sie viele Truppen in der Region. Es geht darum, vor allem das Königtum Kuwait, ein jahrzehntelanger Lieferant der USA, und seine Ressourcen zu beschützen. Daneben verfügen die Amerika mit dem verbündeten Israel über ein zweites Standbein im Nahen Osten. Es scheint, als wäre nach dem Fall der Sowjetunion die amerikanische Dominanz vollkommen, als würde sich niemand mehr der US-amerikanischen Macht widersetzen. Doch die Geschichte bleibt nicht stehen.

Der wachsende Einfluss der USA in Saudi-Arabien ist ein Grund für Osama bin Laden, dem Königshaus den Rücken zu kehren und zum radikalen Islamisten zu werden. Er argumentiert, die Präsenz der Ungläubigen auf dem Boden, wo sich die heiligen muslimischen Städte Mekka und Medina befinden, sei nicht annehmbar. Er hat längst vergessen oder verdrängt, wie er in den 1980er-Jahren zusammen mit den USA die Russen in Afghanistan bekämpfte. Andere Araber in der Region schwenken um und sehen in den USA nun keine Verbündeten mehr, sondern eine Weltmacht ohne Skrupel.

Zudem bricht eine Zeitenwende an. Dem Kuwait-Krieg vorausgegangen ist die Digitalisierung von Daten, denn während Afghanistan gerade von den Russen befreit wird, entwickelt im selben Jahr, 1989, der Brite Tim Berners-Lee die Grundlagen des World Wide Web. Der Computer ist bereits in Gebrauch. Nur Jahre später ist das erste Handy auf dem Markt.

Die daraus resultierenden neuartigen Kommunikationsmöglichkeiten lösen bei den Amerikanern ein globales Sendungsbewusstsein aus. In ihrer nationalen Sicherheitsstrategie, mit der die USA ihre zukünftigen Ziele vorgeben, wird bereits 1993 folgender Anspruch formuliert: „Die Welt braucht Führung, die nur Amerika bieten kann." Es wird zu einem weitverbreiteten Credo, dass Amerikas „übergeordnete Absicht […] die Ausweitung und Stärkung der auf Marktwirtschaft basierenden Demokratien" sein müsse.[34] Diese Marktwirtschaft schließt nun zunehmende Privatisierung und weniger staatliche Steuerung ein. Unternehmer wissen es besser. Dieser neue Trend wird unter dem Etikett „Neoliberalismus" bekannt.

In Siegerlaune wähnen sich die Vereinigten Staaten als unantastbar. Mehr noch, sie prahlen damit, ihre Methoden wären keineswegs mit denen anderer Nationen zu vergleichen: „Wenn wir Gewalt anzuwenden haben, ist es, weil wir Amerika sind; wir sind die unabkömmliche Nation", so Madeleine Albright. „Wir stehen aufrecht, und wir sehen weiter in die Zukunft als andere Länder"[35]

Dieses Selbstbewusstsein wird durch die Septemberanschläge 2001 vorübergehend schwer erschüttert, nimmt aber in der Verarbeitungsphase noch einmal eine neue Qualität an.

Auf dem Flughafen von Paris verrinnt die Zeit. Auf dem Gate fürchte ich erneut, dass wir heute hier nicht mehr wegkommen. Nichts geht voran. Xavier scheint es einerlei zu sein, denn er ist damit beschäftigt, auf mich einzureden. Seiner Meinung nach wäre ein US-Vergeltungsschlag die reinste Katastrophe. Mit oder ohne Terroranschläge hält er Amerika für das große Übel, das den Nahen Osten befallen hat. Viele seiner Geschäftskontakte im Iran, in Syrien und im Palästinensergebiet schließen sich seiner Meinung bereitwillig an.

Währenddessen stehen wir weiter in Reih und Glied, die Pässe und Tickets bereit in den Händen. Xavier erzählt mir, sein Reiseziel seien die besetzten Gebiete, wo er den damaligen Palästinenser-Chef Jassir Arafat treffen wird. Xavier will herausfinden, ob die Palästinenser vielleicht doch hinter den Anschlägen steckten, denn in diesem Falle müssten sie die Geschäftsbeziehungen trotz allem abbrechen. Mit „sie" meint er auch die Franzosen, die zu dieser Zeit zwar oft Kontakte zu Widersachern der USA pflegten, aber sich seit den Anschlägen den europäischen Unterstützungserklärungen für die Weltmacht anschließen.

Endlich tut sich was. Das Gate wird geöffnet. Sicherheitspersonal der israelischen Fluglinie EL Al beginnt die Passagiere einzeln zu befragen. Eine TV-Crew vor mir muss sich rechtfertigen, warum sie in den vergangenen Jahren in der ganzen Welt, inklusive Afghanistan, war. Als ich an der Reihe bin, geht es ähnlich zu.

„Warum fliegen Sie nach Tel Aviv?“ – „Ich muss dort arbeiten.“ „Wie lange bleiben sie?“ – „Eine Nacht.“ „Nur eine Nacht“? – „Ja, ich fliege weiter.“ „Wohin fliegen sie?“ – „Pakistan oder Afghanistan.“ „Waren Sie schon dort?“ – „Einige Male.“ Der Sicherheitsbeamte blättert sorgfältig meinen Pass durch, sieht die vielen Visa und reicht ihn mir wortlos zurück.

Als Xavier an der Reihe ist, nimmt ihn der Beamte zur Seite. Alle anderen dürfen weitergehen. Als ich zurückblicke, steht er immer noch gerade wie ein Stock am Gate, und ein zweiter Sicherheitsbeamter stößt dazu. Nachdem ich im Flugzeug meinen Sitz gefunden habe, schickt mir Xavier eine lakonische Nachricht, man würde ihn nicht an Bord lassen. Er wünscht mir alles Gute, und ich solle auf mich aufpassen – die Welt sei nun aus den Fugen geraten. Die Amerikaner seien schuld, fügt er hinzu, und es klingt, als hätten sie ihm nun sogar den Flug nach Israel verpatzt.

Ich habe nie erfahren, was ihm vorgeworfen wurde, doch seine Reise ist angesichts der Lage ohnehin überflüssig. Für Warnungen jeder Art ist es zu spät. Ein Sturm erhebt sich, der eine neue Epoche einläutet. Unsicherheit. Krieg. Nichts mehr ist so wie früher. Xavier hatte befürchtet, die Palästinenser könnten ins amerikanische Fadenkreuz genommen werden, doch schließlich werden es die Afghanen sein. Früher waren sie die hochgelobten Freiheitskämpfer der USA gegen die Sowjets. Jetzt droht ihnen eine Strafaktion des gesamten Westens, eingeschlossen Deutschland und fast ganz Europa. Hier bildet sich eine Front: Entweder ihr steht auf unserer Seite oder auf der Seite der Terroristen. So lautet nun die biblisch anmutende Formel der Amerikaner, die nichts Gutes verheißt.

Die vollbesetzte Maschine mit Ziel Tel Aviv hebt sich langsam in den dunklen Himmel über Paris. Ich sehe mich um und erblickte vor allem Kolleginnen und Kollegen aus aller Welt. Die Business-Class vorne ist voller Sicherheitsbeamter. Als wir uns dem israelischen Luftraum nähern, ertönt eine Durchsage aus dem Cockpit, zwei Jagdflieger würden uns bis zur Landung begleiten. Ohne weitere Erklärung weiß jeder an Bord, was dies bedeutet. Sollte sich einer der Passagiere als Selbstmordattentäter wie die am Vortag in den USA herausstellen, würden die Jagdflieger unseren Flug vorzeitig gewaltsam beenden. Keiner von uns möchte auch nur einen Gedanken daran verschwenden, doch die allgemeine Panik der letzten Tage macht es fast unmöglich, sich solchen dunklen Gedanken zu entziehen. Die Flugbegleiterinnen dimmen das Licht. Langsam sinkt die Maschine tiefer und setzt gegen Mitternacht auf dem Flughafen von Tel Aviv auf. Kollektives Aufatmen.

Am nächsten Morgen sitze ich erneut in einem Flugzeug, das mich in Richtung der pakistanischen Grenzstadt Peschawar fliegt. Auf mich wirkt es wie eine Reise auf einen fremden Planeten. Niemanden scheinen dort die Schlagzeilen über 9/11 auf den ausgegebenen Zeitungen besonders zu interessieren. Nein, es geht laut und chaotisch zu, als wäre dies ein ganz normaler Tag.

Nach der Landung drängen Geschäftsleute und Familien mit Kinderscharen an mir vorbei, um schneller zur Flugzeugtür zu gelangen. Notdürftig zusammengeschnürte Gepäckstücke purzeln aus den oberen Fächern. Die Flugbegleiterinnen bewahren die Ruhe. Das Gedränge hört bei der Sicherheitskontrolle nicht auf, und ich habe Mühe durchzukommen. Schließlich lege ich meine Reisetasche auf das Fließband des Gepäckscanners. Der Polizist auf der anderen Seite schickt mich nochmals zurück. Inzwischen winkt er alle anderen ohne Kontrolle durch. „Entschuldigung, aber haben Sie mein Gepäck nicht bereits kontrolliert?“, frage ich. Er gibt mir zu verstehen, die Tasche zu öffnen. „Warum?“, fahre ich ihn übermüdet und genervt an. „Sie könnten eine Terroristin sein!“, erwidert er allen Ernstes. Ich blicke ihn ungläubig an. Ich bin zu erschöpft, mich weiter mit ihm anzulegen. Das wäre angesichts seiner Vermutung auch keine gute Idee.

Vom Terrorismusverdacht vorläufig freigesprochen, lasse ich mich draußen in ein Taxi fallen, das mich durch das geschäftige Peschawar in mein Hotel bringt. Nun kann ich verarbeiten, warum der Sicherheitsbeamte mich so im Fokus hatte. Mit dem Anschlag fallen Ost und West vollkommen auseinander, separierte Einheiten, so als gehörten sie nicht zu einer gemeinsamen Welt. Das gegenseitige Misstrauen ist auf seinem Höhepunkt.

Bereits 1993, im Jahr, als die USA in ihrer Sicherheitsstrategie den Anspruch auf Weltherrschaft stellten, hatte ein Buch unter dem Titel *Kampf der Kulturen* mit Thesen einer aufgeteilten Welt Aufsehen erregt. Der Autor ist ein Professor namens Samuel Huntington. Laut Huntington gehören Ideologien wie Kommunismus und Kapitalismus, die sich lange bekriegt haben, zur Vergangenheit. Stattdessen entscheiden nun die verschiedenen Kulturkreise über Krieg und Frieden. Gemäß Huntington gibt es einen dem „Westen" feindlichen Kulturkreis, der sich über vorwiegend muslimische Regionen erstreckt. Allein aus demografischen Gründen, wegen des explosiven Wachstums der muslimischen Bevölkerung, würde es bald zu einem Verteilungskampf kommen, der sich über den ganzen Planeten erstrecken würde. Nationalstaaten wie Amerika und die Europäer müssten sich zusammenschließen, um dem zu widerstehen.

Mit diesen Thesen tritt Huntington eine echte Lawine los. Die neuen Zeiten haben neue Denker gefunden. Nicht mehr Kremologen, die das sowjetische Machtzentrum stärkten, sondern Islamwissenschaftler, die Huntingtons Thesen bestätigen, sind nun gefragt. So erlangt ein Freund Huntingtons, der unbekannte Islamwissenschaftler Bernard Lewis, über Nacht einiges an Aufmerksamkeit. Der konservative Fingerheber weist auf die angebliche Rückständigkeit der Muslime hin, dazu kommen einige abenteuerliche andere Theorien. Dass die Muslime in ihrer

Geschichte selbst auf eine große und wertvolle Kultur blicken können, wird geflissentlich ignoriert. Genauso wird kein Wort darüber verschwendet, dass der sogenannte Westen selbst keine lupenreine Weste hat. Huntington schreibt damals auch über die „chinesische Gefahr", aber davon will zu diesem Zeitpunkt kaum jemand etwas hören. Eine strikte antiislamische Einstellung wird in vielen politischen Kreisen zur Priorität Nummer eins. In diesem Zusammenhang vergessen Huntington und andere zu erwähnen, wie schmählich die USA die Afghanen ihrem Schicksal überlassen haben, nachdem in ihrem Land ein Stellvertreterkrieg geführt wurde.

Was gestern war, zählt nicht mehr. Neue Zeiten, frische Ideen. Die Anschläge vom 11. September scheinen Huntington recht zu geben. Das islamistische Netzwerk Al-Qaida schlägt im Herzen des Westens, in New York, zu. So verwandeln sich in Büchern theoretisierte Fronten in reale.

Als ich am Hotel in Peschawar ankomme, weist nichts auf einen Wandel der Zeiten hin. Alles ist wie früher. Der Portier nickt mir freundlich zu. Andere geben sich mürrisch. Alles normal.

Am nächsten Tag beginne ich meine Kontakte zu mobilisieren, um über die Grenze nach Afghanistan zu gelangen. Scheitern gehört zum Beruf der Reporterin, und ich sitze wochenlang in Peschawar, ohne von der Stelle zu kommen. Da ich Hals über Kopf abgereist bin, besorge ich inzwischen die notwendigste Ausrüstung für die Reise in ein Land, in dem bald ein neuer Krieg ausbrechen wird: Taschenlampen, einen Schlafsack; kugelsichere Westen bringt mein Kameramann mit.

In Peschawar geht das Gerücht um, die Amerikaner hätten inzwischen neue afghanische Verbündete gefunden – die Tadschiken in Nordafghanistan. Ihre früheren Alliierten, die Paschtunen, werden nun hingegen pauschal als Anhänger der Taliban abgetan.

Eines Abends stöbere ich in den Buchhandlungen der Stadt herum. Überall liegt Huntingtons Buch aus, es wurde sogar in Urdu übersetzt und scheint hier ein Bestseller zu sein. Das Narrativ der aggressiven Muslime gefällt vielen Pakistani. Es steigert ihr Selbstwertgefühl. Viele sind stolz darauf, wie es Bin Laden geschafft hat, die Amerikaner in die Knie zu zwingen. In ihren Augen sind die Amerikaner aber die eigentlichen Aggressoren, Bin Laden und Al-Quaida hätten die Erniedrigung durch die USA endlich beendet. In dieser Stimmung immer größer werdenden gegenseitigen Misstrauens werden eines Abends Stellungen der Taliban unweit von Peschawar von den USA angegriffen. Auf den Dächern stehen die Menschen und sehen in der Ferne die Blitze der machtvollen Attacken aus der Luft. Ein neuer Krieg hat begonnen.

7. Kapitel

Peschawar / Kabul, 2001

Am 7. Oktober 2001 beginnt der Afghanistan-Krieg. Zuvor wurden die Verhandlungen mit den Taliban über die Auslieferung von Osama bin Laden abgebrochen. Die USA haben Artikel 5 des NATO-Vertrags, den sogenannten Bündnisfall, herangezogen, der im Falle eines Angriffes auf ein Mitglied alle übrigen zu den Waffen ruft. Zugleich soll Afghanistan in einen demokratischen Staat umgewandelt werden. Dazu wird im November 2001 eine UN-Konferenz in Petersberg bei Bonn anberaumt. Hier stehen unter anderem Frauenrechte im Mittelpunkt.

Jetzt sind wir hier

„Die brutale Unterdrückung der Frauen ist ein zentrales Ziel der Terroristen. […] Nur die Terroristen und die Taliban verbieten Frauen Bildung. Nur die Terroristen und die Taliban drohen Frauen, ihnen die Fingernägel herauszureißen, wenn sie Nagellack tragen.“

(Laura Bush, Ehefrau von US-Präsident George W. Bush, in einer Radioansprache)[36]

Mit der Taschenlampe in der Hand suche ich den Boden der verwahrlosten Villa, in der früher Gotteskrieger aus Pakistan gehaust haben, nach Glassplittern ab. Im Wohnzimmer daneben legt sich mein Kameramann bereits in seinen Schlafsack, und unser Fahrer wickelt sich in seine Decken. Ich darf dort nicht hin. Der magere Greis, der das Haus bewacht, besteht selbst in Zeiten des Umbruchs und der Unsicherheit auf Geschlechtertrennung. Dabei haben um uns herum waffenstrotzende, verwahrloste tadschikische Kämpfer die Nachbarhäuser von ehemaligen Taliban-Unterkünften besetzt, die sicher eine größere Gefahr für meine Sicherheit darstellen könnten als mein Kameramann. Den Alten kümmert das wenig, er hat mir sogar den einsichtigen Eingangsbereich der Villa zugewiesen, wo die Fensterscheiben zerborsten sind und der Boden mit unzähligen Glassplittern gespickt ist, die ich nun zu vermeiden versuche. Wenn der Mann wüsste, was wir hinter uns haben, wäre er sicher gnädiger gewesen.

Auf dem Wege von Pakistan nach Kabul blieb unser Wagen ausgerechnet kurz vor Sarobi liegen, wo am Vortag vier westliche Reporter, drei Männer und eine Frau, ermordet wurden. Wahrscheinlich von sich zurückziehenden Taliban. Wir sind mitten im muslimischen Fastenmonat Ramadan, und angeblich hatten die Ausländer, ohne Rücksicht dafür zu zeigen, geraucht.

Ob das jedoch der eigentliche Grund für ihren Tod war, wird nie herausgefunden. Die Leichen, von zahlreichen Schusswunden durchsiebt, wurden neben einem VW-Busauf einer Anhöhe nahe Sarobi von den Dorfbewohnern entdeckt. Wir wurden zum Glück von einem zufällig vorbeifahrenden Taxi aufgesammelt und sicher nach Kabul gebracht. Der Fahrer des Taxis vermittelte uns sogar an seinen Verwandten, den Wächter der Villa, den wir mit einem stattlichen Trinkgeld leicht überreden, uns aufzunehmen. Wir planen, für eine Nacht hier zu schlafen und uns dann eine permanentere Unterkunft zu suchen. Das Viertel ist zumindest in Ordnung. Es befindet sich abseits der Hauptstraßen, wo man sich weniger beobachtet fühlt. Es dämmert bereits, als wir unser Gepäck ins Innere des Hauses schleppen.

Schließlich gebe ich die Suche nach den Glassplittern auf, lege mich in meinen Schlafsack auf den kalten Boden und schlafe sofort ein.

Zu diesem Zeitpunkt, Ende November 2001, werden die Taliban aus Kabul gerade vertrieben und ziehen sich in die ländlichen Paschtunengebiete in Ost- und Südafghanistan zurück. Widerstand leisten sie kaum. Dies wäre angesichts der amerikanischen Übermacht auch Selbstmord, denn die US-Luftwaffe bombardiert seit vier Wochen unaufhörlich Stellungen der Taliban. Sobald deren Front im Norden zusammenbricht, stößt die proamerikanische Nordallianz aus Tadschiken und Usbeken vor. Dabei kommt es zu Massakern, doch die USA und Europa verschließen die Augen davor. Nun beherrschen diese Milizen die Hauptstadt – inklusive des gefürchteten Generals Abdul Raschid Dostum, dem man unzählige Gewalttaten zur Last legt. Der tadschikische General Mohammed Fahim will sich Kabul ebenfalls nicht entgehen lassen, daher sind seine Männer bereits in den Häusern rund um unsere verfallene Villa einquartiert.

Dostum und Fahim haben früher beide gegen die Sowjets gekämpft. Damals nannte man sie Freiheitskämpfer, im Laufe des Bürgerkriegs werden sie zu Kommandanten. Milizen haben in Afghanistan eine lange Geschichte. Einst gab es Schlägertrupps in den Diensten von Landbesitzern, um störrische Bauern zu disziplinieren, die die Pflichtanteile an ihre Herren nicht begleichen wollten. Afghanistan war feudalistisch aufgestellt, und einige Landbesitzer scherten sich wenig um ihre Bauern. Dank einem historisch schwachen Regenten und sehr wenigen staatlichen Institutionen konnten sie ihre Interessen umso leichter durchsetzen, denn ihre Milizen sorgten dort für Ordnung, wo es sonst keiner tat.

Die Taliban stehen ebenfalls in dieser Tradition. Ursprünglich wurden sie in den 1990er-Jahren von südafghanischen Transportunternehmern angeheuert, um die Transitstraßen nach Pakistan von Banditen freizuhalten, damit die Geschäfte wieder besser liefen. Dies funktionierte besser als erwartet. Danach entwickelten die Taliban ein Eigenleben.

Morgenerwachen. Wir haben eine Reihe von Sorgen. Die erste, einen Übersetzer zu finden, bin ich überraschend schnell los. Junge, hoffnungsvolle Afghanen tummeln sich um das Hotel Intercontinental, das am nächsten Morgen unser erstes Ziel ist. Ich heuere einen jungen Mann namens Latif an, der uns sehr nachdrücklich seine Dienste anbietet. Er friert wie ein Rohrspatz, sein Gesicht ist von der Kälte gerötet. Er bemüht sich, uns alle Wünsche von den Lippen abzulesen, was ihm meistens gelingt. Allerdings schafft er es nicht, uns im Intercontinental Zimmer zu besorgen. Zu viele Reporter, NGO-Vertreterinnen und Kommandanten sind vor uns aufgetaucht und wachen eifersüchtig über ihre Quartiere. Das Hotel Intercontinental ist besonders gefragt, weil es über Stromgeneratoren und eine stabile Wasserversorgung verfügt. Im Rest der Stadt sind solche grundlegenden Ressourcen Mangelware.

Wir müssen also eine weitere Nacht in der trostlosen Villa mit dem Moralwächter verbringen, bis Latif uns einige Zimmer in einem Gebäude in unmittelbarer Nähe zum Intercontinental vermittelt, die wir anmieten.

Ich habe einen Auftrag für eine ausführliche Reportage über Frauen in Afghanistan, aber wo soll ich anfangen in diesen Zeiten? Die Frauen von Kabul scheinen wie vom Erdboden verschluckt. Wir fahren durch Distrikte der Hauptstadt, die aussehen, als wären sie nur noch von Geistern bevölkert. Aber angeblich werden geflüchtete Afghanen bald in Scharen zurückkehren. Noch sind wir scheinbar fast die Einzigen, die sich auf die Straße trauen. Das Gerücht geht um, die Taliban würden sich in verlassenen Gebäuden verstecken und eine Rückeroberung planen, daher müsse man vorsichtig sein. Doch auf unserer Fahrt ist davon nichts zu spüren – die wenigen Taliban, die wir in der Stadt noch entdecken, sitzen bei den neu eröffneten Friseuren von Kabul und lassen sich ihre Bärte abschneiden. Neue Zeiten erfordern eben andere Bartmoden – und wer in Afghanistan alt werden will, musste schon immer ein Überlebenskünstler sein.

Die Versorgungslage in der Stadt ist schlecht. Wir finden selbst unter beträchtlichem Aufwand keinen Generator, die Duschen in unserer Unterkunft funktionieren nicht, wärmere Schlafsäcke für die kalten Nächte sind nicht aufzutreiben. An den Ufern des Kabul-Flusses breiten zumindest geschäftstüchtige Händler Kleidung aus, und wir finden auf einem Karren voller gebrauchter Trainingsanzüge einen warmen Second-Hand-Anorak für Latif. Die Züge des jungen Afghanen hellen sich sofort auf und seine roten Wangen werden rund und glänzend, als wir ihm das Geschenk überreichen.

Der Hunger lässt sich aber nicht so leicht stillen. Wir leben von Konserven und Brot. Außerdem hat unser Fahrer Probleme, Benzin aufzutreiben – stundenlang versucht er sein Glück auf dem Schwarzmarkt. Noch verzweifelter suche ich allerdings

Antonia Rados mit ihrem Kameramann und Übersetzer Latif (links) in ihrer Unterkunft in Kabul, 2001.

Frauen, mit denen ich für meine Reportage sprechen kann. Die Tage vergehen erfolglos.

Nachdem ich zwischendurch die Stadt verlassen musste, weil in Kabul einfach nichts voranging, sieht es zwei Wochen später schon ganz anders aus. Latif hat uns eine neue Bleibe organisiert, bei der zumindest ein Generator auf der verschneiten Terrasse steht. Wir stellen einige günstig erworbene Möbel in die leeren Zimmer, deponieren einen Gaskocher in einem Seitenraum und wärmen uns nachts mit bunten Steppdecken aus Zentralasien. Da es kein heißes Wasser gibt, bitten wir den Besitzer, einen Holzofen zu installieren, dessen Rohr durch ein Loch in der Decke geht. Morgens kommen wir so in den Genuss einer warmen Katzenwäsche – ein wahrer Luxus. Mit neuem Mut nehme ich gemeinsam mit Latif die Suche nach Gesprächspartnerinnen wieder auf.

Das Thema „Frauen in Afghanistan" beschäftigt die westliche Öffentlichkeit derzeit mehr als Hunger und Elend im Land, aber eine Reportage dazu zu filmen, ist keine einfache Aufgabe. Einige Afghaninnen, die Latif findet, lehnen ab. So gerne sich die afghanischen Männer filmen lassen, so kamerascheu sind die Frauen. Die wenigsten wollen sich zeigen.

Es ist nicht nur Kamerascheue, die die afghanischen Frauen so zurückhaltend sein lässt. Auch bei ihnen herrscht großes Misstrauen gegenüber dem Westen. Ob Großmütter, Mütter oder Töchter – die Realität muslimischer Frauen sieht anders aus als die westlicher Frauen. Und beide Seiten werfen einander vor, das falsche Leben zu führen. Dabei changiert der Zeitgeist zwischen Extremen. Auf der einen Seite werden muslimische Frauen als begehrte sinnliche Objekte angesehen, die die Fantasie der westlichen Männer anregen. Orientalisch inspirierte Werke von europäischen Malern und Schriftstellern tragen lange ganz wesentlich zu dieser Vorstellung bei. Auf der anderen Seite erwacht im Westen der Drang, muslimische Frauen aus ihrem Harem oder jeder Art von unerträglichen Lage befreien zu wollen. Es verstand sich scheinbar von selbst, dass die muslimische Frau gerettet werden musste.[37] Die Verbreitung dieser unausgesprochenen Ansicht lässt sich auch in der Geschichte nachzeichnen.

Beispielsweise wurde im damals von den Briten kontrollierten muslimischen Ägypten eine massive Kampagne gegen das Kopftuch in Gang gesetzt. Das Ziel war, das Kopftuch als überholtes Unterdrückungsmerkmal darzustellen –die moderne ägyptische Frau sollte sich westlich kleiden. In der Folge imitierten französische Kolonialherren diese Kampagne in Algerien – mit überschaubarem Erfolg. Noch später, nämlich in den 1980er-Jahren, nachdem der antiwestliche Khomeini den Iran übernommen hatte, gab es erneut Aufregung im Westen – diesmal ausgelöst von einem Buch mit dem Titel *Nicht ohne meine Tochter*. Darin

Antonia Rados mit zwei Afghaninnen in einem Kabuler Vorort.

erzählte eine Frau ihre abenteuerliche Flucht aus Khomeinis Reich. Dieser Bericht prägte das negative Bild des Iran stärker als Hunderte Reden von Politikern.

Mit Beginn des Afghanistan-Kriegs durch die Amerikaner, rücken nun die Afghaninnen in den Fokus. Der amerikanische Präsident George W. Bush setzt sich verbal für sie ein, seine Frau Laura Bush genauso, und auch zahlreiche Frauengruppen erheben ihre Stimmen. Dazu wirft die Autorin Åsne Seierstad einen intimen Blick in das Privatleben eines Buchhändlers in Kabul, um daraus einen Weltbestseller zu formen. *Der Buchhändler aus Kabul* erzählt nach Erinnerungen der Autorin von einem mürrischen Buchhändler, der gegenüber seiner Frau verlogen und brutal handelt. Seierstad bestätigt damit die westliche Welt in ihrer Ansicht, dass die Taliban und vermutlich ohnehin alle Afghanen Frauenfeinde wären, gegen die vorgegangen werden musste. Der Krieg der Amerikaner bekommt so neben der Rache für die verübten Anschläge eine zusätzliche Rechtfertigungsdimension.

Die andere Seite hat genauso ihre Vorurteile parat. Westliche Frauen werden in der muslimischen Welt bedauert, weil viele davon überzeugt sind, sie würden zur Arbeit gezwungen werden. Es ist die Vorstellung verbreitet, sie würden ein Leben in Unsicherheit führen, niemand kümmere sich um sie. Frauen werden als schutzbedürftig angesehen, und eine wie ich, die ohne Ehemann herumreist, wird als gesellschaftliches Waisenkind betrachtet. Der Zustand der afghanischen Frauen wird dagegen von vielen als begehrenswert dargestellt. Diese Frauen müssten sich um nichts sorgen, Frieden und Sicherheit sei ihnen garantiert. Im Schutz des eigenen Zuhauses sei man vor allen Gefahren sicherer als auf der Straße. Man braucht als westliche Frau eine gute Portion Geduld, um sich all das in aller Ruhe anzuhören.

Eines Morgens finden wir endlich eine muslimische Frau, die sich bereit erklärt mit mir zu sprechen. Entgegen allen Befreiungswünschen des Westens braucht sie keine Hilfe. Ihr Ehemann schreibt ihr nicht vor, wo es langgeht, sondern sitzt als ehemaliger Beamter eines Ministeriums arbeitslos in der gemeinsamen Zweizimmerwohnung im Viertel Makrayon. Daher wird er erst gar nicht um Erlaubnis gefragt. Die Frau hingegen schreitet jeden Morgen mit einem Kopftuch locker auf den Haaren aus dem Haus, um in einer der ersten wiedereröffneten Mädchenschulen nahe beim Flughafen zu unterrichten. Dort hat Latif sie gefunden, und dort möchte ich nun mit ihr reden.

In den schlecht ausgestatteten Klassenräumen – Stühle und Tafeln, sonst nichts – drängen sich erstaunlich fröhliche Mädchen. Viele sind in den Taliban-Jahren in Privatwohnungen von Lehrerinnen weiter unterrichtet worden und freuen sich nun, wieder in einer richtigen Schule zu sein.

Die Lehrerin spricht nur gebrochen Englisch, aber ihr Russisch ist umso besser. Das weist darauf hin, dass sie vermutlich zur ehemaligen KP-Elite gehörte. Sie erzählt, dass sie ihre Ausbildung in Moskau erhalten habe. Junge Mädchen zu unterrichten entspräche ihren kommunistischen Idealen, die sie mit anderen wenigen Frauenrechtlerinnen in Kabul nicht nur teilt, sondern durchsetzen will.

Ihre feministische Grundhaltung macht sie aber noch lange nicht zu einer pro-westlichen Frau. Zwischen den Zeilen drückt sie stets eine große Skepsis aus – vor allem gegenüber den Amerikanern, die sie für alles Schlechte verantwortlich macht. Nun seien sie auch noch in Afghanistan eingefallen, wo sie doch die Islamisten eigenhändig groß gemacht hätten. Und wer dachte an Frauenrechte, als die USA die sogenannten Freiheitskämpfer ins Weiße Haus einluden? Wusste der US-Präsident nicht, dass seine damaligen Helden stockkonservativ waren? Genau diese Gotteskrieger hätten den Kopftuchzwang eingeführt, als sie 1992 Kabul eroberten! Ohne die Amerikaner gäbe es das alles nicht. Die Sowjetunion würde noch bestehen, und Afghaninnen könnten ihre Köpfe stolz hochhalten. Die Taliban haben ihrer Meinung nach die Macht an sich gerissen, weil der Westen geflissentlich wegsah. Das afghanische Volk wurde verraten und vergessen.

Die anderen Lehrerinnen in der Schule denken ähnlich. Energievoll organisieren sie in dem Lehrerinnenzimmer den Lehrplan. Sie brauchen dafür keine Hilfe, wollen nicht von den Amerikanern abhängig sein. Aber wenn der Westen nun plötzlich Frauenrechte wichtig findet, umso besser. Eine ganze Reihe von Kabuler Feministinnen denken so.

Afghanistan ist inzwischen jedoch ein vielfach gespaltenes Land – Kommunisten, Islamisten, Kriegsgewinner und Kriegsverlierer, dazu Nostalgiker wie die Taliban. Dazu kommt eine explodierende Demografie, denn inzwischen ist die Hälfte der afghanischen Bevölkerung unter 18 Jahre alt. Latif hat beispielsweise noch sechs Brüder und Schwestern. Er ist der Älteste. Für ihn sind die Kommunistinnen, mit denen wir sprechen, Relikte der Vergangenheit. Er kann mit ihnen nichts anfangen. Mein tragbares Satellitentelefon sowie mein Kurzwellenradio sind dagegen für ihn unbeschreiblich anziehend. Wenn ihm die Amerikaner solche Wunderwerke bringen, umso besser.

Donnerstag beginnt das islamische Wochenende. Ein Tag, an dem wir alle duschen, indem wir aus dem Trog neben dem glühend heißen Holzofen mit einem Plastikbecher heißes Wasser schöpfen und uns damit übergießen. Wir sind im siebenten Himmel.

Danach erhöht Latif meine Laune noch, denn er hat eine Idee, wie wir weitere afghanische Frauen treffen können Er schlägt vor, in einen Schönheitssalon zu gehen, um potenziell junge Bräute kennenzulernen – denn seit die Taliban sich zurückgezogen haben, würden viele Paare heiraten. Donnerstag und Freitag seien die richtigen Tage, um die Schönheitssalons – unter den Taliban genauso im Untergrund wie die Schulen – zu besuchen.

Im ersten Salon sind die Frauen aufgeregt und kamerascheu. Latif bringt mich zu einem anderen, den ich dieses Mal allerdings allein betrete. Am Eingang des Ladens hallt mir afghanische Musik entgegen, und neben der Tür hängen mehrere blaue *Tschadors*, also Ganzkörperschleier. Die Besitzerin kommt mit dunkelroten Lippen und kohlumränderten Augen aus dem Laden und begrüßt mich. Sie versteht schnell, dass ich mit einer Braut sprechen möchte und führt mich in einen Raum mit riesigen Spiegeln, rosa Polstermöbeln und einigen hübschen Afghaninnen. Sie sind nur leicht bekleidet und stecken kichernd die Köpfe zusammen, als ich auftauche. Brautkleider aus Tüll hängen an einer Stange, bereit für die Zeremonie.

Bräute werden in Afghanistan sehr auffällig geschminkt, eine aus Indien importierte Tradition. Die Vorbereitungen auf die Zeremonie dauern oft den ganzen Tag, denn Nagellack und eine aufwendige Frisur müssen das Bild ergänzen. Hochzeiten sind teuer in Afghanistan, denn die gesamte Familie plus Anhang muss eingeladen werden – bis zu 500 Gäste sind keine Seltenheit. In der Hälfte der Fälle werden die Ehen von den Müttern der Brautleute arrangiert. Je nach Familie kann eine Frau den Bräutigam ablehnen. In diesem Falle bekommt sie einen anderen Cousin oder Verwandten zugewiesen, was dazu führt, dass sich viele mit der ersten Wahl zufriedengeben. Ist der Ehevertrag einmal geschlossen und die Mitgift ausgehandelt, heiratet die Frau ohnehin nicht nur einen Mann, sondern einen ganzen Clan. Sie wird dessen Eigentum. Nur in den seltensten Fällen darf sie zurück zu ihrer eigenen Familie, die sie am Tag ihrer Hochzeit für immer verlässt – daher ist dieser Tag für eine afghanische Braut oft kein fröhlicher Anlass. Vielmehr sind viele ernst und traurig, weil sie Vater und Mutter nun verlassen. Diese ungeschriebenen Gesetze hat mir Latif erklärt, den ich nach einigen Minuten wiedersehe, denn wieder habe ich nur freundliche Abfuhren erhalten.

Ich will schon aufgeben, aber mein findiger Übersetzer hat noch eine Idee. Wir fahren in die Flower Street, wo sich – wie der Name schon vermuten lässt – die Kabuler Blumengeschäfte befinden. Männliche Familienmitglieder bestellen hier den Blumenschmuck für die Hochzeitsautos.

Endlich ein Hoffnungsschimmer. Ein junger Afghane stimmt zu, uns bei seiner Hochzeit am nächsten Tag filmen zu lassen. Während sich Latif die Adresse notiert, blicke ich ihm über die Schulter. Die Hochzeit wird im Hazara-Viertel stattfinden. Das ist vielversprechend, denn die Hazara – ärmste Volksgruppe in Afghanistan – stehen in dem Ruf, sehr liberal gegenüber ihren Frauen zu sein. Töchter erhalten oft eine Schulbildung, was mit der Dominanz der persisch-schiitischen Kultur bei dieser Volksgruppe zu tun hat. Schiiten verbieten – anders als oft im Westen angenommen – ihren Frauen nicht zu studieren oder zu arbeiten. Auch bei den Tadschiken, zu denen die kommunistische Lehrerin gehört, haben sich Frauen gewisse Privilegien erkämpft. Zum Teil ist es mit der früheren Arbeit von tadschikischen Frauen in der kommunistischen Partei Afghanistans erklärlich. Im Gegensatz dazu sind die Frauen der konservativen Paschtunen meistens zu einem Dasein im Haus verbannt, und der Druck ihrer Familien lastet von der Geburt bis zum Tode auf ihnen.

Die Nächte in Kabul sind dunkel und kalt. Um Benzin zu sparen, lassen wir den Generator nur stundenweise laufen. Das Gerät befindet sich genau vor meinem Zimmer und verursacht einen höllischen Lärm. Jetzt ist es ruhig. Jeden Abend drehe im Schein meiner Taschenlampe an meinem Kurzwellenradio, um die jüngsten Nachrichten zu hören. Afghanistan ist im Fokus der Weltöffentlichkeit. Kommentatoren berichten von der gezielten Suche nach Osama Bin Laden, wobei in Ostafghanistan die US-Luftwaffe einen Höhlenkomplex namens Tora Bora bombardiert, wo sich der Al-Qaida-Chef verstecken soll. Kaum jemand kann sich vorstellen, die Weltmacht werde es nicht schaffen, ihre Ziele zu erreichen. Die militärische Übermacht ist gewaltig. Wäre da nicht die zerklüftete afghanische Bergwelt, zu der Außenstehende keinerlei Zugang haben, am wenigsten in den Wintermonaten. Bomben allein reichen nicht aus, um einen Gegner in diesem Terrain zu besiegen. Tagelang machen falsche Gerüchte über die angebliche Festnahme des saudischen Terrorchefs die Runde. Die Hysterie nimmt dadurch nur noch zu.

Der Großteil der westlichen Welt steht ohne Wenn und Aber auf der Seite der Amerikaner, und keiner weint den radikalen Taliban eine Träne nach, egal, auf welche Weise der Krieg der USA unter Ausschluss der Öffentlichkeit geführt wird. Luftangriffe. Willkürliche Verhaftungen. Die ersten hohen Taliban werden gefasst. Das reicht nicht. Paramilitärische Sondereinheiten der USA bieten Taliban-Kommandanten hohe Geldsummen an, wenn sie den Widerstand einstellen oder Informationen über

Al-Qaida liefern. Einem werden gar 50 000 Dollar geboten – als er ablehnt, greifen die Amerikaner sein Haus aus der Luft an, was den Mann schließlich für eine geringere Summe gefügig macht. Man lässt ihm keine Wahl.[38]

Ich schlafe mit einem Hochgefühl ein, denn morgen ist ein neuer Tag. Der Tag, an dem ich endlich eine junge Afghanin interviewen werde, eine Braut, die Zukunft des Landes. Es ist fast Mittag, als wir zu der Adresse fahren. An der Tür zu dem Grundstück werden wir von einigen Männern mit ernsten Mienen empfangen, während von drinnen helle Stimmen zu uns dringen. Die Mädchenstimmen werden vom Geräusch einer Trommel begleitet.

Man hat uns offensichtlich nicht erwartet. Schließlich werden wir doch hineingelassen. Hof und Garten sind gefüllt mit Männern jeden Alters in traditioneller Festtagskleidung, aber keine einzige Frau ist zu sehen. Als ich die Gäste genauer mustere, merke ich, dass die meisten keine Hazara, sondern Paschtunen zu sein scheinen. Der Bräutigam selbst – ein Hazara – lebt seit 10 Jahren im benachbarten Iran als Flüchtling und kommt nun zurück in die Heimat, um zu heiraten. Danach will er wieder in den Iran. Latif findet heraus, dass die Braut einem riesigen Paschtunen-Clan angehört. Niemand kann erklären, wie die beiden Familien zueinandergefunden haben. Ehen zwischen den verschiedenen Stämmen sind in Afghanistan nicht die Regeln, aber kommen vor.

Während die Hochzeitsgesellschaft im Garten mit Fleisch und Reis verköstigt wird, macht mein Kameramann die ersten Aufnahmen. Bisher scheint alles ruhig zu bleiben – anscheinend hat man sich an uns gewöhnt. Ermutigt gehe ich auf eigene Faust mit einer Handkamera ins Haus. Latif habe ich zurückgelassen, denn Paschtunen wollen nicht, dass fremde Männer ihre Frauen sehen, eingeschlossen afghanische. Mädchen in bunten Kleidern rennen mir auf einem engen Gang entgegen, an dessen Ende eine Tür in einen weiteren Raum führt. Ich trete ein. Eine blutjunge

Braut, geschminkt und hergerichtet, sitzt dort auf einer Art Thron, ihr Kleid in verschiedensten Rottönen.

Ich brauche eine Weile, um mich an die Dunkelheit zu gewöhnen. Sobald ich nur meine Kamera auf Augenhöhe richte, erhebt sich um mich Gekreische, wonach der Bräutigam herbeieilt, um mir die Hand vor die Linse zu halten. Ich hole Latif in den Raum, damit er übersetzen kann. Ihm wird klargemacht, ich dürfte die Braut sehen, aber Filmen sei nicht gestattet. Dabei fällt mir auf, dass der Bräutigam auf meine Umhängetasche fixiert ist. Er fragt Latif, ob ich ein Satellitentelefon dabeihätte – anscheinend hat es sich in Kabul herumgesprochen, dass Reporterinnen und Reporter diese Kommunikationsmittel manchmal mit sich führen. Ich nehme das tragbare Satellitentelefon aus meiner Tasche, während ich Latif beauftrage, einen Deal abzuschließen. Der Bräutigam dürfte das Telefon im Austausch für ein Interview mit der Braut benutzen.

Draußen steigert sich die Frequenz des rhythmischen Trommelns, während im Vorraum weitere Frauen herbeikommen und neugierig das Telefon beäugen. Der Bräutigam greift bereits zum Telefon, aber ich nehme es ihm sofort wieder aus der Hand. Erst als er mit dem Geschäft einverstanden ist, strecke ich den Apparat in die Höhe, um einen besseren Empfang zu erhalten. Es funktioniert.

Es folgt ein ellenlanges Gespräch des Bräutigams mit seiner Mutter im Iran. Aber anstatt seinen Teil des Geschäfts einzuhalten, verlangt der Mann nach dem Gesprächsende, wir müssten die Feier nun sofort verlassen. Gerade in dem Augenblick werden die Trommeln von wütenden Männerstimmen übertönt. Latif und ich stürzen durch die Tür in den Hof und können gerade noch verhindern, dass die Gäste sich meinen Kameramann vornehmen. Er hat, ohne zu überlegen, die trommelnden Paschtunenmädchen gefilmt – wie schon erwähnt, ein schwerer Affront für jeden Fremden, besonders als Mann.

Bevor die Stimmung völlig kippt, drängt uns Latif zum Aufbruch. Wir fahren unverrichteter Dinge zurück zu unserer Unterkunft. Inzwischen ist es dunkel geworden, die Straßen sind nun weniger leer als noch eine Woche zuvor. Langsam kommen die Menschen zurück nach Kabul. Familien lassen sich mit Sack und Pack in den verlassenen Häusern anderer nieder, die geflohen sind. Hauptsache, sie haben ein Dach über dem Kopf. Der Rest, so hoffen sie, wird sich schon ergeben.

Während der ganzen Heimfahrt ärgere ich mich darüber, wie schamlos der Bräutigam mich über den Tisch gezogen hat. Die Blamage geht mir nicht aus dem Sinn. Es vergehen keine zwei Tage, bis Latif und ich zu zweit zu dem Haus zurückkehren. Zu meiner Überraschung bittet man uns hinein. Von der Hochzeitsgesellschaft ist kaum jemand verblieben – außer dem Bräutigam, der gerade dabei ist, seine Rückreise in den Iran vorzubereiten.

Wie ein Teppichhändler redet Latif dem Mann ins Gewissen – was für eine Schande es wäre, dass er sein Versprechen nicht gehalten hätte. Das wirkt Wunder. Der Hazara scheint seine Unehrlichkeit zu bereuen, aber er beginnt wieder dasselbe Spiel. Er würde sich bereit erklären, seine Frau filmen zu lassen, im Austausch dafür müsste er mein Telefon nochmals benutzen. Ich stimme zu, aber diesmal unter der Bedingung, dass zuerst die Braut gefilmt wird und im Anschluss erst telefoniert. Der Hazara überlegt nicht lange, bevor er mich dann in den hinteren Teil des Hauses bittet, wo sein Schlafzimmer liegt.

Als ich eintrete, richten mehrere ältere Frauen ihre Blicke auf mich. Sie stehen wie Wächterinnen um ein Bett, auf dem die Braut sitzt. Sie hat denselben roten Mund wie an ihrem Hochzeitstag, aber sehr viel müdere Gesichtszüge und tiefe Ringe unter den Augen. Neben ihr auf der Bettdecke liegt ein blutverschmiertes Laken, Zeichen ihrer Entjungferung, die laut Tradition von Frauen geprüft und bestätigt werden muss, damit die Ehe gültig ist. Ein

Lichtstrahl dringt durch die verhängten Fenster und taucht die Szene in ein unwirkliches Licht. Die junge Frau bewegt sich nicht, sondern starrt auf ihre Hände. Sie kann nicht älter als 17 Jahre alt sein. Ihr Ehemann ist um die 25.

Ich bereite die Handkamera vor und rufe Latif zu, der draußen bleiben musste, dass er eine Frage an die Braut übersetzen soll: Wie hat sie diese Hochzeit erlebt? Aus vollem Halse schreit er die Frage in das Zimmer, und die Braut sieht kurz auf. Als ich aber die Kamera in ihre Richtung schwenke, erhebt sich erneut ein Klagegeschrei aus den Mündern der Frauen. In der nächsten Minute drängt man mich hinaus.

Nach diesem erneuten Fehlschlag gebe ich es vorerst auf, die Grenzen der konservativen Afghanen auszutesten und schlage mir die Idee aus dem Kopf, mit einer Braut zu sprechen und sie zu filmen. Zum Glück gibt es noch andere Frauen.

Einer der Morgen danach. Ich höre die vertrauten Geräusche von Kabul, als wir den Hang hinaufsteigen. Er riecht nach Schnee, obwohl am Himmel erst wenige Wolken stehen. Ein Hund rennt uns aus einer Lehmhütte entgegen, einige Kinder im Schlepptau. Ich hoffe, ihre Mutter ist zu Hause, damit ich mit ihr sprechen kann. Latif hat mir bereits einiges über die Frau berichtet – sie hätte sieben Kinder, und ihr Mann wäre Kriegsinvalide. Die Familie hätte in der Zeit der Taliban gelitten und daher sei sie froh, dass nun bessere Zeiten anbrechen würden. Latif sagte mir auch, dass es sich um arme Leute handle.

Wir sind bei der Hütte angelangt. Drinnen liegt ein Junge um die 10 Jahre alt, eingewickelt in eine Decke. Er scheint eine körperliche oder geistige Behinderung zu haben. Der greise Ehemann, ein ehemaliger Mudschahid, hat eines seiner Beine durch eine Mine verloren und humpelt durch die eiskalte Behausung.

In der Mitte steht eine Feuerstelle, um die sich nachts alle kauern. Wenn es besonders kalt ist, wärmt die Mutter Steine über dem Feuer und legt sie ihren Kindern unter die dünnen Decken. Das Leben der Familie wirkt in seiner Härte und Kargheit fast unmenschlich, aber die Frau trägt in ihrem hellen, schönen Gesicht Hoffnung, die sie mir so erklärt: „Ich habe gehört, jetzt sind die Amerikaner hier." Mehr weiß sie nicht über die Lage im Land. Ich frage sie, wie das Leben nun sei, ob sich etwas verändert habe. Man sieht ihr an, dass sie gelernt hat nicht immer zu sagen, was sie eigentlich denkt. „Gut", sagt sie einsilbig.

In der Nische, die ihr als Küche dient, steht ein zugedeckter Blechtopf, und daneben liegen in ein Tuch eingewickelte Brotfladen, das Abendessen. Wir filmen, wie die Familie gemeinsam isst, und die aufgeweckten Kinder drehen ständig der Kamera ihre Köpfe zu.

Bevor wir wieder fahren müssten, erzählt die Frau Latif, in der Nähe gäbe es eine Schule, und ihrem Mann sei dort eine Anstellung versprochen worden, wenn sie wieder in Betrieb genommen wird. Sie hoffe, ihre Mädchen würden Lesen und Schreiben lernen, weil sie selbst es nie gelernt hatte und deshalb oft in Schwierigkeiten war.

Wir lassen die Familie ihr Mahl in Frieden beenden und kehren am nächsten Tag zurück. Die Kinder warten schon auf uns. Mehrere Tage verbringen wir mit der Familie und sprechen mit der Mutter über ihr Leben. Schließlich erzählt sie mir, wie sie mit 16 Jahren verheiratet wurde. Wie ihr erster Mann nicht mehr aus dem Krieg heimkam. Wie seine Familie sie zwingen wollte, den invaliden älteren Bruder zu heiraten. Sie weigerte sich. Daraufhin wurde sie mitsamt ihren Kindern auf die Straße gesetzt.

„Ich konnte auf der Straße nicht überleben", gesteht sie. Die Familie nahm sie zum Glück wieder auf, aber der Heirat konnte sie nicht entkommen. In dieser Frau vereinen sich Schwäche und Widerstandskraft zugleich, so als hätte ihr das Leben übel mitgespielt, sie aber nicht zerstört.

Afghanische Arbeiter beim Wiederaufbau einer Straße
nach der Vertreibung der Taliban.

Am nächsten Tag weise ich Latif an, der Familie einen Karton voll mit Öl, Mehl, Zucker, Reis und etwas Fleisch vorbeizubringen. Danach drehen wir an anderen Reportagen, um eine Woche später nochmals vollbepackt mit eingekauften Lebensmitteln zu dem Lehmhaus auf dem Hügel zu fahren. Diesmal rennen uns keine Kinder entgegen. Der Himmel ist bedeckt, und in dem rosafarbenen Licht sieht das Haus fast gespenstisch aus. Niemand öffnet die Tür.

Von einem Nachbarn in der Nähe erfährt Latif, die Familie wäre in ihr Heimatdorf ins Pandschir-Tal zurückgekehrt. Dort hoffen sie auf ein einfacheres Leben – schließlich soll bald wieder Frieden sein.

Die Schule am Fuß des Hügels bleibt vorerst geschlossen. Scharen von Afghaninnen und Afghanen ziehen inzwischen in alle Richtungen des Landes, geflüchtete Familien kehren aus den Lagern zurück. Da sie zerstörte Dörfer vorfinden, machen sich viele auf die Reise nach Kabul, ein Ziel, in das Hunderttausende ihre Hoffnung setzen.

Hier träumen die Menschen von Arbeit und Sicherheit. Die mit Bomben- und Minenkratern durchsiebte Ringstraße, die alle Städte des Landes verbindet, wird instandgesetzt. Dafür werden jede Menge starke Männer gebraucht. Mütter sehen ihre Kinder schon die Schulbänke drücken. Danach werden sie ein leichteres Leben haben. Das Wort „Demokratie“ macht in den Teehäusern die Runde. Eine rosarote Zukunft für alle! Innerhalb von wenigen Jahren platzt Kabul aus allen Nähten.

8. Kapitel

Kabul, 2004

In Afghanistan werden die ersten Wahlen abgehalten, dabei macht der Favorit des Westens, der gemäßigte Hamid Karzai, das Rennen. Daneben werden verschiedene militärische Missionen wie die Unterstützungseinheit ISAF, an der auch Deutschland teilnimmt, auf ganz Afghanistan ausgeweitet. Internationale Hilfsprogramme laufen an. Unterdessen geht die Suche nach Osama bin Laden weiter.

Die Träumer

„Jemandem die Haare abzuschneiden macht ihn nicht für immer kahlköpfig.“
(Thomas Barfield)[39]

„Auf keinen Fall für diesen Preis“, sage ich. Mein potenzieller Übersetzer Malik hält mir die Steine noch näher unter die Nase, mit denen er mir seine gewünschte Tagesgage zeigen will. „Nein, ich kann das nicht machen“, erwidere ich nachdrücklicher.

Malik trägt eines seiner schlammgrünen T-Shirts, daher muss er direkt von einem seiner anderen Jobs kommen – einem Einsatz für die Amerikaner. Sein müdes Gesicht bestätigt es. Seine Augenlider hängen herunter. Seine Bewegungen sind fahrig. Er ist müde, weil die Einsätze meist nachts geschehen. Was dort passiert? „Dreckige Dinge“, murmelt Malik und meint damit die geheimen Einsätze amerikanischer Sondereinheiten gegen Al-Qaida und herumstreuende Taliban. Maliks anderer Job ist es, US-Kommandos in den Dörfern zu Verdächtigen zu bringen. Tagelange Märsche sind erforderlich. Nichts davon dringt an die Öffentlichkeit. Die Einheiten haben eigene Flughäfen. Die Kosten für diesen *War on Terror* tauchen in keinem offiziellen amerikanischen Budget auf. Die deutsche KSK macht zeitweise mit, genauso wie französische und britische Sondereinheiten.

Manchmal ist Malik tagelang nicht erreichbar. Ich erfahre von ihm, die Gage bei den Amerikanern beliefe sich auf bis zu 1000 Dollar pro Tag. Eine Art Schweigegeld, denn manchmal läuft bei den Einsätzen etwas schief. Wenn beispielsweise Frauen oder Kinder bei einem Schusswechsel verletzt werden, hält Malik den Mund. Seine Nachbarn wissen überhaupt nicht über seinen Job Bescheid. Die meisten jungen Afghanen im Dienst der Antiterrorjagd verschweigen dies aus offensichtlichen Gründen ihren Familien – die Gefahr, dass jemand etwas ausplaudert, ist zu groß, die potenziellen Konsequenzen ebenso. Immer bringen die afghanischen Helfer kostbare Dollarscheine heim. Das muss reichen. Keiner darf den Rest erfahren.

„1000 Dollar kann ich dir nicht zahlen", gebe ich Malik also zu verstehen, als er sich bei mir vorstellt und glaubt, das wäre ein normaler Tagessatz. „Kein Problem", erwidert er mit dem breiten amerikanischen Akzent, den er sich angeeignet hat. Weil er als Übersetzer für mich nicht einmal die Hälfte der Gage bei den Spezialeinsätzen verdient, versucht er auf andere Weise noch etwas Geld aus mir herauszuholen: Er will mir die Edelsteine seines Onkels andrehen, die ich dann in Europa verkaufen soll. Die Steine sind, soweit ich es beurteilen kann, Rubine und Smaragde. Sie sind beeindruckend, wenn auch nicht so transparent, wie wirklich teure Exemplare es sein sollten. In der Provinz Badachschan in Nordafghanistan gibt es enorme Vorkommen von Edelsteinen und anderen Mineralien. Milizen-Kommandanten, Clans und Schmuggler bauen sie in stillschweigender Solidarität miteinander ab. Alles ohne jegliche Kontrolle. Regeln sollen andere folgen. Aus den Erlösen werden meist Waffen und Lebensmittel für Milizen finanziert.

Abgesehen davon, wie wenig ich von dem Geschäft verstehe, habe ich die Ausrede, der Import von solchen Waren in die EU sei illegal. Doch jedes Mal, wenn Malik für mich im Einsatz ist, zieht er einen Beutel mit Steinen aus der Hosentasche. „Nimm sie", sagt er. „Wir können gute Geschäfte machen! Mein Onkel gibt dir einen Anteil!"

Viel interessanter als Maliks Edelsteine finde ich seine Geschäfte mit den Amerikanern. Doch dazu ist aus dem kurz gewachsenen, drahtigen Afghanen um die 30 wenig herauszukriegen. Das tagelange gefährlichen Auskundschaften, die Überfälle, die ständige Gefahr, in eine Falle von Al-Qaida zu geraten – all dies nimmt er in Kauf, weil er unbedingt nach Amerika will. Sein Traum motiviert ihn täglich.

Außerdem liebt Malik den Nervenkitzel, obwohl er nicht versteht, worum es bei den Einsätzen in Afghanistan geht. Bei den Spezialmissionen spielt er eine selbsterdachte Rolle, hat sich sogar eine Waffe angeschafft und tut so, als wäre er bereits in Texas. Das vom Westen eingeführte Programm, den Afghanen alle Waffen abzunehmen, die sie in den Kriegsjahren angesammelt haben, kann vor diesem Hintergrund nicht funktionieren. Afghanen und Amerikaner sind sich in dieser Frage ähnlich. Eine Waffe zu besitzen ist eine Frage der Ehre – und die lässt man sich nicht so einfach wegnehmen.

Da Malik zwischenzeitlich unentschuldigt nicht zu seinen eigentlichen Arbeitstagen bei mir auftaucht, habe ich mein inzwischen beträchtliches Netzwerk von Übersetzern aktiviert. Neben Latif, der mittlerweile in Europa lebt, gehören dazu ein arbeitsloser Arzt und ein ehemaliger Kellner sowie zwei Studenten, die sich aber bald verabschieden, weil sie bei einem anderen Sender mehr Geld verdienen.

Die Arbeit meiner Übersetzer ist anspruchsvoll und fordernd. Die Männer müssen Recherchen für meine Reportagen tätigen, Interviewpartner finden, und natürlich sollen sie mich und mein Team auch vor gefährlichen Situationen bewahren. Viel zu oft überschätzen wir uns oder schätzen Situationen falsch ein – wir sind eben doch Fremde in diesem Land. Deshalb brauchen wir unsere Babysitter.

Inzwischen ist es Spätsommer 2004. Die übliche trockene Hitze legt sich wie eine unsichtbare Last über Kabul. In den Straßen ist eine fröhliche Anarchie, untermalt von einem Hupkonzert, ausgebrochen, so als wäre ganz Afghanistan in Bewegung. In diesem Verkehrschaos steckt nicht nur unser Taxi oft fest, sondern genauso Konvois der NATO-Truppen.

Die NATO-Mission in Afghanistan läuft unter dem Akronym ISAF – International Security Assistance Force. Sie ist bereits seit drei Jahren im Land und soll einer künftigen afghanischen Regierung helfen, die Sicherheit im Land zu gewährleisten und eigene Sicherheitskräfte auszubilden. Die ehemaligen Armee- und Polizeiapparate haben sich in Nichts aufgelöst – eine afghanische Spezialität, die in der Geschichte keine Seltenheit ist. Sobald sich der Sturz eines Regimes abzeichnet, erwacht bei den meisten Afghanen ein natürlicher Überlebensinstinkt, und ein opportunistischer Wechsel der Fronten ist oft die beste Strategie hierfür. Die NATO muss also bei null anfangen. Die Polizeiausbildung übernehmen zuerst die Deutschen, während die Ausbildung des afghanischen Militärs hinausgezögert wird. Doch als 2003 die Amerikaner auch im Irak einen Krieg beginnen, werden viele US-Einheiten aus Afghanistan abgezogen. Plötzlich sind die USA einverstanden, dass andere Nationen stärker in Afghanistan aktiv werden. Nichtsdestotrotz bleiben die USA federführend. Eines ihrer Hauptziele, nämlich die Jagd nach bin Laden, wollen sich die USA von niemandem abnehmen lassen.

Wir brauchen Stunden, um Kabul zu verlassen. Die Rückkehr von zahllosen Familien hat sowohl das Zentrum als auch die Außenbezirke in einem Ameisenhaufen verwandelt. In den meisten Distrikten gibt es weder Strom noch Wasser, aber eine immer größer werdende Menschenschar – darunter viele Kinder.

Die Aufgabe, Afghanistans junger Bevölkerung eine Zukunft zu geben, hat der sanfte ehemalige NGO-Mitarbeiter Hamid Karzai übernommen. Der Paschtune wird 2001 erst provisorischer Präsident der Übergangsverwaltung und schließlich 2004 gewählter Präsident der Islamischen Republik Afghanistan.

Karzai hatte, als er mit dem Westen in der Afghanistan-Konferenz im Dezember 2001 in Petersberg bei Bonn verhandelte, das Schicksal seiner Stammesgenossen im Blick. Er wollte verhindern, dass sie für die Untaten von Al-Qaida und Taliban bestraft werden. Die Paschtunen machen 40 Prozent der Bevölkerung Afghanistans aus. Sie erwarten von ihm, dass er ihre Interessen vertritt. In den Augen vieler Amerikaner sind Paschtunen hingegen Taliban. Taliban sind wiederum gleichzusetzen mit Al-Qaida. Und gegen Al-Quaida richtet sich der ganze Zorn der verwundeten Weltmacht.

Auch wenn diese Ansichten eine Zusammenarbeit mit den Amerikanern sehr schwierig gestaltet, ist Karzai von ihnen abhängig. Ohne die Hilfslieferungen der USA regiert er keinen einzigen Tag. Ohne ihren Schutz droht ihm der Tod. Karzai ist sich der schwierigen Lage bewusst: Das Land ist gespalten, und in seinen eigenen Regierungsreihen sitzen *Warlords* – Kriegsherren, wie die Kommandanten jetzt heißen – wie Verteidigungsminister Fahim, der liebend gerne den starken Mann spielt. Die neue Verfassung stärkt die Position Karzais immerhin, denn sie legt erstmals in der Geschichte Afghanistan eine zentrale staatliche Autorität fest – ihn, den Präsidenten. Viele Menschen in Afghanistan kritisieren dies und halten das für eine gefährliche Entwicklung. Sie vertreten die Meinung, dass die einzelnen Ethnien weiterhin ihre Unabhängigkeit bräuchten.

Vieles in den Gesetzen ist – wie alles in Afghanistan – ein Kompromiss: „Die Bürger Afghanistans, sowohl Frauen als auch Männer, haben vor dem Gesetz gleiche Rechte und Pflichten", steht im Artikel 22. Gemäß Artikel3 der Verfassung darf hingegen „kein Gesetz dem Glauben und den Bestimmungen der heiligen Religion des Islam widersprechen."[40] Willkommen im neuen, aber ewigen Afghanistan.

Endlich sind wir dem Kabuler Chaos entwischt, und das Taxi rollt mit hoher Geschwindigkeit Richtung Norden. Wir sind unterwegs zum Pandschir-Tal, wo wir am Vortag mit einer Mädchenschule Kontakt aufgenommen haben. Erst gegen 14 Uhr taucht die flache Schule vor uns auf, obwohl wir eigentlich schon vor

Unterrichtsende eintreffen wollten. Die Lehrerinnen und adrett in Schuluniformen gekleidete Fünf- bis Achtjährige warten schon auf uns. Für die Kamera wird gesungen und gerechnet. Die Aufbruchsstimmung ist spürbar. Die Mädchen sind aufgeregt und blicken freundlich mit offenen Augen auf uns. Ist das die Zukunft Afghanistans, mit dem Westen als lang ersehntem Retter?

Die Vertreter der NGOs, die diese Schulen in Afghanistan mit Spenden ermöglichen, sodass sogar die Ärmsten eine Schuluniform erhalten, wurden mit offenen Armen willkommen geheißen. Mit einem Pausenbrot in der Tasche lernen die Mädchen mit großem Eifer. Leider konnte das Dorf keine Schule für Jungs mehr eröffnen, denn dazu fehlte das Geld. Ebenso bedauerlich ist, dass solche Modellprojekte bei Weitem nicht in ganz Afghanistan verbreitet sind. Im Osten und Süden des Landes ist die Lage ganz anders. Zahlreiche Paschtunendörfer vertreiben die fremden Helfer, die sich ohnehin nur sehr vereinzelt dorthin trauen. Entlegene Orte warten heute noch auf ein Lebenszeichen von außen, das nie kommt. US-Angriffe in diesen Gebieten tragen das Ihre zur Ablehnung bei – Einheimische verspüren keine Lust auf westliche Hilfe, wenn sie nachts gleichzeitig im ständigen Terror vor den Kommandos der *Amriki*, wie die Amerikaner genannt werden, aneinander kauern müssen. Das Gebiet der Paschtunen ist ein Planet für sich.

Nach dem Schulbesuch im Pandschir-Tal will ich noch mehr Eindrücke sammeln. Deshalb machen wir uns auf den Weg in die Provinz Wardak, etwa eine Autostunde von Kabul entfernt. In dieser Paschtunenzone wurde angeblich von einer amerikanischen Einheit eine Schule errichtet. Das war 2002. Nach Auskunft der Bewohner gab es dafür damals kein Gebäude, sondern nur ein Zelt, das nicht winterfest war. Jetzt sind alle Anzeichen von Schulunterricht in der Region verschwunden.

Wir landen jedoch beim örtlichen starken Mann, der den Gouverneursposten innehält. Er lädt uns zum Essen ein. Der

Ort bräuchte viele Dinge: Strom, winterfeste Häuser, Viehbestand, Arbeit, regelmäßige Weizenlieferungen. Mädchenschulen zählt er nicht mit auf. Er und seine Männer haben – wie viele Afghanen – nie etwas von der Petersberger Konferenz gehört. Sie wissen nicht, dass der Umbruch, der dort von Afghanen und westlichen Diplomaten beschlossen wurde, umfassender ist als nur den Afghaninnen Lesen und Schreiben beizubringen.

Die Petersberger Afghanistan-Konferenz war eine Revolution, etwas nie Dagewesenes für so ein Land, wo das Durchschnittseinkommen gerade 50 Euro pro Monat beträgt. Die Konferenz will das Land umkrempeln. Märkte sollen geöffnet werden, um so internationale Firmen anzulocken. Bis dahin geltende Importzölle werden aufgehoben und für willige Investoren auf höchstens 20 Prozent angesetzt. In einem Papier des Internationalen Währungsfonds zu Afghanistan heißt es: „Die Wirtschaft wird auf liberalen und offenen Märkten basieren, angeführt von Aktivitäten des Privatsektors mit einem geringen Grad an staatlichen Eingriffen. Außenhandel, Zahlungsverkehr und Wechselkurssysteme werden auch offen und liberal sein, Privatinvestitionen werden gefördert."[41] Der Grundsatz lautet: Privatisierung ist gut, Staat schlecht. Wer wagt, der gewinnt!

Viele der geladenen Personen können mit diesem neuen Kurs etwas anfangen. An der Konferenz nimmt beispielsweise auch ein afghanischer Pokerspieler teil, der sich zumutet, eine Privatbank in Kabul zu eröffnen.[42] Ein anderer zukünftiger Bankdirektor ist in seinem vorigen Leben Teppichhändler, was ehrenhaft ist, aber nicht unbedingt dieselben Kenntnisse wie die Leitung eines Geldinstitutes erfordert. Mit im Boot des Aufbruchs sitzt auch ein ehemaliger Investmentbanker, ein Exilafghane aus Australien, der nicht ins Bankgeschäft einsteigt, sondern die Lizenz für eine TV-Station erhält. Die amerikanische Investitionsagentur USAID, die in Afghanistan in vielem nun das Sagen hat, überschüttet den Mann nur so mit Mitteln um in Kabul einen modernen Fernsehsender für die Jugend aufzubauen. Sein Tolo TV wird das Sprachrohr eines neuen, verwestlichten Afghanistans. Eine Vergnügungsmaschine, die Lizenzen für alle möglichen internationalen Formate einkauft – etwa „Afghanistan sucht den Superstar".

Auch der Ausbau bzw. die Schaffung einer digitalen Infrastruktur steht in Petersberg ganz oben auf der Agenda. Eines der ersten Projekte, unterstützt von den US-Streitkräften, ist die Aufstellung von Sendemasten. Afghanistans Jugend soll an die globale Welt angeschlossen werden – was auch immer das bedeuten mag. Image-Feldzüge der Amerikaner begleiten diesen Wunsch. Seilschaften von Mitarbeitern werden eingeflogen, in den Jahren darauf wird mit einem Kostenpunkt von fast 800 Millionen Dollar die riesige US-Botschaft im Kabuler Viertel Wazir Akbar Khan errichtet, in der rund 1000 Mitarbeiter stationiert werden.[43]

Doch in einem Land, das über so viele Jahre vom Krieg gebeutelt wurde, das schon so viel Leid erlebt hat, passiert dieser Wandel nicht über Nacht. Es sind riesige öffentliche Investitionen und langfristige Ziele nötig, denn nicht nur die Infrastruktur ist vollkommen zerstört, sondern die gesamte Wirtschaft des Landes liegt in Trümmern. In Afghanistan gibt es mittlerweile nur noch weniger als 100 Unternehmen bzw. Fabriken – vorwiegend in den Bereichen Zement oder Lebensmittel. Vielerorts fehlen Besitzurkunden, denn unter den Sowjets waren Firmen willkürlich verstaatlicht worden.

Um den Schritt in die Zukunft zügig voranzutreiben, werden dem Kabuler Finanzministerium – wie auch allen anderen Ministerien – Mitarbeiter der USAID (United States Agency for International Developement) zur Seite gestellt. Sie sollen dafür sorgen, dass sich die US-Investitionen möglichst schnell auszahlen. Andere stehen dem in nichts nach. Eine deutsche Saatgutfirma, einer der Weltführer auf ihrem Gebiet, verspricht, sich mit minimalem

Die TV-Station Tolo TV kauft westliche Formate wie die Show „Afghanistan sucht den Superstar" ein.

Dreharbeiten zu einem Popmusik-Video an den berühmten sieben Blauen Seen von Band-e-Amir in der Provinz Bamiyan.

Einsatz zu beteiligen, doch laut afghanischen Quellen gibt sie das ihr vom Staat bereitgestellte Geld für unnötige deutsche Experten und Fabrik-Designer aus.[44] Jeder hat es eilig, sich ein Stück vom Kuchen zu sichern.

Bei der Petersberger Konferenz versuchen einige Afghanen noch den überschwänglichen Neoliberalismus zu bremsen – darunter auch Karzai. Sie fordern einen stufenhaften Prozess. Zuerst müsste die Bevölkerung mit dem Nötigsten versorgt werden, man könne sie nicht mit den Neuerungen und Belastungen überfordern.

Kabul entwickelt sich indes im Eiltempo Mögen die altmodischen Paschtunen in Wardak oder sonstwo der Vergangenheit nachtrauern – ihre Mentalität entspricht nicht dem neuen Zeitgeist in der Stadt.

Wer in der afghanischen Hauptstadt etwas auf sich hält, kauft in einem der neu entstandenen Supermärkte im Botschafterviertel Wazir Akhbar Khan ein, wo bis zur Zwiebel alles importiert ist. Hier kann man Kekse kaufen, die kein Afghane vorher je gesehen hat, oder auch holländischen Käse, Kaffee aus Italien und teures Mineralwasser. Abends gehen die neuen vermögenden Interimskabuler dann schick essen – in einem der aus dem Boden gesprossenen vornehmen Restaurants, wo niemand die Lokalsprachen spricht und wo auf dem Menü italienische Pasta oder japanisches Sushi stehen. Zu deren Gästen gehören auch die zahllosen Mitarbeiter der NGOs. Sie sind aus der Hauptstadt ebenso wenig wegzudenken wie Hupkonzerte und Staus. Man findet sie vor allem in den Distrikten, wo Villen verfügbar sind, die sie zu horrenden Preisen anmieten. Umgerechnet 8000 bis 12 000 Euro monatlich für eine Villa – das sind Fabelpreise, die sich so gut wie kein Afghane leisten kann. Während sich viele Afghaninnen und Afghanen um Holzöfen kauern, wird in Restaurants für Ausländer bei Kerzenlicht und Mozartklängen gespeist. Am islamischen freien Wochenende werden Feiern abgehalten, die man eher in Hollywood vermuten würde. Kamele aus Südafghanistan werden zur Dekoration angemietet. Rockmusik löst den Ruf des Gebets ab. Edler Wein fließt in Strömen.

Die meisten der neuen Kabuler Protzer lassen sich ihr Samaritertum – schließlich geht es bei ihrer uneigennützigen Anwesenheit im Land darum, Afghanistan in die Zukunft zu begleiten – gut bezahlen. Eine französische Mitarbeiterin einer Hilfsorganisation lädt mich einmal zum Essen ein. Sie prahlt, sie verdiene für ihren Einsatz 10 000 US-Dollar monatlich. Helferleben, Luxusleben …

Eines Vormittags fahren wir Richtung Flughafen, um einen deutschen Offizier zu treffen. Zufällig fahren wir an einer Reihe von Betonhäusern vorbei. „*My name is Abdullah. What's your name?*", ertönt es von dort. Ich weise den Fahrer an, eine Seitenstraße zu nehmen, und bald stehen wir vor dem Gebäude, aus dem die Stimmen kommen. Hier sind auf mehreren Stockwerken Privatschulen untergebracht. Eine Klasse skandiert Sprachübungen, in einem überfüllten Raum pauken junge Menschen beiderlei Geschlechts Englisch. Der Kurs, erklärt mir ein Lehrer, würde umgerechnet um die 20 Euro kosten. Das klingt nicht nach viel Geld, doch wenn man bedenkt, dass das afghanische Durchschnittsgehalt nur 50 Euro monatlich beträgt, kann man die Zahl besser einordnen. Später werden auch private Universitäten gegründet, wie die American University, wo es viel mehr, Hunderte Dollar, zu bezahlen gilt, um eine Ausbildung zu erhalten.[45]

Man sieht den Jugendlichen regelrecht an, dass sie das Ziel verfolgen, in einer besseren Welt zu leben als ihre Eltern und Großeltern. Vielleicht orientieren sie sich an ihre Helden aus den neuen TV-Serien bei Tolo TV – Shows, in denen die Welt klar in Gut und Böse aufgeteilt ist. Auf anderen Kanälen laufen

Dauerberichte über den *War on Terror*. Doch das interessiert die jungen Menschen wenig, sie wollen sich so kleiden, wie es junge Amerikaner oder Europäer tun. Dazu gehören auch coole Frisuren wie die der Fußballer Ronaldo oder David Beckham, die in Kabul mittlerweile in hundertfacher Ausführung zu sehen sind.

„*Good Morning! I am from Afghanistan? Where are you from?*" Der Chor zu meiner Begrüßung erhebt sich wie aus einem Munde. Strahlende Gesichter. Es ist die Freude, bemerkt zu werden, die so viele Menschen überkommt, sobald wir mit unserer Kamera auftauchen. Oftmals scheint sich das kollektive Gefühl zu bilden: Man hat uns doch nicht vergessen! Wir sind die guten Afghanen! Die bösen leben in den Dörfern und werden zu Recht gejagt! Und über dieser Vorstellung schwebt unausgesprochen die Überzeugung, diesmal werde es keinen Verrat geben. Der Westen wird Afghanistan nie mehr im Stich lassen.

Ein klarer Sonnenuntergang in Kabul auf beinahe 2000 Meter Höhe. Da Malik wieder auf Tour mit den Sondereinheiten ist, hat mich einer meiner anderen angeheuerten Übersetzer vor dem Hotel abgesetzt. Er heißt Qais. Er ist kein „guter Afghane". Er ist auch kein „schlechter Afghane". Er ist irgendwas dazwischen. Ein ehemaliger Kellner, der weiß, wie hart das Leben sein kann. Einem wie ihm kann man nichts vormachen. Er zählt die Scheine, die ich ihm als seinen Lohn gebe, immer nochmals durch. Er betrügt nicht, und er will genauso wenig von mir betrogen werden. Weil er die Menschen hier kennt, weiß er: Viele Afghanen erzählen den Ausländern, was sie hören wollen. Manchmal weist er mich darauf hin, wenn ich gerade einen Lügner interviewt habe. Er traut den eigenen Politikern nicht, aber als ich ihn frage, ob die Gerüchte stimmen, dass Karzai korrupt sei, erwidert er: „Nein, er ist nicht korrupt, aber Karzais Bruder schon. Das ist dasselbe. Karzai ist dafür verantwortlich." Qais braucht keinen Nachhilfeunterricht in Sachen Demokratie. Er sagt mir, die Ausländer würden doch genauso etwas vormachen. Sie hätten gar nicht wirklich vor, den Afghanen zu helfen, sondern wollten sich nur die eigenen Taschen vollstopfen. Manchmal streiten wir uns, weil ich nicht immer seiner Meinung bin. Das macht ihm nichts aus, er dreht sich um und arbeitet tüchtig für mich weiter.

Der weniger verlässliche Malik taucht eines Tages wie aus dem Nichts auf. Diesmal will er mir keine Edelsteine andrehen, sondern klappt seine Brieftasche auf. Umständlich zieht er aus einem Fach ein zerknittertes Portraitfoto heraus, auf dem ein ungefähr dreijähriger Junge zu sehen ist. Ich frage ihn, ob dies sein Sohn sei. Er drückt sich um die Antwort, sagt einfach nur, er würde sich um den Jungen kümmern. Seinetwegen würde er die Arbeit mit den Amerikanern machen. Er brauche einfach das Geld. Da merke ich, er war in der Nacht davor wieder auf Mission, sein Gesicht ist eingefallen, die Schultern hängen herunter. Die Einsätze gehen ihm an die Substanz, aber er sitzt in der Klemme. Ein Mann mit einem schlechten Gewissen, der für eine fremde Macht seine eigenen Landsleute jagt. Ich weiß nicht recht, was ich sagen soll. Irgendwann antworte ich, dass ich ihm wünschen würde, er bekäme für sich und den Kleinen das ersehnte US-Visum. Und dann füge ich hinzu, dass er dann hoffentlich nicht mehr versuchen wird, mich mit geklauten Edelsteinen in Schwierigkeiten zu bringen. „Ich kriege es bald", erwidert er trocken.

9. Kapitel

Kabul, 2008

Die Finanzkrise 2008 hat Änderungen im internationalen System zur Folge. In den USA wird der Demokrat Barack Obama zum Präsidenten gewählt. Er verspricht den Abzug der US-Truppen aus Afghanistan, und will das umstrittene Gefangenenlager Guantanamo auf der Insel Kuba schließen. Dort sind rund 700 mutmaßliche Terroristen inhaftiert, unter anderem auch viele Afghanen. Es bleibt weiter bestehen. Auf einem Luftwaffenstützpunkt bei Kabul, im Militärgefängnis Bagram, halten die USA zudem Al-Qaida- und Taliban-Verdächtige fest.

Zeichen an der Wand

„Wie kämpft man in einem Land ohne Gegner?“[46]

Heute ist ein guter Tag. Die lang erwartete Zusage ist da. Jetzt kann nichts mehr schiefgehen. Im Zimmer neben mir im Hotel Safi, unserer Herberge im Oktober 2008, bereitet mein Kameramann geflissentlich schon alles vor. Er muss auf alle Notfälle vorbereitet sein. Nachtsichtkamera. Reservebatterien, falls wir länger unterwegs sind als geplant. Ein eigenes Licht für die Dunkelheit, obwohl nicht sicher ist, ob wir es verwenden können. Ich nehme mir vor, noch ein paar Stunden zu schlafen, bevor es losgeht. Um Mitternacht sollen wir am vereinbarten Treffpunkt, einer Polizeistation, sein, und danach eine afghanische Antidrogeneinheit bei einer nächtlichen Razzia begleiten. Sicherheitshalber wird ein anderer Kollege namens Dani im Hotel bleiben. Sollte was schieflaufen, haben wir so jemanden, der uns von einem sicheren Ort aus unterstützen kann.

Die Jagd auf Drogenkriminelle ist in Kabul keine Sache, die man auf die leichte Schulter nehmen sollte. Die Spezialeinheit hat sich lange geweigert, uns überhaupt mitzunehmen. Erst am Tag des Einsatzes, also heute, haben wir ihnen eine endgültige Zustimmung abringen können. Ich freue mich darüber, denn in einem Drogenparadies wie Afghanistan ist das Thema zwar allgegenwärtig, doch man hat selten die Gelegenheit, es so hautnah zu erleben.

Drogenanbau in Afghanistan hat eine lange Geschichte. Der Anbau von Mohn, aus dem Opium und Heroin gewonnen wird, gehört zum Land wie der Hindukusch. Er explodierte jedoch während des Krieges der Mudschahedin gegen die Sowjets (1980-1989). Die Widerstandskämpfer begannen gemeinsame Sache mit

Schmugglern zu machen, um Drogen nach Pakistan zu bringen und so ihre Kriegskassen aufzubessern. Von dort aus wurden die Opiate in die ganze Welt verkauft. CIA-Agenten entging das nicht, sie schauten aber weg. Die Pakistani genauso.

Ein großer Faktor für den grassierenden Drogenanbau waren auch die Flächenbombardements während der russischen Okkupation. Bewässerungssysteme wurden zerstört, Weizenanbau wurde unrentabel. Mohn kommt mit weniger Wasser aus, weshalb sich Süd- und Ostafghanistan in ein einziges riesiges Mohnfeld verwandelten. Die Milizen im Norden wollten da nicht nachstehen. Während des afghanischen Bürgerkriegs explodiert das Geschäft. Da Mohn ernten arbeitsintensiv sind, kommt dies auch zahlreichen Feldarbeiterfamilien zugute, die so zweimal im Jahr ein Einkommen haben.

Nach dem amerikanischen Einmarsch 2001 merkt die westliche Allianz viel zu spät, dass sie die Landbevölkerung sträflich vernachlässigt hat. Schwer zugängliche Provinzen werden zu den Stiefkindern des Fortschritts. In den Städten ist es nicht nur angenehmer, für Soldaten und Helfer, sondern auch weniger gefährlich. Im Süden, etwa in der Provinz Helmand, sind die Folgen dieser Politik schnell bemerkbar. Ohnehin standen die meisten Paschtunendörfer seit jeher unter dem Einfluss der Taliban. Seit ihrer Vertreibung 2001 verstecken sich die Gotteskrieger in diesen ländlichen Enklaven und sammeln sich erneut. Auch der Krieg auf Tausenden kleinen Schauplätzen muss finanziert werden. Wenn die Taliban Geld brauchen, um die Truppen aus den USA und aller Welt mit Sprengfallen am Straßenrand in die Luft zu jagen, sind ihre logischen Verbündeten die Mohnbauern. Eine Hand wäscht die andere. Der Westen hat seine Versprechen gegen die einfachen Afghaninnen und Afghanen nicht gehalten. Das angekündigte Schlaraffenland ist in weite Ferne gerückt. Die Taliban versprechen, für Rache zu sorgen, solange ihnen Bauern und Drogenhändler das Geld für den Kleinkrieg vorstrecken.

Als Washington Jahre später aufwacht, will es gleich mit schwerem Gerät auffahren. Die USA planen, Afghanistans Felder mit starken chemischen Mitteln aus der Luft zu besprühen, bis keine Mohnblüte mehrübrig bleibt – eine Taktik, die auch im Drogenstaat Kolumbien angewendet wurde. Die afghanischen Verantwortlichen legen ihr Veto ein und prophezeien eine nationale Katastrophe. Zu viele Bauern lebten inzwischen vom Mohnanbau: Das würde zu einer „weitverbreiteten Armut führen, die man nur mit rund 20 Milliarden Dollar abfedern könnte“[47]. Als Kompromiss wurde eine US-Privatfirma beauftragt, Afghanen in der Vernichtung von Mohnfeldern zu schulen. Am Ende kommt es, wie es in Afghanistan kommen muss: Die Firma kassiert. Die Mohnfelder wachsen.

Ich schlafe nicht lange. Meine Unterkunft hat dünne Wände, und selbst ein Gespräch auf dem Korridor oder eine knallende Tür kann mich aufwecken. Das Hotel Safi ist meistens gut belegt. Es gehört einer indischen Hotelkette. Die Preise sind in Ordnung. Die Zimmer sauber, wenn auch meist ohne Fenster. Ich muss mich auf die Zehenspitzen stellen, um durch eine Luke das Wetter draußen zu sehen. Ein starker Wind erhebt sich. Die Kopftücher der Frauen draußen fliegen in alle Richtungen. Unten am Hoteleingang parken mehrere Geländewagen von Kriegsgewinnern, die in Kabul immer häufiger sichtbar werden. Um sie herum Sicherheitsmänner – stämmige, groß gewachsene Usbeken, die den Männern ähneln, die am Hoteleingang Wache schieben und leicht mit Verbrechern zu verwechseln sind. Einige Hotels sind aber bereits angegriffen worden, daher beruhigt uns ostentative Sicherheit, egal welche. Mein Vertrauen in die Männer ist insofern begrenzt, als dass ich zusätzlich einen möglichen Fluchtweg auskundschaften wollte. Es gibt keinen. Die Hotelräume sind nur per Lift zugänglich. Im Ernstfall sitzen wir in unseren Zimmern fest.

Das Gebäude, in dem das Safi liegt, ist eigentlich eines der neuen, modernen Einkaufszentren von Kabul. Handyläden, Schuhgeschäfte und ein Laden mit Musik-CDs sind in den unteren Stockwerken untergebracht. Über eine Treppe kommt man ins Untergeschoss, wo sich ein Café für die Jugend befindet, die sich bereits im Westen wähnt. Es ist einer der wenigen Orte, wo man in Kabul einen Cappuccino bestellen kann und auch einen solchen erhält. Fortschritt in der Tasse, während 99,9 Prozent der Menschen im Land Teetrinker sind. Auf dem Fernseher über den Tischen läuft – wie könnte es anders sein – das Programm von Tolo TV.

Kurz vor Mitternacht fahren wir zu unserem Treffpunkt, wo die Polizeieinheit bereits auf uns wartet. Die Männer scheinen Profis zu sein. Sie erzählen mir, sie hätten Informationen erhalten, dass sich ein Drogenhändler in einem Vorort bei seiner Familie verstecke. Nachts sei die beste Gelegenheit, ihn festzunehmen. Sie sprechen relativ gut Englisch, denn die afghanische Antidrogen-Einheit ist von den Amerikanern beinahe zu 100 Prozent nach westlichem Vorbild aufgebaut worden. Die Männer sind stolz darauf, dass sie von US-Spezialkräften trainiert wurden. Normalerweise werden afghanische Polizisten von deutschen Ausbildern in einer Akademie am Stadtrand trainiert.

Die Ausbildung der afghanischen Polizeikräfte ist die erste und wichtigste Aufgabe der Deutschen in Afghanistan, hiermit demonstrieren sie ihre Solidarität mit den Amerikanern. Nach Vorstellung der Deutschen dauert eine Ausbildung zum Offizier mindestens drei Jahre. Keinen Tag länger, aber auch keinen Tag weniger – eine Mentalität, die den Afghanen fremd ist. Wenn wir in der Polizeiakademie für Reportagen filmten, herrschte trotzdem stets Goldgräberstimmung. Überall wurde uns vermittelt: Wir schaffen das. Es kann nichts schiefgehen. Alles ist im Griff und niemand kann Afghanistan besser wiederaufbauen als Männer, die selbst über Geld, Geduld und Wissen verfügen. Dieses

Selbstverständnis begleitet alle ISAF-Einheiten, ganz gleich von welcher Nation.

Wir fahren hinter den Fahrzeugen der Antidrogen-Einheit in Richtung eines Vorortes, wo es keinen Strom gibt. Die Straßenbeleuchtung ist ausgefallen, wie es auch in einem Großteil von Kabul der Fall ist. Alles liegt in Dunkelheit. Der Wagen vor uns stoppt abrupt auf einer erdigen Böschung, die Polizisten steigen mit gezückter Pistole aus und weisen meinen Kameramann und mich durch ein Handzeichen an, vorerst nicht zu nahe zu kommen. Vor uns liegen vereinzelte Häuser, die von einfachen Mauern umschlossen sind. Ein starker Wind treibt Staub und Sand in unsere Richtung. Der Mond steht hoch am Himmel.

Plötzlich geht alles ganz schnell, der Zugriff beginnt. Mit gezückten Waffen stoßen die Polizisten die Tür in der Mauer vor einem der Häuser auf und eilen gebückt durch einen weiträumigen Innenhof, in dem der Gesuchte vermutet wird. Das Display meines Handys, das ich in der Hand halte, leuchtet auf. Eine Nachricht. „Hotel wird angegriffen", schreibt Dani. Die Polizeieinheit pirscht weiter vor und nähert sich dem hinteren Teil des Innenhofs. Einer tritt eine Wohnungstür auf und schreit Warnungen für die Bewohner. Drinnen bleibt zunächst alles ruhig, dann fangen Kinder an zu brüllen, und eine Frau stößt Angstschreie aus. Dani schickt mir eine weitere Nachricht. „Das Hotel wird attackiert, ich bin in meinem Zimmer." Ich schreibe ihm zurück: „Bleib wo du bist. Weißt du schon Näheres?" Er erwidert sofort: „Unten wird geschossen. Überall Gewehrfeuer."

Inzwischen haben die Polizisten die gesamte Familie des Drogenhändlers in einem Raum versammelt. Die Frauen ziehen sich Kopftücher um die Haare und drücken sich in eine Ecke. Soweit ich es verstehen kann, scheint sie der Polizist zu verhören, während die anderen Spezialkräfte – Pistolen im Anschlag – die Wohnung durchsuchen. Doch der Gesuchte ist nirgendwo aufzufinden.

Dani schreibt, er würde sich in seiner Dusche verstecken. Ich rate ihm, so schnell wie möglich das Hotel zu verlassen. „Kannst du durchs Fenster raus?", frage ich ihn. Er antwortet nicht. Nachdem der Chef der Polizeieinheit das Verhör erfolglos beendet hat, sage ich ihm, es gäbe einen Überfall auf das Safi, ob die Polizei auf dem Wege sei? Er kontaktiert die Zentrale. Die wissen von nichts. Dani meldet sich erneut und schreibt, es werde weiter geschossen. Er könne es genau hören. Wir beschließen daraufhin, den Dreh abzubrechen, da der Drogenhändler ohnehin geflohen zu sein scheint. Bevor wir aufbrechen, rede ich noch mal auf die Polizisten ein, sie sollten sofort eine Einheit zum Hotel Safi schicken.

Wir wollen so schnell wie nur möglich Richtung Hotel. Keine Polizeisirenen ertönen. Die Stadt ruht, als könne niemand den Schlaf stören. Ich versuche, alle Vorstellungen in meinem Kopf wegzuschieben. Die Idee, Dani könnte was geschehen sein. Den Horror, wir hätten den Fehler gemacht, ihn allein im Hotel zu lassen. Die Angst, die er ausstehen muss, wo es doch keinen Fluchtweg aus dem Safi gibt. Das Handy blinkt. Nachricht von Dani: „Alles OK", schreibt er. „War doch nichts." Als wir das Hotel erreichen, wachen die Usbeken am Eingang auf und staunen, warum wir noch so spät unterwegs sind. Sie lassen es sich nicht nehmen, sorgfältig unser Gepäck zu durchsuchen, bevor sie uns ins Gebäude lassen. Wir nehmen den Lift in die oberen Stöcke. Die langen Gänge sind leer.

Ein leichenblasser Dani macht sofort die Zimmertur auf. Er erzählt uns, er wäre durch Schüsse aufgewacht, oder zumindest hätte er gedacht, es wären Schüsse. Es knallte in einem fort. Dani rief daraufhin in der Rezeption im Erdgeschoss an. Niemand meldete sich. Er wollte das Zimmer sicherheitshalber nicht verlassen, weil der knallende Lärm weiterhin zu hören war. Er dachte an einen Taliban-Angriff und dass die Terroristen bereits in seinem Stockwerk wären. Er versuchte, durch das Fenster hinauszusteigen, aber es war zu eng, daher versteckte er sich in der Dusche.

Erst nach einer Weile merkte er, dass der Wind durch das Hotel fegte – er hatte das Schlagen von Türen für Schüsse gehalten. „Es klang genauso“, sagt er. Ich kann es ihm nicht verübeln.

Später liege ich lange wach in meinem Zimmer, beruhigt, dass der mutmaßliche Angriff nur ein falscher Alarm war. Inzwischen wurden so einige Anschläge in Kabul verübt. Das Innenministerium wurde attackiert, Armeeangehörige am helllichten Tag angegriffen. Aber das sind vereinzelte Ereignisse. Nichts, worüber sich die Menschen in Kabul allzu viele Gedanken machen. Die Stelle eines Anschlags wird abgesperrt, die Toten zugedeckt und weggebracht, Blutflecken auf dem Asphalt werden rasch entfernt. Am Tag scheint die afghanische Hauptstadt den Vorfall bereits vergessen zu haben und kehrt zu ihrem hektischen Alltag zurück. *Allahu rahim*. Gott ist barmherzig, sagen sich die Bewohnerinnen und Bewohner der Stadt.

Es ist ein Vormittag des Lichts. Es bricht sich an der Bergwelt, die sich wie eine Mauer nördlich der Stadt erhebt. Wieder einmal fühle ich mich in Kabul eingeschlossen. Diesen Gedanken kann niemand in der afghanischen Hauptstadt so schnell vertreiben, weil jeder weiß, dass man hier witterungsbedingt monatelang von der Außenwelt abgeschlossen sein kann. Am Ende des Monats Oktober, wenn die Temperaturen fallen, kommt daher Bewegung in die Stadt. Scharen von Nomaden, genannt Kutschi, ziehen nach Kabul oder in andere Städte, um zu überwintern. Kutschi-Frauen gelten im Vergleich zu Paschtunen-Frauen als weniger traditionell und kleiden sich gern in lebhafte Farben. Sie verstecken sich nicht, sie sind sichtbar – etwa, wenn sie helfen, die Zelte an den Ausläufern der Seidenschlucht aufzubauen. Lang gestreckte, tief hängende Zelte aus Stoffen, manchmal aus Tierleder. Die Kutschi leben bescheiden von dem Viehbestand, den sie mit sich führen.

Noch aber ist die Sonne kräftig, und unser Wagen fährt in Richtung Hindukusch, wobei wir die Stadt nicht verlassen wollen, sondern in den nördlichen Distrikt Pul e Charkhi unterwegs sind. Dort haben wir einen Interviewtermin. Ein neuer Übersetzer, den ich nun angeheuert habe, weil Qais einen fixen Job bei Al Jazeera an Land gezogen hat, stellt den Kontakt zu einem ehemaligen Häftling aus Guantanamo namens Sabar Lal Melma her.

Lal Melma ist Chef eines einflussreichen Paschtunen-Clans. Er wurde 2001 von einer US-Spezialeinheit in Ostafghanistan gekidnappt, weil er verdächtigt wurde, Bin Laden und Al-Qaida-Mitglieder aus Afghanistan nach Pakistan geschmuggelt zu haben. Er wurde zuerst nach Bagram, nördlich von Kabul gebracht, wo die USA einen Teil des vormals sowjetischen Luftstützpunkts als Durchlaufstation für Verdächtige benutzen und eine eigene Militärbasis unterhalten. Das Gebiet gilt als absolute Sperrzone für Reporterinnen und Reporter. Menschenrechte sind dort ausgesetzt. Von Bagram aus werden Häftlinge wie Lal Melma nach Guantanamo gebracht und dort jahrelang ohne Prozess festgehalten.

In Guantanamo sitzen zu diesem Zeitpunkt Hunderte angebliche Terroristen, darunter zahlreiche Afghanen. Die Anstalt gehört zu Amerikas Krieg gegen den Terror und soll dazu beitragen, weitere Anschläge zu verhindern. Wer und wie darüber entscheidet, ob jemand ein Terrorverdächtiger ist, können Außenstehende nicht beurteilen. Die USA hüllen sich in Schweigen, und die Frage ihrer nationalen Sicherheit macht alles andere zweitrangig.

Lal Melma wurde laut einer Menschenrechtsgruppe in Guantanamo mit Schlafentzug gefoltert, bis ihn die Amerikaner schließlich dorthin zurückbrachten, wo sie ihn aufgegriffen hatten – nach Ostafghanistan.

Einen Clanchef, der in Guantanamo festgehalten wurde, bekommt man nicht alle Tage vor die Kamera. Daher stimme ich sofort zu, als der Übersetzer mir den Vorschlag unterbreitet. Ich habe zu diesem Zeitpunkt bereits einige Erfahrung mit Radikalen gesammelt, wobei jede Situation ihren eigenen Regeln folgt. Auch an diesem Morgen ist schwer vorauszusehen, was uns erwarten wird. Meistens werden bei solchen Interviews zunächst Mittelsmänner dazwischengeschoben und die geheimen Treffpunkte erst im letzten Moment bekannt gegeben. Manchmal werden Termine und Orte mehrmals verändert, oder das Treffen wird einfach ohne Begründung abgesagt. Misstrauen zwischen dem Widerstand, ob Taliban oder andere Gruppen, und uns Reportern ist keine Seltenheit.

Keine dieser Schreckensvorstellungen treffen dieses Mal ein. Alles scheint problemlos seinen Gang zu nehmen. Es fragt nicht einmal jemand nach, wer genau ich bin und welchen Hintergrund ich habe. Es gibt lediglich die telefonische Anweisung an meinen Übersetzer, er solle uns in eine Seitenstraße hinter der Haftanstalt Pul e Charkhi bringen. Dort würde eine Kontaktperson auf uns warten. Wir nähern uns der Adresse.

Ich habe mir für das Interview vorgenommen, herauszufinden, ob Lal Melma weiterhin die Taliban unterstützt. Angeblich haben sich inzwischen ehemalige Guantanamo-Inhaftierte direkt den Taliban oder Al-Qaida angeschlossen. Der Aufenthalt in Guantanamo hat also in manchen Fällen das genaue Gegenteil des eigentlich intendierten Zweckes bewirkt: Statt radikalisierte Terroristen aus dem Verkehr zu ziehen, bekommen diese noch zusätzlichen Zulauf.

Wir sind am Treffpunkt angekommen. Wie aus dem Nichts taucht ein Mann auf und weist unseren Fahrer an, den Wagen in einem uneinsichtigen Hinterhof zu parken. Das kann eine Vorsichtsmaßnahme unserer Gastgeber sein, damit niemand merkt wer bei ihm ein und aus geht. Wir ziehen, gemäß der afghanischen Tradition, unsere Schuhe vor der Eingangstür aus und stellen sie dort ab, um etwaige Teppiche nicht zu beschmutzen. Afghanische Häuser verfügen über einen Raum gleich am Eingang, wo normalerweise Gäste empfangen werden, während in den hinteren

Teilen die privaten Zimmer liegen – Küche, Aufenthaltsraum und Schlafzimmer.

Der erste Raum, den wir betreten, ist ungewöhnlich niedrig und dunkel. Auf einer Seite sitzen einige Männer in traditioneller Paschtunenkleidung im Halbkreis, die Augen gesenkt, Schnellfeuergewehre und andere Waffen liegen auf dem Boden neben ihnen. Im hinteren Teil führen zwei Bärtige gerade das Gebetsritual durch. Wir werden weder beachtet noch angesprochen und stehen etwas verloren in der Tür, bis uns einer der Jüngeren schließlich auffordert, auf dem Boden neben ihm Platz zu nehmen. Danach wird Tee serviert. Eine typisch afghanische Geste, mit der man normalerweise willkommen geheißen wird, doch die Stimmung bleibt kalt. Ich versuche durch die verschmutzten Fensterscheiben nach außen zu schauen. Draußen ist niemand zu sehen, keine Passanten, kein Autoverkehr. Wir sind abseits von allem.

Nachdem wir einen ersten Schluck getrunken haben, beginnt der jüngere bärtige Mann Fragen zu stellen, wer wir denn eigentlich seien und was unsere wahren Absichten in Afghanistan wären. Oft kann ich in solchen Situation Argwohn abbauen, indem ich einige der Fragen offen beantworte – doch bei diesem Gesprächspartner beiße ich auf Granit. Er bohrt weiter: „Warum seid ihr hier?“ Ich muss aufpassen, was ich sage. Ich merke, wie mein Adrenalinspiegel steigt, will es mir aber nicht anmerken lassen. Die Stimme des Mannes klingt hart und präzise. „Der Westen behauptet, die Afghanen retten zu wollen. Aber in Wirklichkeit geschieht genau das Gegenteil. Ihr bringt unsere Leute um“, fährt er mich an. Er redet sich in Rage und wiederholt sich immer wieder. „Was habt ihr überhaupt hier zu suchen?“, wettert er.

Die Lawine von Anklagen macht mich zunehmend unsicherer, denn ich weiß nicht, worauf das alles hinausläuft. Was machen wir, wenn die Lage eskaliert? Unmerklich blicke ich in Richtung meines Teams – Kameramann, Assistent, Übersetzer. Ihre Gesichter verraten mir, dass sie sich ebenso fragen, wo wir da bloß hineingeraten sind. Ich habe immer mehr das Gefühl, dass wir hier in eine Falle getappt sind, aus der wir uns nicht ohne Weiteres wieder befreien können. Die Gruppe könnte uns einfach mit vorgehaltenen Waffen als Geiseln nehmen, wir sind vollkommen hilflos.

Schließlich legt der zornige Mann seine beiden Hände um das Teeglas und führt es zum Mund. Wie aus dem Nichts taucht ein kleiner Junge auf. Er lacht und drängt sich an seinen Vater, dessen Miene sich verändert. Ich ergreife die Gelegenheit, einige Fragen unterzubringen, und bemerke erst jetzt, dass mein bisheriger Gesprächspartner gar nicht Sabar Lal Melma ist, sondern dessen Sohn. Lal Melma, ein alter Mann mit einem schwarz gefärbten langen Bart, saß die ganze Zeit über regungslos im Halbkreis. Nun beginnt er aber zu erzählen.

Ich weise den Kameramann an, zu drehen. Lal Melma macht nicht nur die Amerikaner, sondern den gesamten Westen verantwortlich für sein Schicksal. Während er redet, kann man eine unterdrückte Wut in seiner Stimme wahrnehmen. „Woher nehmen sich die Amerikaner das Recht, uns so zu behandeln?“, fragt er mich. Die anderen Männer sitzen weiter regungslos im Halbkreis, während Lal Melma Antworten von mir fordert. Sich auf ein Gespräch einzulassen scheint mir sinnlos. Ein falsches Wort meinerseits, und alles kann schnell außer Kontrolle geraten, denn Lal Melma redet sich – wie vorher sein Sohn – schnell in Rage. Ich sitze wie auf einem Nadelbett in dem Raum und schaue diesen wütenden Mann an. Dabei höre ich kaum noch, was Lal Melma sagt, sondern gehe in meinem Kopf mögliche Fluchtstrategien durch. Sollten wir vortäuschen, einen anderen wichtigen Termin zu haben? Oder behaupten, jemand würde uns erwarten und Alarm schlagen, wenn wir uns nicht zu einer bestimmten Zeit melden? Geistesabwesend stelle ich eine weitere Frage, Lal Melma antwortet einsilbig, und ich nutze die Gelegenheit, um einfach aufzustehen, mich für seine Zeit zu bedanken und das Interview zu beenden.

Solange die Anwesenden nicht zu ihren Waffen greifen, haben wir noch eine Chance, denke ich und weise mein Team an, die Ausrüstung einzupacken. Währenddessen versuche ich Lal Melmas Sohn abzulenken, indem ich ihn frage, wie denn der Kleine heiße. Ich zermartere mir den Kopf nach weiteren Fragen, um Zeit zu gewinnen. Das Team steht nun mitten in Raum und wartet auf das Zeichen zum Aufbruch von mir. Die betenden Männer sind verschwunden. Niemand im Raum gibt einen Laut von sich, nur der Junge steigt auf seinem Vater herum und lacht alle an, eingeschlossen mich. Ohne mich zu verabschieden, gehe ich zur Tür und bedeute dem Team, mir zu folgen. Ich bin felsenfest davon überzeugt, dass sie uns nicht rauslassen werden. Die Tür geht auf. Sie schließt sich. Noch als wir draußen unsere Schuhe wieder anziehen, bilde ich mir ein, eine Stimme zu hören, die uns zurückbeordert. „Sie bleiben hier! Bewegen sie sich nicht von der Stelle." Aber keiner ruft uns nach. Niemand hält uns auf.

Der Fahrer tritt das Gaspedal bis unten durch, sobald wir alle im Wagen Platz genommen haben. Ich verliere die Fassung und brülle den Übersetzer an. „Wieso hast Du dich nicht besser über diese Typen informiert? Das hätte schiefgehen können!" Er brüllt zurück, dass ich doch so begeistert gewesen wäre von einem ehemaligen Häftling aus Guantanamo, und den hätte er organisiert. Nicht sein Versagen, sondern meines.

Schweigend fahren wir ohne Umweg zurück ins Hotel Safi. Im Lift geht mir die Frage nicht aus dem Kopf, wie lange wir in diesem Gebäude ohne Fluchtweg noch sicher sind? Wann eskaliert die Situation in dieser Stadt? Wie viele Taliban wie Lal Melma bewegen sich noch in Kabul? Wie bringen seine Gotteskrieger ihre Waffen an den strengen Kontrollposten vorbei, wo die von den Deutschen ausgebildeten Polizisten Dienst schieben, neben allen anderen Wächtern wie den Usbeken unten am Eingang? Da es nur einige wenige Zufahrtsstraßen in den Kabuler Kessel gibt, kann es keine Kunst sein, die Stadt abzusichern. Aber nein, Lal

ISAF-Soldat in der Chicken Street in Kabul.

Melma besucht die Hauptstadt mit seinen Männern, Waffen im Kofferraum, ohne dass ihn jemand daran hindern kann.[48]

Wann immer es zu Anschlägen in Kabul kommt – wie Ende Oktober gegen das Informationsministerium – werden die Spuren schnellstmöglich beseitigt. Das vermeintliche Gefühl von Sicherheit in Kabul soll durch nichts gestört werden. Die Hauptstadt ist das Vorzeigeprojekt des Westens, und in den Presseaussendungen der ISAF wird unermüdlich und beinahe täglich der Fortschritt angepriesen: Eine weitere Klinik wird eröffnet. Australische und amerikanische Soldaten helfen bei der Minenräumung. Gefühlt geht alles in die richtige Richtung. Ein ISAF-Pressesprecher erklärt: „Die Aufständischen werden nicht gewinnen. Die Bevölkerung von Afghanistan hat der Welt gesagt, sie hat kein Interesse an der Rückkehr der Taliban oder eines anderen extremen Regimes. Daher haben die Afghanen die internationale Gemeinschaft […] willkommen geheißen, um sie in ihrem Kampf für eine bessere Zukunft zu unterstützen."[49] Beruhigende Worte wirken Wunder.

DER WENDEPUNKT

10. Kapitel

Herat / Farah, 2009

In Afghanistan häufen sich die Luftschläge der ausländischen Truppen. Im Mai bombardiert die US-Luftwaffe ein Dorf im Westen von Afghanistan, wobei es laut Berichten von Hilfsorganisationen zu zahlreichen Toten unter der Dorfbevölkerung kommt. Einige Monate später, im September 2009, greifen US-Kampfflugzeuge in der Nordregion bei Kundus zwei von den Taliban entführte Tankwagen an. Zahlreiche Menschen sterben. Der Luftschlag war von einem deutschen Kommandanten angefordert worden.

Im Hinterland, wo niemand zusieht

„Von da an ist alles flache Wüste, mit der Ausnahme von vereinzelten Oasen, die sich scharfkantig erheben, um von den Augen regelrecht verschlungen zu werden, die hungrig sind von so viel Leere."

(Nancy Dupree)[50]

Im Halbschlaf höre ich ein leises Klingeln meines Handys. Wie spät ist es? Schon Zeit zum Aufstehen? Ich muss wieder eingedöst sein, denn nach einigen Minuten geht das Klingeln erneut los, und erst da merke ich, es ist nicht der Wecker, sondern ein Anruf. Unser Mitarbeiter Alex aus Kabul ist dran. Es ist zwei Uhr morgens. „O mein Gott, bin ich froh, dich zu erreichen!", ruft Alex mir aufgeregt zu. „Was ist los?", erwidere ich. „Alles ok? Ich dachte, ihr seid entführt worden." Alex schafft es auf seine liebenswerte Art, egal zu welcher Stunde, einen Wortschwall loszulassen. „Ich habe einen Anruf vom deutschen Pressesprecher erhalten. Er wollte wissen, wo dein Kameramann und du sind. Ich sagte, ihr wärt nach Herat geflogen. Er meinte, ein Fernsehteam sei in Herat entführt worden. Das war vor einer Stunde, seither versuche ich euch zu erreichen. Er hat mir außerdem gesagt, sie wüssten aus geheimen Quellen, dass Herat für Ausländer momentan gefährlich sei."

Unwillkürlich sehe ich mich um. Das Hotelzimmer, in dem ich mich befinde, ist nicht mehr als eine Koje, mit einem Bett drinnen. Eine Glastür führt zum Korridor, abgedunkelt mit einem Vorhang. Die Koje daneben ist die genauso spartanisch ausgestattete Schlafstätte meines Kameramanns Jean Jacques. Wir sind in den letzten freien Zimmern des Hotels untergekommen. Der Rest ist mit Geschäftsleuten – darunter viele Iraner, wie in der westafghanischen Stadt Herat üblich – belegt. Sie übernachten in Deluxe-Suites, unsere kärglichen Räume sind dagegen die Standard-Variante.

Kein Laut ist zu hören. Wir sind in einem Seitentrakt untergebracht. „Alles ok", sage ich ins Telefon. Alex ist beruhigt will noch wissen, wann wir nach Farah fahren. „In einigen Stunden, antworte ich ihm. Nach dem Gespräch gehe ich ins Nebenzimmer, wecke Jean Jacques mit einem Klopfen an der Glastür auf. Er meldet sich sofort. „Ein Fernsehteam wurde entführt." Jean Jacques versucht mich zu beruhigen und schlägt vor, sich wieder hinzulegen, aber ich kann in meiner Koje nicht mehr einschlafen. Zum Glück bin ich mit dem stoischen, unaufgeregten Jean Jacques unterwegs, der nicht aus der Ruhe zu bringen ist. Daher keine überhasteten Vorsichtsmaßnahmen. Ein lokaler Fahrer und ein Journalist sind bei Tagesanbruch ins Hotel bestellt, um uns in ein entlegenes Dorf zu bringen. Keine besondere Ausrüstung ist vorgesehen, um nicht aufzufallen. Gegen vier Uhr morgens ertönt die Stimme des Muezzins, um die Gläubigen zum Gebet zu rufen, aber Herat regt sich kaum. Irgendwann schlafe ich erschöpft ein.

Es ist Anfang Mai 2009. Einige Tage vor dem nächtlichen Anruf war ein kleines Dorf namens Gerani von den Amerikanern aus der Luft angegriffen worden. Es liegt – so viel wissen wir – einige Autostunden von Herat, wo wir uns nun befinden, in einer entlegenen Provinz, genannt Farah, wo internationale NGOs so gut wie nicht aktiv sind. In Farah lebt nur knapp eine halbe Million größtenteils mittelloser Menschen, ein Ort, der normalerweise nicht in den Schlagzeilen steht. Ein weißer Fleck auf der Landkarte. Nicht einmal die Militärs kümmern sich um die Region, denn die italienischen NATO-Einheiten in Herat haben ihre Patrouillen außerhalb der Stadt eingestellt.[51] Hinterland, vergessen von allen.

US-Kampfflugzeuge haben Gerani nur wenige Tage vor unserer Reise nach Herat nicht nur einmal, sondern gleich viermal hintereinander aus der Luft mit Präzisionsraketen bombardiert.

Bei diesen Angriffen wurden mutmaßlich zwischen 80 und 100 Zivilisten getötet, wobei ein Regierungssprecher in Kabul hinzufügte, es würde sich bei den Toten größtenteils um Kinder handeln. Nicht zum ersten Mal bei Zwischenfällen in afghanischen Provinzen stellt die amerikanische Luftwaffe die Ereignisse anders dar. Ihr Ziel wären die Hunderten Taliban gewesen, die sich in Dorfnähe versammelt hätten. Diese Milizen hätten zuvor Angriffe gegen die afghanische Armee durchgeführt. Daher wäre Unterstützung sowohl von US-Marines als auch von Kampfflugzeugen notwendig geworden. Falls Zivilisten umgekommen sein sollten, bedauert das ein amerikanischer Pressesprecher. Er gibt das Versprechen ab, eine Untersuchung einzuleiten.

Diese unterschiedlichen Darstellungen der Ereignisse sind keine Ausnahme. Wann immer außerhalb der Städte Luftangriffe stattfinden, widersprechen sich die Versionen massiv. Meistens werden Informationen über Militäraktionen in entlegenen Provinzen von westlichen Militärs erst gar nicht veröffentlicht, außer es lässt sich wie in Farah nicht vermeiden. Aus irgendeinem Grund gelangte dieser Angriff in den Fokus der Öffentlichkeit. Erst danach trat der US-Pressesprecher in Aktion, der den Taliban die alleinige Verantwortung zuschreibt. Die Überprüfung des Vorfalls, wie die Amerikaner nun versprochen haben, steht auf einem ganz anderen Blatt. Für die Untersuchung stützen sich die Amerikaner auf ausgewertete Luftbilder, die von Aufklärungsflugzeugen aufgenommen werden. Auf solchen Luftaufnahmen sind zerstörte Häuser zu dieser Zeit zwar erkennbar, Tote und Verletzte hingegen nicht. Dazu sind die Bilder zu verschwommen und unpräzise.

Die zunehmenden Angriffe aus der Luft sind auch darauf zurückzuführen, dass die Amerikaner nach Anschlägen durch Sprengfallen am Straßenrand ihre Patrouillen zu Land immer stärker einschränken. Luftschläge sind insofern eine bessere Kriegsmethode, als man die eigenen Leute nicht in Gefahr bringt.

Dorfbewohner trauern an einem Massengrab von Opfern der US-Luftangriffe in Gerani am 5. Mai 2009.

Das ist, was man einen modernen, sauberen Krieg nennt. Zuerst fand der Krieg gegen den Terror lediglich gegen übrig gebliebene Taliban in Ostafghanistan statt. Inzwischen wird der Luftkrieg im ganzen Land geführt, und die Zahl der zivilen Toten, die bis 2009, als der Vorfall in Gerani stattfindet, ohnehin bereits in die Tausende geht, erhöht sich weiter.

Als Folge der Luftschläge radikalisieren sich viele Menschen, und auch die Taliban bleiben nicht untätig. Erboste Bauern schicken ihre Söhne zu ihnen, einige von ihnen legen Bomben oder werden zu Selbstmordattentätern. Das ist nicht verwunderlich, denn die meisten Taliban sind selbst Söhne der Landbevölkerung, stammen aus ländlichen Dörfern und haben dort noch Familie. Im Falle von Gefahren haben sie so einen sicheren Rückzugsort, wo Taliban zudem von der Zivilbevölkerung nur schwer zu unterscheiden sind. Ohne ihr Erkennungszeichen – die schwarzen Turbane – sehen sie aus wie durchschnittliche afghanische Bauernsöhne.

Der Kreislauf der Gewalt wird zu diesem Zeitpunkt immer brutaler. Gerani ist ein Symbol für das, was im Afghanistan-Krieg schiefläuft – und für das, was eigentlich nicht an die Öffentlichkeit dringen soll. Ein Militärschlag gegen ein Dorf ohne jede strategische Bedeutung, effektiv ein Krieg gegen die Landbevölkerung. Sobald dies alles bekannt wurde, entbrennt ein Sturm der Entrüstung, dem sich der afghanische Präsident Hamid Karzai anschließt. In Karzais Augen wird sein Volk Opfer falscher Kriegsszenarien.

Der afghanische Präsident wird vom Westen allerdings schon länger wegen Korruptionsvorwürfen angegangen – seiner Wut wird deshalb wenig Bedeutung beigemessen.[52]

Die vielen zivilen Opfer im Afghanistan-Krieg werfen außerdem die Frage von Kompensationszahlungen auf. Die meisten Afghaninnen und Afghanen besitzen keinerlei Absicherungen, und das Ableben eines Versorgers hat weitreichende Folgen. Frauen stehen plötzlich ohne Einkommen da, Kinder werden zu Waisen. Die USA zahlen bei sogenannten Kollateralschäden umgerechnet etwa 1800 Euro für einen Todesfall in der Familie und einige Hundert im Fall von Verletzungen. Zudem hat die afghanische Regierung ein ähnliches Programm eingerichtet, um eine Verarmung der Überlebenden abzufedern – zumindest existiert dies alles auf dem Papier. Leider sind alleinstehende Witwen mit einer Kinderschar nach den endlosen Kriegsjahren keine Seltenheit mehr.

Der Handywecker läutet, Zeit zum Aufstehen. Jean Jacques und ich, beide völlig unausgeschlafen, müssen in der menschenleeren Lobby nicht lange auf unseren Fahrer und den lokalen Reporter warten. Der Journalist war mir von einem Kollegen in Kabul empfohlen worden, weil er die Provinz Farah gut kennt und sich in gefährlichen Situationen zurechtfindet. Der Eindruck von

Professionalität hatte sich bei einem kurzen Telefonat bestätigt. Dann treffen unsere Gefährten ein. Der afghanische Reporter hat, um so unauffällig wie nur möglich zu sein, eines der gelben lokalen Taxis angemietet. Er setzt sich vorne neben den Fahrer, ein ruhiger Mann um die vierzig. Mein Kameramann und ich nehmen auf dem Rücksitz Platz. Dann fahren wir durch die Straßen von Herat, während sich im Osten die Sonne erhebt.

Das prachtvolle Herat mit seiner Zitadelle, seinen Moscheen, seinem Basar und seinen braungelben Häusern erstrahlt förmlich im Morgenlicht. Da die Stadt nur wenige Kilometer von der iranischen Grenze entfernt ist, hat es in seiner Geschichte sowohl von der afghanischen als auch von der persischen Kultur profitiert. Durch gute Handelsverbindungen zum Iran hat die Stadt einigen Wohlstand. Über die Jahrhunderte wurde die Stadt mehrmals von Eroberern dem Erdboden gleichgemacht, nur um später in neuem Glanze aufzuerstehen.

Wir lassen die Vororte hinter uns. Wie so oft, wenn ich außerhalb der Städte unterwegs bin, habe ich nun ein Kopftuch um. Das Wageninnere ist eng und kalt. Die Provinz besteht hauptsächlich aus Wüste, die nachts abkühlt. Wir durchqueren ein Dorf nach dem anderen, wobei weit und breit keine militärischen Aktivitäten zu bemerken sind. Die Stunden vergehen, die Landschaft wird karger. Jean Jacques und ich dösen dahin. Der nächtliche Anruf aus Kabul geht mir dabei nicht aus dem Kopf. Der Pressesprecher der deutschen Armee hatte sowohl meinem Bekannten Alex als auch uns den Schlaf geraubt. Eine Warnung mitten in der Nacht verunsichert.

Die Aufgaben von Pressesprechern in Afghanistan bestehen hauptsächlich darin, die westliche Öffentlichkeit informiert zu halten. In Kriegen wird diese Informationsverbreitung – nicht allein vom Westen – meistens aber für die eigenen Zwecke benutzt, um nicht zu sagen missbraucht. Fakten werden so dargestellt, dass sie der eigenen Agenda nutzen. Die Erklärungen der USA zu Farah sind also keine Ausnahme. Selbst die undurchsichtigsten Ereignisse in Afghanistan werden in griffige Formeln verpackt, um Zweifel über die Sinnhaftigkeit des Einsatzes zu zerstreuen. Unzählige Presseoffiziere und Pressesprecher sind in Afghanistan mit dieser Mission Tag und Nacht betraut, um die westliche Öffentlichkeit mit einem Dauerregen an Meldungen und Videos zu überfluten. Neben allem anderen darf vor allem der anderen Seite, in diesem Fall den Taliban, keine Stimme gegeben werden.

In diesem Informationskrieg ist der Westen mit all seinen Ressourcen im Vorteil. Er verfügt über die entsprechende Technik und dazu über das sogenannte *Embeddment* von Reportern. Diese Methode wurde 2003 im Irak eingeführt. Die Armee erlaubt seither auf allen Kriegsschauplätzen, dass Reporterinnen und Reporter in ihren Quartieren übernachten dürfen. Damit soll das Gefühl gefördert werden, ganz nah am Geschehen zu sein. Rund um die Uhr sind die Journalisten von Presseoffizieren umgeben und werden beschäftigt gehalten. Die wenige Male, die ich in der deutschen Armee *embedded* – wörtlich übersetzt „eingebunden" – war, verbrachte ich einen Großteil der Zeit untätig in der Kantine und wurde selbst dort von Presseoffizieren dauerhaft beäugt. Alles wird penibel überwacht. Ausfahrten werden genau organisiert. Wohlgesinnte Reporter werden nicht nur in den Lagern wie bevorzugte Gäste gebettet, sondern erhalten in den Maschinen die besten Plätze, man steckt ihnen exklusive Berichte zu – das System funktioniert bestens. Die Wirklichkeit der Presseoffiziere ist inzwischen die Wirklichkeit Afghanistans. Manipulation ist die Regel. Um den geänderten Umständen gerecht zu werden, müssen Worte ihre Bedeutung wechseln. Auch in Deutschland wird aus einer „Stabilisierungsmission" über Nacht ein „Kampfeinsatz". Aus dem Aufbau einer Demokratie ein reiner Kampf gegen Al-Qaida.[53] Jean Jacques und ich sind aber ohne die deutsche oder eine sonstige Armee unterwegs. Wir schlafen in keinem Militärcamp. Wir haben nicht um Schutz angefragt. Daher nervt mich die nächtliche Warnung des Pressesprechers umso mehr.

Das Gähnen auf den Hintersitzen des Taxis nimmt kein Ende. Am Ende eines steinigen Wegs taucht das Dorf Gerani endlich vor uns auf. Der einheimische Reporter hat Gerani einige Tage zuvor bereits besucht und deutet an, wir sollten nicht zu lange hier verweilen – man könnte davon ausgehen, dass noch Taliban in der Region patrouillierten. Das Dorf vor unseren Augen ist vollkommen zerstört. Weit und breit steht kein Stein mehr auf dem anderen, Trümmer bedecken die Wege. Aus dem Augenwinkel sehe ich, wie unser Fahrer etwas entfernt vom Dorf seinen Wagen wendet, um für eine plötzliche Flucht bereit zu sein. Eine Vorsichtsmaßnahme in Kriegsgebieten.

Es gibt kein Lebenszeichen weit und breit. Kein Geräusch, nur trockene Erde um uns herum. Der Westen von Afghanistan, Heimat des wichtigen Helmand-Flusses mit seinem Ursprung im schneereichen Hindukusch, ist zunehmend einer Dürre ausgesetzt. Probleme wie Landflucht und Verarmung folgen.

Wie aus dem Nichts taucht zwischen den Trümmern ein ärmlich gekleideter Mann mit einigen Kindern auf. Bei den anschließenden Interviews erzählt mir der Afghane – nach eigener Aussage ein Bauer –, er und die Kinder hätten sich während der Angriffe in einem Nebendorf aufgehalten, und viele ihrer Verwandten seien hier umgekommen. Die Luftangriffe wären nachts durchgeführt worden, alles wäre ganz schnell gegangen. Die Einschläge der Sprengkörper seien deutlich hörbar gewesen, aber niemand hätte sich getraut, die eigenen Häuser zu verlassen. „*Amrikieen*", sagt er, während er zum Himmel zeigt – und meint damit die amerikanischen Verursacher der Zerstörung.

Der Mann sieht sich geistesabwesend um, als würde er jemanden suchen. In den Trümmern entdecke ich Sandalen voller Staub. Die Kinder werfen in einer Ecke handgroße Steinbrocken auf der Suche nach Gegenständen zur Seite. Nach islamischem Brauch müssen Tote innerhalb von 24 Stunden begraben werden, und ich frage den Mann, wo denn der Friedhof sei. Er erwidert, man hätte die Toten bereits in einem benachbarten Dorf bestattet, aber sie seien zurückgekommen, um zu sehen, ob es noch irgendetwas zu retten gäbe. Die überlebenden Bewohnerinnen und Bewohner von Gerani hätten aus Angst vor erneuten Angriffen in anderen Dörfern Unterschlupf gesucht. Mehr hatte der Mann nicht zu sagen, und ich zweifle daran, ob er den größeren Kontext versteht, ob er weiß, welchen Krieg der Westen führt. Die Szene ist desolat. Der Ort ohne jeden sichtbaren Reichtum, den es sich noch zu retten lohnt. Wir versuchen herauszufinden, ob sich in den Trümmern eventuell Waffen finden ließen, was den Angriff hätte erklären können. Wir finden nichts, und auch der Einheimische sagt uns, es hätten keinerlei Kämpfe stattgefunden.

Ich schaue auf die Uhr. Der Tag ist angebrochen, und der Reporter drängt langsam zum Aufbruch. Jean Jacques will noch schnell einige Aufnahmen von einer höheren Position schießen, während der lokale Journalist und ich in Richtung unseres Taxis gehen. Ich frage ihn, ob die Leute hier aufseiten der Taliban stünden – er könne es nicht mit Sicherheit sagen, aber vermutet es. Wir gehen weiter. „Wie ist die Lage in Herat?", will ich wissen. Die Stadt hätte einen starken Gouverneur, erwidert er. Er würde die Taliban nicht in die Stadt lassen, die Leute wären zufrieden. Sie seien mehrheitlich Tadschiken, daher ohnehin nicht pro-Taliban. Herat gilt im Vergleich mit anderen Städten in Afghanistan nicht unbedingt als friedlicher, sondern jeden Monat gibt es Meldungen über Angriffe auf ISAF-Truppen, was die Italiener veranlasst, keine Patrouillen mehr fahren zu lassen. Kriegsalltag hat nichts mit ständigen Gefechten zu tun. Am Montag kann alles ruhig sein, und am Dienstag ist die Hölle los.

Während der Journalist redet, drehe ich mich nach Jean Jacques um, aber es laufen nur die Kinder hinter uns her. Er geht ruhig weiter, und gerade als unser Taxi in Sichtweite kommt, höre ich hinter mir ein Motorgeräusch. Ein Geländewagen voller Turban tragender Gestalten kommt direkt neben uns zum Stillstand. Ein Taliban mit einem umgehängten Gewehr steigt aus und nähert sich. Ein kurzes Gespräch zwischen unserem lokalen Journalisten und dem Mann folgt. In dem Augenblick kommt mir die Idee, ob vielleicht eine Visitenkarte des arabischen Nachrichtensenders Al Jazeera helfen würde, die ich in meiner Tasche mittrage – eigentlich hatte sie mir ein Kollege des Senders mit dem Hinweis gegeben, wenn ich was brauchte, solle ich ihn anrufen. Al Jazeera verfügt über exzellente Kontakte zu den Taliban und hat einen vertrauensvollen Zugang zu ihnen, der westlichen Reportern oft versperrt ist. Ich strecke dem Taliban die Visitenkarte mit dem markanten Logo des Senders hin. Zugleich redet unser journalistischer Übersetzer mit ruhiger Stimme mit dem Mann. Ich blicke ins Innere des Geländewagens, aus dem mehrere bewaffnete Männer uns mustern. Sie machen keinerlei Anstalten auszusteigen. Das Auto und die Kleidung des Talib neben uns – ein Riese mit einem gut geschnittenen, langen Hemd und sorgfältig gebundenem Turban – deuten darauf hin, dass es sich nicht um Dorfbewohner handelt. Entweder die Gruppe wurde über unseren Besuch informiert, oder sie hat uns ganz zufällig entdeckt. Jean Jacques macht mir Sorgen. Wo bleibt er? Wir warten nur noch auf ihn, um loszufahren. Er ist nicht zu sehen. Ich mache mir Sorgen, dass der Talib misstrauisch werden könnte, je länger wir uns mit ihm unterhalten. Al Jazeera, sage ich, und der Kämpfer dreht mehrmals die Visitenkarte in seinen Händen, bis er sie mir zurückreicht. Die Kinder rennen herbei. Hinter ihnen taucht endlich Jean Jacques gewohnt ruhigen Schrittes auf, und wir packen gemeinsam die Kameraausrüstung in den Wagen. Danach setzen wir uns in das Taxi, der Journalist macht es uns nach, und der Fahrer erhält Anweisung loszufahren. Die Blicke der Taliban bohren sich förmlich in unsere Rücken, und ich frage mich, ob sie uns folgen werden. Als die Abzweigung auf die Hauptstraße vor uns auftaucht, halte ich die Ungewissheit nicht mehr aus und drehe mich nach hinten um. Der Geländewagen ist uns nicht gefolgt.

Die Präsenz der Taliban in dem trostlosen Farah ist alles andere als ein Zufall, denn die arme und strukturschwache Region ist für sie der ideale Rekrutierungsgrund. Im Oktober 2009 gibt das Militär eine Untersuchung über die Zusammensetzung des afghanischen Widerstands in Auftrag. Ein Geheimdienstoffizier, an der Abfassung des Berichts beteiligt, kommt zu der nüchternen Feststellung, nur ein Zehntel aller Taliban seien echte Gesinnungstäter. Der Rest ist armutsgetrieben.[54]

Auf dem nicht enden wollenden Rückweg nach Herat sprechen wir über die gefährliche Situation von vorhin. Mir ist klar, dass wir großes Glück hatten. Einer meiner Studienkollegen, ebenfalls ein Journalist, wurde in den Bergen vor der pakistanischen Grenze 2008 von den Taliban aufgegriffen und mehrere Monate in einem engen Raum festgehalten, bevor er gegen Lösegeld befreit wurde. Während wir gerade noch so davongekommen sind, wird ein US-Journalist vor einer anderen afghanischen Stadt von einer Taliban-Gruppe gekidnappt. Er kann Monate später entwischen. Die Frage, ob man in Afghanistan kein Risiko eingeht, sobald man sich wie wir im Land bewegt, ist daher berechtigt. Andererseits ist es die einzige Möglichkeit, die Zustände hier nach fast einem Jahrzehnt westlicher Besatzung ohne Pressesprecher mit ihren ständigen Jubelmeldungen zu erfahren und dann beschreiben zu können. Der kurze Tag allein zeigt uns, anstatt das Los der Landbevölkerung zu verbessern, legt sie vielerorts – wie in Farah – ganze Dörfer in Schutt und Asche.

Die verzauberte Landschaft zieht an uns vorbei – Afghanistan, ein unglückliches, malerisches Land. Was hier vor sich geht, kann einem nur leidtun. Möglich, dass es mich besonders berührt, weil ich noch das Paradies am Hindukusch im Hinterkopf trage, das ich früher hier zumindest in groben Formen sah. Heute gleicht es eher einer unberechenbaren Hölle. Nicht nur die Luftschläge der Amerikaner verwüsten das Land, am Straßenrand lauern auch Minen oder Sprengfallen, die von den Taliban dort deponiert wurden.

Gegen Nachmittag tauchen die Umrisse des Hotels in Herat wieder vor uns aus. Wir setzen uns ins abgedunkelte Restaurant und bestellen etwas zu essen. Das Frühstück war wegen der frühen Abfahrt ausgefallen. Uns allen knurrt der Magen. Bald türmen sich vor uns Teller mit Hühnchen, Salat, Brot und Reis. Wir greifen zu. Draußen rollt der Verkehr vorbei. Am Abend stellen wir die Reportage über den Luftschlag fertig. Die Abreise aus Herat ist für den kommenden Vormittag geplant.

Zurück in Kabul, recherchiere ich der Warnung des deutschen Pressesprechers hinterher. Es stellt sich heraus, kein TV-Team war in Herat gekidnappt worden. Die Angaben waren entweder falsch oder schlichtweg erfunden – vermutlich, um uns davon abzuhalten, nach Gerani zu fahren. Die Politik, negative Nachrichten zu verhindern oder zumindest auszuklammern, beschränkt sich nicht auf die Laune eines einzelnen Offiziers. Sie hat in Afghanistan System. Der schmutzige Krieg im Hinterland wird in leicht verdaubare Mitteilungen verpackt, obwohl er das Scheitern dieses Krieges illustriert. Negative Nachrichten sollen ausgeblendet werden: „Der Druck, positive Nachrichten zu produzieren", meint ein amerikanischer Berater, „untergräbt die Leistung unseres Programms, indem sie jede Art aufrichtiger Beurteilung untergräbt, die nötig wäre, um Probleme zu lösen."[55]

Selbst in Kabul beginnt einiges schiefzulaufen. Je näher der Krieg an die Hauptstadt herankommt, desto mehr werden im Westen glühende Anhänger der Afghanistan-Mission mobilisiert, um den verbalen Verteidigungswall zu stärken. Politiker betonen die angeblichen Erfolge in Afghanistan, trotz der steigenden

Taliban-Aktivitäten. Jeglicher Zweifel an der Mission soll zerstreut werden. Die Staaten mit den modernsten Armeen der Welt versperren nicht nur ihre Augen und Ohren vor Kritik, sondern haben Mittel und Wege gefunden, den Krieg zu gewinnen, auch wenn sie ihn verlieren. Warum nicht den unangenehmen Karzai als korrupt darstellen, wenn er es wagt, die Luftschläge anzuprangern? Warum nicht Reportern vor Kidnappern Angst machen, wenn sie glauben, sie könnten ihren Kopf durchsetzen? Warum nicht Umfragen der afghanischen Bevölkerung frisieren, wenn diese zu negativ ausfallen? Die Taliban schreiben dagegen im Jahr 2009 eine Erfolgsgeschichte, denn wer sollte den Krieg gewinnen: eine Supermacht mit den modernsten Kriegswerkzeugen, Teflon-Schusswesten und Nachtsichtgeräten, oder schlechtbesohlte Taliban in verstaubten Geländewagen?[56]

11. Kapitel

Kandahar, 2009

Bei der Explosion einer Autobombe in Kabul kommen mindestens zwölf Menschen ums Leben, und über 80 weitere werden verletzt. In der Zeit seit 2001 haben die westlichen Verbündeten in Afghanistan über 500 Soldaten verloren, darunter sieben Deutsche.[57]

Die vielen Leben von Kandahar

„Kandahar wurde gebaut, um jeden zu beeindrucken, der dort ankommt.“
(Nancy Dupree)[58]

Der Gouverneur der Provinz Kandahar ist groß gewachsen und mächtig, eine beeindruckende Gestalt, kein Dummkopf. Ein gut ausgebildeter Mann – Doktor der Agrarwissenschaft. Er sitzt hinter seinem überlangen Schreibtisch, sein Blick wandert unwillkürlich hinaus auf die Befestigungen um das Gebäude. Mehrere Metalldetektoren, Stacheldraht, Wächter bis an die Zähne bewaffnet überall – selbst vor der Tür zu seinem Büro hatten uns noch zwei Sicherheitskräfte aufgehalten und erneut unsere Ausweise kontrolliert. Auch die Ausrüstung wurde immer wieder gecheckt.

Nun sitze ich Toryalai Weesa gegenüber. Der Gouverneur beantwortet meine Fragen und wird dabei zunehmend aggressiver. Hat er seine Direktheit – ungewöhnlich für Afghanen– von den Amerikanern gelernt? Er ist beinahe einer von ihnen, sagen die Menschen in Kandahar. Ohne sie kann er rein gar nichts entscheiden, geschweige denn einen Dollar ausgeben. Draußen drehen die Wächter langsam ihre Runden in seinem Kandahar, der gefährlichsten Stadt von Afghanistan. Es ist Oktober 2009, und ich bin in der Talibanhochburg, um Reportagen abzudrehen – unter schwersten Bedingungen. Hier gibt es kein Hotel, das den Namen verdient. Die Sicherheitslage ist wechselhaft. Kandahar ist niemals eine Vorzeigestadt gewesen, dazu ist sie zu tief mit der Geschichte der Gotteskrieger verknüpft. Aber gerade vor diesem Hintergrund betreiben die Amerikaner am Kandahar-Flughafen eines ihrer größten Militärcamps im Land.

Toryalai Weesa ist schon der fünfte Gouverneur seit dem Fall der Taliban 2001. Vor ihm saßen andere an seiner Stelle, denen man Drogenhandel vorhielt. Jeden seiner Vorgänger wollten die Taliban umbringen – und auch er muss ständig um sein Leben bangen. Autobomben und Selbstmordattentäter stellen eine ständige Gefahr für ihn dar. Im Unterschied zu einigen seiner korrupten Amtskollegen ist Weesa sauber – ein Mann, der in langen Jahren des Exils zahlreiche Universitätsdiplome angesammelt hat. Die Besatzungsmacht zeigt sich davon wenig beeindruckt. Die Vertreter der staatlichen US-Organisation USAID, zuständig für Investitionen in Afghanistan – der größte Geldgeber überhaupt –, laden Weesa regelmäßig auf die Militärbasis vor.

Während der Treffen in dem Camp am Flughafen, wo freundlich grüßende Soldaten abends Hamburger und Bier in der Kantine verspeisen und sich dann mit amerikanischen Filmen die Zeit vertreiben, entscheidet nicht Weesa, sondern die USA über die Verteilung von Geldern für den Wiederaufbau.

Die USAID schreibt seit jeher einen einfachen Verteilungsschlüssel vor: Die Mehrheit der Hilfe muss amerikanischen Firmen zugutekommen. Andere Geberländer sind genauso penibel. Die Deutschen wollen lieber Siemens in Afghanistan einen Auftrag geben als sonst jemandem, und auch die Franzosen bevorzugen ihre eigenen Firmen. So kann man die Hilfeleistung politisch besser verkaufen: die Gelder sind nicht nur eine Investition in Afghanistan, sondern auch in die eigene Industrie.

Auch wenn es um die Umsetzung neuer Ideen geht, geht der Westen nach dieser Bevorzugungslogik vor. In der Provinz Kandahar gibt es ein Beispiel hierfür, das jeder Einheimische kennt: das Monster-Projekt zur Wiederherstellung der durch Kriege zerstörten Bewässerungsanlagen und des Staudamms am Fluss Arghandab. Der Staudamm wurde Mitte des 20. Jahrhunderts von Amerikanern gebaut und gilt als Lebensader der bäuerlichen Bevölkerung in der Provinz. Seine Mauern drohen zu bersten – es sind dringende Reparaturen nötig. Eine kanadische

Firma bekam schon 2008 den Zuschlag für die Instandsetzung, ein besonders lukrativer Auftrag im Wert von etwa 45 Millionen Euro allein in der ersten Phase. Bei der Durchführung dieser Projekte spielt die Meinung der betroffenen Bevölkerung keine Rolle. Die Afghanen drängen darauf, dass der Staudamm zuerst instandgesetzt wird. Die Kanadier arbeiten hingegen initial nur an den Bewässerungskanälen und auch hier läuft nicht alles nach Plan. Die reparierten Kanäle haben bald wieder Lecks und sind damit wie davor für den Anbau unbrauchbar. Bei der Instandsetzung wurde also offensichtlich gespart, hingegen fließen in die Sicherheit der kanadischen Teams umgerechnet fast 10 Millionen Euro, die noch dazu undurchsichtigen Firmen wie einer afghanischen Sicherheitsgruppe zugutekommen.[59] Alles vorbei an den Menschen in Afghanistan, an ihren Bedürfnissen, und auch vorbei am Gouverneur, dessen eigenes Überleben jedoch von den fremdem Mächten abhängt.

Als ich den Gouverneur interviewe, haben die Taliban bereits mehrere Attentate erfolglos gegen ihn durchgeführt. Weesa sitzt wie auf einem Nadelbrett, ist Reportern gegenüber ungeduldig. Ich frage ihn über die Probleme einer Abgeordneten, die mir erzählt hatte, man würde ihr keine Leibwächter zuweisen. Der Gouverneur explodiert, nennt die Frau eine Lügnerin, denn sie würde ihre eigenen Brüder als Leibwächter benutzen und so das gezahlte Geld in die eigene Tasche stecken. Schlussendlich beruhigt er sich und stellt mir die Lage in Kandahar so rosig vor, als würde er einen Schweizer Kurort beschreiben. Man sei trotz aller Schwierigkeiten auf dem richtigen Weg, behauptet er. Draußen zieht eine ganze Armee von Leibwächtern des Gouverneurs ihre Runden.

Eine grelle, warme Oktobersonne, wie sie nur in Südafghanistan möglich ist, erwartet uns nach dem Verlassen des Gebäudes. Unser Wagen, ein Taxi mit einem verlässlichen örtlichen Fahrer, wartet außerhalb des engsten Sicherheitskreises um den Gouverneurssitz, und wir fahren los. Wir haben nicht einmal das Außentor des Geländes erreicht, da klingelt das Handy meines Übersetzers, und die Abgeordnete ist dran. Sie klagt, der Gouverneur hätte sie wütend angerufen, warum sie ausländischen Journalistinnen Lügen erzählen würde. Nun ist die Frau ihrerseits zornig auf mich. Sie erzählt mir auch eine vollkommen andere Version der Geschichte: Ja, sie hätte die Bodyguards des Gouverneurs abgelehnt, man könnte diesen Männern nicht trauen. Die Taliban hätten überall Informanten in Stellung gebracht. Ihre Brüder wären ihr einzig möglicher Schutz – außer der eigenen Familie sei in Kandahar niemand mehr vertrauenswürdig. Ich höre auf dem Nebensitz, wie die Frau schreit, bis es ihr beinahe die Stimme verschlägt.

In Kandahar liegen die Nerven blank. Acht dunkle Jahre haben die Bewohnerinnen und Bewohner hinter sich gebracht, und die Lage scheint sich nicht zu bessern. An den Stadträndern erpressen infiltrierende Taliban Geschäftsleute. Halbfertige Projekte wie der Staudamm werden von westlichen Firmen hinterlassen, weil sie sich aufgrund der Sicherheitslage zurückziehen. Projekte, die bei der Bonner Konferenz noch als zukünftiges Nirvana angepriesen wurden, existieren nur auf dem Papier – und das fast ein Jahrzehnt, nachdem sich die westliche Welt zusammen mit der afghanischen Elite traf. Großprojekte wecken enorme Hoffnungen bei der Bevölkerung. Die Bauern im Arghanbad-Tal warten auf die Wiederherstellung der Wasserversorgung, bestellen Saatgut und Düngemittel – doch die westlichen Firmen stellen die Reparaturen über Jahre nicht fertig. Auch heimischen Firmen, wie die von einem Pokerspieler neu gegründete Bank, geht es nicht besser. Gerüchte machen die Runde, dass das Geldinstitut – inzwischen eines der größten des Landes – vor dem Zusammenbruch steht. Viele der einkommensschwachen

Menschen in Afghanistan haben dort zum ersten Mal in ihrem Leben ein Konto aufgemacht. Voller Stolz, nun modern zu sein. Was mit ihnen geschehen wird, wenn der Pokerspieler sich absetzt, kann man sich gut vorstellen.[60]

In anderen Bereichen läuft es – wenig überraschend – besser. Der Ausbau der digitalen Infrastruktur scheint voranzugehen, Handys funktionieren in den Städten beispielsweise besser denn je. Auch Tolo TV wird weiter finanziert, expandiert und verbreitet seine Jubelbotschaften. Der Sender hat ein Reiseprogramm mit touristischen Einschlägen, finanziert von US-Geldern, wo die Schönheiten von Afghanistan gezeigt werden. Aber gibt es die paradiesische Seite von Afghanistan überhaupt noch? Das Land, das ich in den letzten Jahren bereist habe, ist kein anziehendes touristisches Ziel, sondern verkommt zunehmend.

Ich nehme mir also vor, der trügerischen Ruhe von Kandahar nicht zu trauen. Vom Auto aus erblicke ich in den geschäftigen Straßen eine enorme Anzahl von Koranschulen, wofür die Stadt berühmt ist. Dann fahren wir am Grabmal des ersten Königs Durrani vorbei, der Kandahar als seine Hauptstadt ausrief. Gleich daneben lagert laut einer Überlieferung der Mantel des Propheten Mohammed in einer silbernen Schatulle, die im Nebengebäude einer Moschee verborgen ist. Er wurde nur zwei Mal in seiner Geschichte den Kandaharis gezeigt, das erste Mal von einem der damaligen Könige, ein zweites Mal vom inzwischen umgekommenen Führer der Taliban Mohammed Omar am Beginn der ersten Herrschaftsperiode der Taliban in Afghanistan (1996-2001). Die Paschtunen haben das alles nie vergessen, sie sind das stolze Volk der Königsmacher, der Stamm der Stämme – und die Taliban haben ebenfalls ihren Ursprung in ihnen. Kabul hat keinen Propheten-Mantel, den es vorzeigen könnte.

Von der stolzen Geschichte sind nur noch Erinnerungen geblieben. Die Lage in der Gegenwart sieht ganz anders aus. Aus

Misstrauen und Rachegelüsten verdammen die Amerikaner die Paschtunen zu einem Bettlerdasein. Setzen ihnen ihre Militärs vor die Nase. Durchsuchen ihre Dörfer und dringen dabei in ihre Häuser ein, wo ihre Mädchen und Frauen in Hinterzimmern versteckt gehalten werden, die kein Fremder sehen soll. Bei den Razzien werden die US-Kräfte oft von tadschikischen Milizen unterstützt – ihre Erzfeinde walten auf dem Paschtunengebiet, wie es ihnen gefällt. Einige skrupellose Kommandanten erpressen die lokale Bevölkerung. Sie treiben eigene Steuern ein oder exekutieren wahllos Leute, sobald sie nur unter dem Verdacht stehen, den Taliban anzugehören. Amerikanische Sondereinheiten stehen ihnen kaum nach, denn einige von ihnen, festgenommene junge Paschtunen, verenden in den geheimen Haftanstalten des US-Militärs. Außerdem kämpften die Milizen vor den Augen der USA um Anteile von Opiumernten, während offiziell Drogen zerstört werden sollen.[61] Doppelzüngigkeit und Brutalität wird von ganz oben gedeckt, solange es unter den Begriff *Counterterrorism* fällt. Alles ist möglich, Gesetze sind ausgesetzt. Fälle von Menschenrechtsverletzungen wie willkürliche Hausdurchsuchungen bei Afghanen und Tötungen von Frauen und Kindern werden ohne jede richterliche Folge dokumentiert.[62]

Der veraltete Ehrenkodex der Paschtunen könnte vielleicht über Nacht abgeschafft werden, aber nur durch die üblichen Versammlungen, die *Jirgas*, und im Austausch für etwas, was sie brauchen. Die Paschtunen sind arm und benötigen dringend bessere Unterkünfte und eine verlässliche Stromversorgung. Doch die Amerikaner vermitteln ihnen: „Wir wissen es besser, wir sind eine Großmacht." Viele Paschtunen wollten König Zahir Schah aus dem Exil zurückholen und als Figur der Einheit willkommen heißen, doch die US-Vertreter hielten das für zu altmodisch. Solange Paschtunen bin Laden Unterschlupf gewähren, sehen die Amerikaner diese als ihre Feinde an. Um den Paschtunen in Kandahar zu zeigen, wer die Stadt kontrolliert, fahren in unregelmäßigen Abständen amerikanische Patrouillen vom Flughafen mitten durch die Stadt. Dabei scheren sie sich weder um Verkehrsregeln noch um die Bevölkerung, die buchstäblich mit gezückten Waffen eingeschüchtert wird. Ein beunruhigendes Schauspiel, selbst wenn man ein reines Gewissen hat. Sobald unser Fahrer eine Patrouille im Rückspiegel näher kommen sieht, lenkt er den Wagen zur Seite. Ohnehin ist es klüger, sich nicht in ihrer Gegenwart aufzuhalten, weil sie immer wieder zum Ziel von Angriffen, beispielsweise durch Sprengfallen, werden. Die Taliban sind keine Heiligen und üben blutige Rache im Namen der Paschtunen.

Die Provinz Kandahar ist zusammen mit der Nachbarprovinz Helmand zum Schauplatz eines Kleinkrieges geworden, der nie aufhört. Die Lage war immer schon unruhig, aber nun kriegen die Amerikaner das Chaos trotz gegenteiliger Beteuerungen nicht mehr in den Griff. Die Militärs erfinden dabei immerzu neue Erfolgsrezepte, wobei sie sich jüngst darauf fokussieren, *hearts and minds*, also Herzen und Köpfe der Afghanen für sich zu gewinnen. „Wenn die Menschen gegen uns sind", meint ein US-General, „können wir nicht erfolgreich sein. Wenn uns die Menschen als Besatzer und als Feinde sehen, [...] werden unsere Opfer dramatisch ansteigen."[63] Dies klingt, als wäre das Vertrauen der Afghanen leicht wiederzugewinnen, obwohl man es doch so nachhaltig verspielt hat. Der neue Plan soll diese Entwicklung umkehren, indem zusätzliche US-Soldaten nach Afghanistan beordert werden, um in den Dörfern Präsenz zu zeigen. So soll um das Vertrauen der Bevölkerung geworben werden, damit sie sich von den Taliban abwenden. In der bereits angespannten Lage bedeutet das, amerikanische Militärs müssen in die entlegenen Gebiete. Sie müssen Flagge zeigen und den Menschen das Gefühl geben, man sei nicht ihr Feind – wie die Taliban es darstellen –, sondern ihr Verbündeter.

Amerikanische Soldaten bei einer Patrouille am Fluss Arghandāb in der Provinz Kandahar.

Auch diese Strategie scheitert an ihren unrealistischen Ansprüchen, denn je mehr amerikanische Soldaten sichtbar in den Dörfern patrouillieren, desto aktiver gehen die Taliban gegen sie vor. Die Zahl der in Afghanistan gefallenen US-Soldaten steigt.[64]

Wir fahren durch das Zentrum der Stadt, um unser Gästehaus zu erreichen. Auch wenn ich keine Besatzerin bin oder zum Militär gehöre, ist es laut unserem Fahrer für Ausländer nicht angeraten, sich in den Straßen aufzuhalten. Die Bewohner haben genug von Fremden in ihrer Stadt. Wir kehren zwar in ein lokales Restaurant mit köstlich frischem Brot und Fleisch – vor den Augen der Gäste auf einem offenen Feuer gegrillt – ein, doch der Inhaber versteckt uns in einer Nische, damit uns niemand bemerkt. Das dient unserer Sicherheit, aber auch seinem Ruf, denn so gerät er nicht in den Verdacht, Ausländer verköstigt zu haben.

Dann fahren wir zu unserer Unterkunft, ein Zweifamilienhaus wie so viele andere in Kandahar. Am Eingang müssen wir einen Metalldetektor passieren. Von meinem spartanisch eingerichteten Zimmer aus blicke ich aus dem Fenster auf einen Garten, umgeben von einer drei Meter hohen Mauer, auf der Stacheldraht angebracht ist. Wir scheinen die einzigen Gäste zu sein. Am Abend gehen wir in den Speisesaal, wo ein kaltes Abendessen auf uns wartet. Der Raum gleicht einem Kloster, ohne jeden Schmuck, kein Geräusch ist zu vernehmen. Auf Samtpfoten schleichen zwei Bedienstete – ein Rezeptionist und ein Kellner – herum. Auf einer Decke steht eine einsame Thermosflasche mit Tee zur freien Entnahme.

Längere Aufenthalte in Afghanistans Gästehäusern, die in diesen Tagen zunehmend schwer gesichert sind, stellen eine Herausforderung für das eigene Gemüt dar. In den kargen Gasthäusern funktioniert das Internet zwar mittlerweile gut, aber wenn man sich nach Abwechslung wie einem Restaurantbesuch sehnt, sollte man sich das zweimal überlegen. Selbst sich die Füße vor der Tür zu vertreten kann gefährlich sein. Unsichtbar bleiben ist die Grundregel, die man als Fremder in Kandahar einhalten sollte. *Low key*, wie wir Reporter sagen, unter dem Radar der Öffentlichkeit. Dazu gehört auch, niemandem zu sagen, wie lange man bleibt. Die Versuchung, mit der Entführung einer Ausländerin oder eines Ausländers schnelles Geld zu machen, ist für manche Menschen in Afghanistan groß. Taliban arbeiten mit Verbrecherbanden zusammen. Allerdings ist die überwiegende Mehrheit der Afghanen gastfreundlich und keineswegs kriminell – im Gegenteil, auch sie sind der steigenden Kriminalität ausgesetzt. Nach dem Essen steht der Mond am Himmel. Das Bett ist hart.

Ganz anders geht es dort zu, wo Geschäftsleute, die in Afghanistan investieren wollen, untergebracht werden. Damit sie sich wie zu Hause fühlen, hat beispielsweise ein ehemaliger hoher

Funktionär im US-Verteidigungsministerium namens Paul Brinkley eine Reihe von Villen aufgekauft und für teures Geld umbauen lassen. Dafür erhielt er vom Ministerium ein jährliches Budget von umgerechnet 120 Millionen Euro. Flachbildschirme in jedem Zimmer und Marmorböden in den Bädern gehörten zur Standardausstattung. Der Chef einer US-Hotelkette, ein möglicher Investor, wurde nicht nur mit seiner Frau nobel in einer Villa beherbergt, sondern auch in einem Privatjet nach Bamyan geflogen, dort, wo früher die riesigen Buddhas standen. Auf dem Hochplateau um Bamyan war die Errichtung eines Luxushotels geplant.

Brinkley sollte außerdem investitionsfreudige amerikanische Banken anziehen. Diese sind besonders an den brachliegenden Minen in Afghanistan interessiert, deren Ausbeutung die Sowjets nach ihrem Abzug aufgegeben hatten. Amerikanische Geologen entdeckten den Minenreichtum und die Gasvorkommen in Afghanistan neu und prognostizierten eine hohe wirtschaftliche Lukrativität – sie schätzten den Wert der Bodenschätze auf ungefähr eine Billion Euro. Einige clevere Geschäftsleute witterten die Chance, sich eine goldene Nase zu verdienen. Brinkley gelang es beispielsweise, eine Millionen-Förderung für eine angeblich hochmoderne Gasförderstätte zu erhalten. Das Projekt scheiterte, und er wandte sich wieder der Investorenpflege zu. Ein Großteil der dafür aufgewendeten Gelder half weniger dem durchschnittlichen Afghanen als vielmehr korrupten afghanischen Geschäftsleuten und Politikern.[65] Brinkleys Maßlosigkeit brachte schließlich eine amerikanische Untersuchungskommission zutage, die feststellen sollte, wohin die Gelder geflossen waren. Das Ergebnis: die Korruption der Afghanen spielt zwar eine Rolle, aber auch westliche Kriegsprofiteure haben sich bereichert. Die US-Kommission gibt schließlich auf, weil sie den Rausch an Ausgaben in Afghanistan (und im Irak) – darunter auch die von Brinkley – trotz intensiver Nachforschungen nicht mehr nachvollziehen kann. „Die Kommission kann zum Beispiel einfach nicht mehr die Empfänger von rund 38,5 Milliarden Dollar nachweisen. Also wurden diesen mysteriösen Unternehmen der ambivalente Titel ‚sonstige ausländische Händler' gegeben."[66] Das Geld bleibt verschwunden. Brinkley zieht sich jedoch geschickt mit Hilfe seiner Anwälte aus der Affäre. Eines seiner Kernargumente illustriert eine Einstellung gegenüber Afghanistan, die einige seiner Landsleute teilen: Seinen Kunden könne nicht zugetraut werden, auf Pritschen in Militärbasen zu übernachten. Afghanische Behausungen würden ohnehin nicht in Frage kommen, weil sie, so Brinkley, seinen Geruchssinn belästigen würden.

Wegen des harten Bettes, dazu der Mond, der mir mangels Vorhängen wie eine erleuchtete Lampe ins Gesicht scheint, kann ich schwer einschlafen. Sicherheitshalber halb angezogen und meinen Rucksack in Griffnähe, liege ich da. Ich zähle die Nächte, bis wir aus Kandahar abreisen.

In den nächsten Tagen hat unser Übersetzer ein Telefonat mit dem Sprecher der Taliban organisiert. Ursprünglich hatte ich vor, einige Gotteskrieger in den Vororten von Kandahar zu treffen. Aufgrund der unsicheren Lage scheint es mir zu heikel, mich in ihre Hände zu begeben. Kollegen mit guten Kontakten zu den Taliban wurden auf dem Weg zu Interviews von anderen Gruppen abgefangen und gerieten in Geiselhaft.

Die Taliban sind eine gut organisierte Truppe. Sie nutzen das von den Amerikanern errichtete Handynetz in Städten für ihren Kampf. Um nicht geortet zu werden, wechseln sie ständig die SIM-Karten. Ein Interview per Telefon ist also durchaus möglich, aber nur mit einigen Sicherheitsauflagen. Kurz vor dem Gespräch rief ein Taliban an und gab dem Übersetzer zwei Nummern durch, die wir anrufen sollten. Bei einer von ihnen würde sich dann mein Gesprächspartner melden.

Ich setze mich auf das Bett in meinem Zimmer, den Übersetzer neben mir, er ruft an, stellt das Handy auf Lautsprecher. Bei einer der Nummern meldet sich ein Mann. Ich frage, wie die Taliban weiter vorgehen wollen. „Die Ausländer müssen abziehen", sagt die Stimme. Obwohl ich kein Paschtu verstehe, wird mir klar, dass am anderen Ende ein Oberlehrer sitzt. Seine Sätze sind kurz, seine Nachricht ist eingängig. Immer wieder fordert er den sofortigen Abzug aller fremden Truppen aus dem Land. Diese einfach zu verstehenden Forderungen sind klare Stärken der Taliban. Ihre simple Nachricht wird von allen Menschen verstanden – und im Subtext klingt immer mit, dass alles besser werden wird, wenn die Fremden weg sind. Die Taliban lassen sich nicht in die Karten schauen. Der Oberlehrer-Ton hat etwas Beruhigendes an sich. Gleichzeitig ist die Situation gespenstisch: Der Sprecher könnte im Nebenhaus sitzen, und wir würden es nicht merken. Vielleicht befindet er sich aber auch in Pakistan, dem Hinterland der Gotteskrieger, das man von Kandahar gut erreichen kann. Die Grenze liegt knapp 200 Kilometer entfernt.

Zusätzlich zu den Interviews mit Talibankämpfern interessiert mich in Kandahar noch eine Truppe von Polizistinnen, die als Vorzeigeeinheit gilt. Unser Übersetzer hatte erfolglos versucht, den Kontakt herzustellen, und so beschließen wir, zum Polizeihauptquartier zu fahren, um dort nachzuforschen. Wir hoffen, dass man uns dort Auskunft über die sieben heldenhaften Frauen geben kann, über die bereits einige Medienberichte erschienen sind. Selbst als eine der Frauen von den Taliban ermordet wurde, versprachen die anderen weiterzumachen.

Vor dem Hauptquartier sehe ich bereits Dutzende Menschen davor warten – überwiegend Frauen mit Schreiben in der Hand. Einige unter der Burka. Kinder rennen zwischen ihren Beinen hin und her. Als wir uns in Richtung des Gebäudes vorarbeiten, weichen die Leute vor uns zurück, als hätten wir eine schwer ansteckende Krankheit. Ich binde mein Kopftuch um. Doch davon lassen sie sich nicht beruhigen. Der Kameramann, der filmen will, nimmt die Kamera wieder von der Schulter. Ich sehe den Leuten ihre Angst an. Sie wollen uns nicht in ihrer Mitte haben, denn Ausländer ziehen Selbstmordattentäter an. Wir sind die Fremden, die Eindringlinge. Diejenigen, die Leid und Tod bringen. Sobald wir drinnen sind, schließen sich die Reihen erneut. Wir werden in den oberen Stock geführt, wo ein gestikulierender Polizeichef, vor Kurzem erst von Kabul nach Kandahar versetzt, gerade mit seinen Leibwächtern aus seinem Büro tritt. Auf den Mann wurde kürzlich ein Anschlag verübt, weshalb er nun auch Schutzpersonal benötigt.

Zahlreiche Bittsteller wenden sich an ihn als Vertreter des afghanischen Staatsapparats. Bürgerinnen und Bürger benötigen Atteste oder Urkunden, die sie auch bekommen – denn der Staatsapparat in Afghanistan mag undurchsichtig sein, doch oft funktioniert er. Es gibt jede Menge fähige Beamte, die vernünftige Entscheidungen treffen. Doch es gibt auch weniger fähige Staatsbedienstete in den Polizeistationen oder Ministerien. Vetternwirtschaft ist in Afghanistan immer noch weit verbreitet, genauso wie Korruption. Ministerien sind Versorgungsposten, die relativ schlecht bezahlt werden. Deshalb bessern sich Beamte ihre miserablen Gehälter mit *Bakschisch* – mit kleinen Scheinen – auf, die ihnen selbst die mittellosen Bittsteller zustecken, damit sie in der Reihe der Wartenden vorgelassen werden.

Der Polizeichef wird von allen Seiten bedrängt und versucht, die wichtigen Angelegenheiten zu priorisieren oder Termine für sie zu finden. Nicht die beste Situation, um ihn um ein Interview zu bitten – und er lehnt vorerst auch ab, denn er habe zu viel zu tun. Dieser Mann ist heute eine Autorität für die Bevölkerung von Kandahar, aber morgen kann es bereits anders sein. Kandahar befindet sich in einem permanenten Schwebezustand.

Wie wird es weitergehen – werden am Ende die *Amriki* oder die Taliban gewinnen? Das ist noch nicht abzusehen. Besser also, man verscherzt es sich mit keiner Seite und besinnt sich auf die Sitte des *Bitarafi*, legt sich also nicht fest. Was in Zukunft ist, weiß nur Allah.

Durch die geöffnete Tür zum Büro des Polizeichefs sehe ich seinen riesigen Schreibtisch mit einem Computer, der noch in Plastikfolie eingepackt ist. Rechner werden von westlichen Regierungen gespendet – sie sollen eine moderne Verwaltung ermöglichen. Die Begeisterung der Afghanen ist in dieser Frage beschränkt. Man besitzt ein eigenes Kommunikationssystem und dazu unzählige Bürohilfen, die Akten oder Dokumente von einem Schreibtisch gemächlich zum nächsten bringen. Eine zeitraubende Methode, doch diese Praxis schafft Arbeitsplätze und entspricht darüber hinaus der afghanischen Familienkultur. Denn meistens sind es die armen Verwandten des Polizeichefs oder des Ministers, die den sicheren Arbeitsplatz eines Aktenträgers und Teeservierers ausüben, der durch einen Computer gefährdet wäre. In den Augen vieler Afghanen nehmen die ausländischen Maschinen bedürftigen Menschen einen Job weg. Daher stehen die importierten Geräte oft nutzlos herum, bis sie irgendwann durch neue Geräte ausgetauscht werden, die dann auch wieder verstauben.

Der Verdrängungswettbewerb zwischen dem alten Afghanistan und dem, was der Westen ins Land bringt, ist in vollem Gange. Im Polizeihauptquartier in Kandahar sind die Einheimischen im Moment auf der Gewinnerspur. Der Konflikt zwischen Alt und Neu spiegelt sich im Gesicht des Polizeichefs. Einerseits betrachtet er fasziniert unsere Kamera und würde ein Interview vielleicht sogar spannend finden, andererseits warten Stammesführer, Bittsteller und Mütter, deren Söhne ohne Prozess im Gefängnis festsitzen, auf ihn. Schließlich erteilt er uns eine endgültige Absage.

Bevor der Polizeichef die Treppe hinuntereilt, verfolgt von einer Traube von Menschen, geht er zu einer Gruppe von Frauen in einer Ecke. Es stellt sich heraus, dass dort Polizistinnen arbeiten, allerdings im Innendienst. Keine traut sich hinaus in die gefährlichen Außenbezirke oder gar in die Dörfer, wo die Taliban auf sie aufmerksam werden könnten. Regierungsmitarbeiter oder Übersetzer der Amerikaner wurden gekidnappt oder umgebracht.

Die Frauen reden aufgeregt auf uns ein, wie anstrengend die Arbeit wäre und wie miserabel sie dafür bezahlt würden. Eine Polizistin oder ein Polizist in Afghanistan erhält, je nach Rang und Stelle, umgerechnet etwa 180 bis 200 Euro pro Monat. Der Polizeichef um die 800 Euro. Dafür führen sie ein Leben in permanenter unsichtbarer Anspannung. In den Augen der Taliban sind jene, die für die Regierung arbeiten, gleichbedeutend mit den Amerikanern – wenn sie also als Polizistinnen bekannt werden, sind sie zum Tode verurteilt. Im Gespräch stellt sich heraus, dass die von uns gesuchte legendäre Einheit mittlerweile aufgelöst ist. Niemand weiß, wo die Frauen sind. Ich lasse nicht locker, und schließlich bekommen wir die Nummer einer Verwandten einer Polizistin. Von der erfahren wir, sie sei noch im Dienst, aber inzwischen nach Kabul umgezogen. Mehrere Morddrohungen in Kandahar hatten sie zu diesem Schritt bewogen.

Bevor wir einen Flug zurück nach Kabul nehmen, bitte ich einen Kontakt in der Hauptstadt, diese Frau ausfindig zu machen. Wenige Tage später sitze ich ihr in einem Kaffee gegenüber. Sie erzählt mir, sie lebe gerade in Scheidung und wisse ohnehin nicht, wie es weitergehen soll. Sie hat zwei Kinder. Den Job einer Polizistin hatte sie angenommen, weil man ihr ein gutes Gehalt versprochen hatte. Dass sie sich damit auf eine Art Himmelfahrtskommando einließ, hatte ihr niemand gesagt. Die Taliban jagten sie regelrecht, und das Geld war weniger als versprochen.

Gruppenfoto der Polizistinnen in der Taliban-Hochburg Kandahar beim Abschluss ihrer Ausbildung.

Später bringt sie uns in die Kabuler Polizeieinheit, zu der sie versetzt wurde. Sie zieht aus der Schublade ihres Schreibtisches ein Foto, auf dem eine Gruppe von Frauen gegen eine schmucklose Wand lehnt, einige mit zurückgeworfenen Burkas, zwei bedeckt, mit Kalaschnikows in den Händen. Ihre Gesichter sind geschminkt wie für ein besonderes Ereignis. „Das war nach der Abschlussprüfung meines Lehrganges", erklärt sie. „Wir waren die Besten. Sie haben uns durch einen Hinterhalt gejagt, aber wir haben uns nicht einschüchtern lassen." Ich frage sie, wo diese Frauen nun wären. Sie weiß es nicht genau, weil sie den Kontakt zu ihnen verloren hat, doch vermutlich wären die meisten tot oder verletzt. Das Foto fasziniert mich so sehr, dass ich es mir ausleihe und in einem Kopierladen in der Nähe scannen lasse. Weibliche Rambos in Afghanistan. Furchtlos, wenn man sie nur lässt. Die Aufnahme liegt zwar einige Jahre zurück, aber sie weckt in der Polizistin Erinnerungen, und sie hört nicht auf zu reden. Sie ist angespannt. Unruhig. Am Ende des Drehs nimmt sie den Übersetzer zur Seite. Sie will Geld, teilt er mir danach mit. Die Frau will sich aus dem Land absetzen: Menschenschmuggler, über geheime Wege über den Iran in die Türkei. Geld, sagt sie, sei das Einzige, was einen am Leben erhalten würde. Ich hadere mit dem Gefühl, einer Polizeibeamtin Geld in die Hand zu drücken, denn in Deutschland ginge das glatt als Bestechung durch. Schließlich schiebe ich mein Gewissen beiseite und gebe dem Übersetzer 200 Dollar für sie. Er sagt, die Frau würde uns nur ausnutzen, um an Geld zu kommen. Er kenne die Afghaninnen und Afghanen. Aus anderen Gesprächen mit ihm weiß ich, auch er hat die Nase voll und möchte das Land verlassen. Wieder und wieder ruft die Polizistin an. „Ich brauche mehr Geld", fleht sie jedes Mal ins Telefon. Eines Tages hören die Anrufe auf.

12. Kapitel

Kabul, 2011

Im Mai 2011 wird der Al-Qaida-Chef Osama bin Laden in seinem pakistanischen Versteck in der Stadt Abbottabad von einer amerikanischen Spezialeinheit erschossen. Damit ist eines der wichtigsten Kriegsziele der USA in Afghanistan erreicht. 2011 befinden sich über 100 000 US-Soldaten im Land. Dazu kommen rund 90 000 Angestellte von privaten Militärdienstleistern. Sie werden bei der Ausbildung der Armee, bei der Logistik und bei Bauprojekten im ganzen Land eingesetzt.

Gier

„Wir machen Kapitalismus. Wir helfen Firmen, Geld zu verdienen."
(Geschäftsmann Paul Brinkley)[67]

„Hast du das gehört?", fragt mein Kameramann. „Ja", erwidere ich. „Lass uns hinfahren", meint er und steht auf. „Nein, nicht die richtige Zeit", sage ich. Wir lauschen kurz, ob es einen weiteren Knall gibt, aber es bleibt ruhig. Ich möchte lieber mein Mittagessen in Ruhe beenden, anstatt zu einem weiteren Schauplatz eines Anschlages zu fahren.

Wir befinden uns im Botschaftsviertel, der sogenannten *Green Zone*, wo das ISAF-Kommando sitzt. Das afghanische Innenministerium sowie Hotels werden angegriffen. All das ist nichts Neues mehr – solange es kein Anschlag mit zahlreichen Toten und Verletzten ist. Im Sommer 2011, der Zeitpunkt, an dem ich mit dem Kameramann in einem Kabuler Restaurant zu Mittag esse, sind Anschläge in Afghanistan längst Routine. Selbst als einige Monate davor, im Februar 2011, unser Stammhotel Safi von einem Selbstmordattentäter angegriffen wurde, war das Ereignis keine Schlagzeile wert. Im Jahr davor hatte es schon einen Angriff auf das Hotel mit 16 Toten gegeben. Seit diesen Vorfällen wissen wir selbst nicht mehr, wo wir unterkommen sollen. Gästehäuser, Hotels, alles kann zu einem Ziel werden.

Es ist heiß draußen, die Stadt geht im Staub unter. Der Verkehrslärm dringt in den Speisesaal, wo wir die einzigen Gäste sind. Das vorbereitete Büfett übertrifft bei Weitem unseren Hunger – vorbereitet für ausländische Gäste, die schon lange ausbleiben, weil sie Anschläge fürchten. Die einen gehen, die anderen kommen. Der Krieg in den Dörfern bringt Wellen von Flüchtlingsfamilien nach Kabul, aber die Stadt kann ihnen wenig bieten. Viele können hier überleben – mehr aber auch nicht. Eine Art Götterdämmerung liegt über der Stadt. Das Essen am Büfett war ohnehin nicht das beste, mein Kameramann Jean Jacques steht bereits auf; ich zögere noch.

Selbstmordattentäter werden in den Dörfern um Kabul präpariert, um Kabul schnell erreichen zu können, bevor der Morgenverkehr einsetzt und alles unkalkulierbar wird. Es gab schon Fälle, da steckten die Attentäter unerwartet im Verkehr fest und sprengten sich vor ihrem eigentlichen Ziel in die Luft, weil sie den Stress nicht mehr aushielten. Die Attentäter sind meistens blutjunge Männer, die über lange Zeit indoktriniert wurden. Es häufen sich Fälle, für die der Clan der Haqqani aus Ostafghanistan die Verantwortung beansprucht. Inzwischen sind bereits mehrere Generationen von Haqqani als Drahtzieher von Anschlägen und Unterstützer der Taliban aktiv. Einige Anschläge finden per Fernzündung statt, doch jüngst gab es viele Vorfälle, bei denen Motorradfahrer mit Sprenggürteln zu ihren Zielen geschickt wurden. Dazwischen werden immer wieder Überfalle mit gut trainierten Kommandos auf Ministerien und Hotels organisiert. Es gibt wohl niemanden mehr in Kabul, der mit diesen Anschlägen nicht bereits in Kontakt gekommen ist. Polizisten, Passanten und Schulgänger geraten zufällig in eine Explosion, werden dabei getötet oder verletzt. Es gibt viele Menschen, die Eltern, Geschwister oder Kinder verloren haben. Eine niemals endende Tragödie spielt sich in der Stadt ab.

Manchmal finden mehrere Anschläge gleichzeitig statt, beispielsweise einige Jahre zuvor auf ein Gästehaus mit UN-Mitarbeitern. Taliban überfielen das Haus und lieferten sich stundenlange Gefechte mit dem Sicherheitspersonal. An jenem Morgen befand ich mich im Hotel Serena. Plötzlich schlugen zwei Mörser im Garten des Hotels ein. Während ich im Frühstücksraum saß, barsten die Fensterscheiben in tausend Stücke. Dann ging das Gerücht um, ein weiteres Taliban-Kommando würde das Hotel stürmen – zum Glück ein falscher Alarm. In anderen Fällen funktioniert die perfide Taktik der Attentäter. Begeben sich Rettungsmannschaften nach einem Terrorangriff zum Tatort, folgt ein zweiter Anschlag, und die Helfer werden mit in den Tod gerissen. Ich habe gelernt, bei Gefahrenlagen zu versuchen, so schnell wie möglich das Gebäude zu verlassen. Das ist leichter gesagt als getan. Bei jeder Gewalt tritt zuerst eine Art Lähmung ein. Man bewegt sich nicht von der Stelle, selbst, wenn man in akuter Lebensgefahr schwebt. Nur Leute, die für solche Situationen trainiert sind, verhalten sich richtig, und selbst sie können nicht kontrollieren, was passiert. Der Mörser-Angriff auf das Serena fand 2008 statt. Inzwischen gibt es in den meisten Hotels, Gästehäusern und Ministerien sogenannte *Safe Rooms* in Kellern, in denen man Zuflucht suchen kann.

„Es war definitiv ein Anschlag, stellt Kameramann Jean Jacques nach dem Essen noch einmal fest. „Wo", frage ich, und er schaut auf sein Handy. Dschalalabad Road, erwidert er. Wir zahlen und gehen hinaus, wo es friedlich aussieht, soweit eine Stadt, die für eine Million Menschen gebaut wurde und inzwischen über vier Millionen beherbergt, überhaupt friedlich sein kann. Wir stecken im Verkehr fest und gehen den Rest des Weges zur Dschalalabad Road zu Fuß, vorbei an verängstigten Händlern, deren Stände entlang der Straße liegen. „Taliban!", ruft uns einer zu. Wir warten kurz ab, ob weitere Explosionen folgen. Nichts. Geschrei, Hupen, doch keine Detonation. Am Schauplatz des Anschlages stehen ISAF-Soldaten mit gezückten Waffen und sperren alles ab. Einer der afghanischen Augenzeugen erzählt uns, es wäre ein Selbstmordattentäter auf einem Motorrad

Verdächtige Taliban, festgehalten von amerikanischen Sondereinheiten.

gewesen, er hätte ihn genau gesehen. Im ersten Fahrzeug des Konvois hätte es Tote und Verletzte gegeben, aber man hätte sie sofort weggebracht. „Wohin?", frage ich. Er zeigt in Richtung des früheren Industrieparks von Kabul.

Seit einigen Jahren haben sich dort die privaten Militärdienstleister niedergelassen – Männer, die für die Armeen als Schutzpersonal, Wächter, Ausbilder, oder anderes beschäftigt sind. Ich schaue in die Richtung der Siedlung, kann aber auf den ersten Blick nichts Ungewöhnliches erkennen. Meterhohe Mauern, gesichert mit Stacheldraht, sind zu sehen. Die Wege durch die Siedlung sind seit Langem nicht mehr repariert worden. Versteckt in den Innenhöfen, parken gepanzerte Geländewagen, und auf den Freiflächen zwischen den flachen Gebäuden sind Container aufgestellt, die den Militärdienstleistern als Unterkunft dienen. Daneben gibt es Duschen, auf dem Gelände gibt es eine gute Internetanbindung, damit die

Männer arbeiten und mit ihren Angehörigen in Kontakt bleiben können. Sie brauchen keinen Luxus, solange sie genug Geld verdienen. Etwas auf die Seite legen können, um sich vielleicht ein eigenes Haus zu bauen oder eine Wohnung zu kaufen. Die meisten bleiben höchstens ein Jahr, bevor andere in die provisorischen Quartiere eingeflogen werden. Der Großteil sind Amerikaner um die 40, ausgemusterte Soldaten – aber hier werden auch Ukrainer, Birmesen und Menschen vieler anderer Nationalitäten angeheuert. Die Gehälter der Militärdienstleister und des Personals am Boden sind lukrativ. Solange ein einfacher Wachmann um die 8000 bis 15 000 Euro monatlich erhält, nehmen die meisten das vorübergehende Leben in einem Schlafcontainer an der Dschalalabad Road gerne in Kauf. Auch mit den ständigen Anschlägen auf ihr Leben scheinen sie sich abgefunden zu haben. Manchmal werden ihre Quartiere attackiert oder Handgranaten über die Mauern geworfen.

Die Taliban hassen die sogenannten *Private Contractors*. Sie halten sie für Kriegsprofiteure. Leute, die mit dem Unglück anderer Geld machen. Die Söldner nennen die Taliban verächtlich *Boys* – Jungs, die nichts zustande bringen. Beide Seiten bleiben einander nichts schuldig. Die Taliban sind sich ihrerseits nicht zu schade, sich von den *Contractors*, die oft für die Sicherheit von Armee-Konvois zuständig sind, bestechen zu lassen. So füllen sich die Taliban ihre Taschen, und die *Contractors* haben ihre Ruhe, wenn sie logistische Konvois von Pakistan nach Kabul begleiten. Dabei geht es jetzt nicht um einige Tausend Dollar, sondern um viel mehr.[68] Diese seltsame Symbiose hindert beide Seiten nicht daran, auf der Dschalalabad Road ihr tödliches Katz-und-Maus-Spiel weiterzuspielen.

Der Taliban-Motorradfahrer hatte es diesmal auf einen gemischten Konvoi von ISAF-Soldaten und privaten Militärdienstleistern abgesehen. Rauch steigt vor unseren Augen auf. Wir versuchen, in einem Graben neben der Straße weiterzukommen. „Stopp, bleiben Sie zurück“, brüllt ein Soldat uns an. Er und andere haben wie nach Anschlägen üblich den Schauplatz großräumig abgesperrt, die Toten und Verletzten weggebracht. Alles wird so schnell wie nur möglich weggeräumt, als wollte man das Bild einer erfolgreichen Mission nicht mit Bildern der Zerstörung zerstören. Am Schauplatz ist nur noch ein Krater und ein rauchender Geländewagen über die Absperrung hinweg zu entdecken. Überall drängen sich Schaulustige. Afghanen, die nicht vor Ort einen Blick riskieren, hören von ihren Verwandten und Nachbarn, was geschehen ist, und die Gerüchteküche arbeitet nach jedem Anschlag auf Hochtouren.

Der Bevölkerung entgeht nichts – die Menschen reflektieren selbstständig über die komplexen Zusammenhänge. Sie beobachten, wie immer mehr Soldaten in Afghanistan eintreffen – 2011 sind es um 100 000. Ungefähr dieselbe Zahl an privaten Dienstleistern muss noch dazugerechnet werden.[69] Der Aufbau von Schulen oder gar Wohnungen im aus allen Nähten platzenden Kabul geht trotzdem nur mühselig weiter, wenn überhaupt. Leere Reden und kaum sichtbare Fortschritte, sagen sich die Kabuler. Wenn es nicht ihr eigenes Land wäre, würden sie verzweifeln. So jedoch beten viele zu ihrem Gott und bitten darum, dass die Ausländer eines Tages besiegt werden und wie alle Invasoren aufgeben und abziehen. Dazu gehören jene, die von den Taliban profitieren und mit ihnen zusammenarbeiten – beispielsweise als Informanten. Der Westen hat sich zudem mit seiner Politik keine Freunde unter den armen Leuten gemacht, denn sie warten noch vergeblich auf das Wunder des versprochenen Wohlstands. Andere hoffen, die Amerikaner würden bis in alle Ewigkeit bleiben. „Wir lassen Afghanistan nicht im Stich“, sagt Bundeskanzlerin Merkel,[70] und manche Afghanen nehmen sie beim Wort. Hinter diesem Wunsch steckt eine gehörige Portion Eigeninteresse, denn an den Ausländern lässt sich gutes Geld verdienen. Tausende Übersetzer und andere Helfer werden gebraucht. Die meisten so engagierten Afghanen sparen sich Geld an, in der Hoffnung, eines Tages nicht nur für Amerikaner und Deutsche den Kopf hinzuhalten, wann immer sie gebraucht werden. Einige träumen sogar davon, selbst einmal Amerikaner oder Deutsche zu werden.

2011 ist das Jahr, in dem ein amerikanischer Präsident endlich der Welt die Nachricht vom Tod Osama bin Ladens in der pakistanischen Stadt Abbottabad bekannt geben kann. Die Jagd hatte länger als geplant gedauert – über ein Jahrzehnt hinweg entzog sich der Al-Quaida-Führer den amerikanischen Spezialeinheiten. Der erste schwarze Präsident Amerikas, Barack Obama, kann die Eliminierung bin Ladens als Erfolg auf seine Fahnen schreiben. Das wichtigste Kriegsziel der USA in Afghanistan war erreicht. Das klingt nach einer Kehrtwende. Weitere Ziele für das Land, wie Friede und Demokratie, sind ohnehin nicht in greifbarer Nähe – auch wenn Merkel und andere den Afghanen viel versprochen haben. Obama macht sich keine Illusionen, denn er ist mit dem Versprechen in den Wahlkampf gezogen, nicht nur die US-Truppen aus Afghanistan abzuziehen, sondern alle privaten Militärdienstleister gleich mit. Letztere stellen zunehmend ein Problem dar, weil sich Beschwerden über undurchsichtige Geschäfte und überhöhte Rechnungen an das Pentagon häufen. Aus dem versprochenen Abzug wird auch nach bin Ladens Tod vorerst nichts – im Gegenteil, die Truppenpräsenz in Afghanistan erreicht vielmehr einen neuen Höchststand. Der neue Zeithorizont für den Abzug wird für 2014 festgelegt, über das Thema der privaten Militärdienstleister wird – nach Obamas erfolgreicher Wiederwahl – der Mantel des Schweigens gehüllt.[71] Dazwischen sind die *Private Contractors* aus dem Afghanistan-Krieg nicht mehr wegzudenken. Sie spielen in diesem Konflikt eine größere Rolle als jemals zuvor.

Als der Afghanistan-Krieg 2001 begann, befanden sich die US-Streitkräfte in einem Zustand, der einen Kriegseinsatz unrealistisch erschienen ließ. Sie waren am Ende des Kalten Krieges kleingeschrumpft worden. Doch nach den Anschlägen des 11. Septembers sprangen US-Unternehmen ersatzmäßig vor allem für die nicht mehr existierende Logistik des US-Verteidigungsministeriums ein. Die Logistik-Firma Halliburton erhielt einen lukrativen Vertrag für die Versorgung der Kantinen der US-Armee, ein Milliardengeschäft. Andere wollten nicht nachstehen. Ehemalige Marines oder Soldaten aus Spezialeinheiten witterten ein gutes Geschäft, verließen sogar die Armee, um sich mit eigenen Firmen selbstständig zu machen. Diese Dynamik begünstigte für einige Individuen den sprunghaften Aufstieg auf der Karriereleiter. Ein Amerikaner, der sich einige Jahre davor in Zentralasien niedergelassen hatte, wurde zu einem der wichtigsten Kerosinlieferanten der US-Luftwaffe in Afghanistan und verdiente Hunderte Millionen.[72] Ein anderer namens Eric Prince besaß gute Kontakte in Washington und sicherte sich Verträge für die Kriegsschauplätze, wo seine Mannschaften im Sicherheitsbereich tätig wurden. Dazu kamen die US-Rüstungsunternehmen, für die Afghanistan und der Irak sich zu einem unerwarteten El Dorado entwickelten. Einnahmen in der unvorstellbaren Höhe von umgerechnet rund 800 Milliarden Euro fließen auf ihre Firmenkonten. Das entspricht etwa der Hälfte der gesamten mit diesen Konflikten assoziierten Ausgaben und übertrifft die Summe, die für den zivilen Aufbau ausgegeben wurde, um ein Vielfaches.[73] Dieselben Rüstungsfirmen, die an den Waffen verdienten, gründeten bald selbst ihre eigenen Sicherheitsfirmen und kassierten damit ein zweites Mal. Nicht allein auf Flughäfen, sondern in ganz Afghanistan übernahmen ihre Angestellten die Wartung von Waffen, die Ausbildung der afghanischen Armee und die bewaffnete Überwachung von Banken und Botschaften.

Die *Private Contractors* sind in Afghanistan omnipräsent. Meistens tragen sie uniformähnliche Bekleidung und sind kaum von den Soldaten zu unterscheiden. Trotzdem dürften Sicherheitsleute rein rechtlich keinen Krieg führen. Sie rasen trotzdem ohne Rücksicht mit ihren gepanzerten Gelände- und Panzerwagen durch Kabul. Die Chefs dieser angeheuerten Truppen übernachten nicht in den kargen Containerbehausungen an der Dschalalabad Road, sondern innerhalb des Areals der US-Botschaft, das inzwischen ausgebaut und mit einer Vielzahl von Sicherheitsringen umgeben wurde. Dort sind sie Nutznießer von eigenen Restaurants – inklusive einem eigenen McDonald's –, einem Swimmingpool und Sporteinrichtungen. All das ist so abgeschottet von der Außenwelt, dass sie nicht mitbekommen, was draußen vor sich geht. Ich weiß, dass die Pressesprecherin der Botschaft zwei Jahre in Afghanistan verbrachte, ohne jemals nur einen Fuß aus dem Botschaftsgelände zu setzen. Bei anderen Vertretungen sieht es nicht anders aus. Der einzige Kontakt der westlichen Offiziellen, des Botschaftspersonals und der Helfer sind zunehmend deren Übersetzer. Im Laufe der Jahre wird es immer schwieriger, gute anzuheuern. Eine afghanische Firma – auch sie gilt als *Private Contractor*, wenn sie von den westlichen Kräften angeheuert wird – versorgt inzwischen alle mit „Sprachmittlern", wie sie bei der deutschen Bundeswehr genannt werden. Die Firma verrechnet hohe Preise, ihr Personal wird aber schlecht bezahlt.

Andere findige Afghanen adaptieren die westlichen Geschäftsideen des schnellen Geldes. Für andere Mauern zu errichten oder Sicherheitsdienste anzubieten ist das beste Business in Afghanistan. Gier macht sich breit und erfasst die Bevölkerung wie eine Seuche. Sogar der Bruder von Präsident Karzai entdeckt diesen Wirtschaftszweig für sich – er gründet mehrere Sicherheitsfirmen. Präsident Karzai selbst zeigt sich erzürnt über die westlichen Söldner, muss sich aber daraufhin den Vorwurf gefallen lassen, er wolle das Geschäft nur seinem Bruder zuschieben.[74]

Die Söldnerarmee aufhalten kann Karzai noch weniger als der amerikanische Präsident Obama, der sich standhaft weigert, Afghanistan schmachvoll zu verlassen. Also werden neben einer erneuten Verstärkung der Streitkräfte auch Tausende neue Verträge mit privaten Dienstleistern abgeschlossen, obwohl bin Ladens Leichnam längst in einem Ozean versenkt wurde. Statt eines Abzugs werden weiter Pläne für Afghanistan geschmiedet, die auf dem Papier erfolgversprechend klingen. Beispielsweise wird die sogenannte Dorfpolizei eingeführt, um den Bauern zu zeigen, dass nicht nur die Taliban in ländlichen Gebieten präsent sind. Die US-Militärs versprechen sich davon ein Zurückdrängen der Aufständischen, vergessen aber, dass diese neuen Polizeikräfte meist aus einfachen, kaum ausgebildeten Bauernjungen bestehen, die sie mit Uniformen, Waffen und Geldmitteln ausgestattet haben. Am Ende führt diese Neuerung nur zu noch mehr Gewalt, statt zum Ende des Konflikts. Washingtons Überzeugung, man könne mit zusätzlichen Waffenlieferungen und erhöhter *Manpower* die Taliban innerhalb kürzester Zeit in die Knie zwingen, stellt sich als Fehlkalkulation heraus. Da viele hohe Militärs zwischen dem Pentagon und den privaten Firmen hin und her wechseln, profitierten am Ende beide Seiten von dem Einsatz, der nicht enden will. Generäle überzeugen Politiker davon, den Abzug noch hinauszuzögern, und die Firmen der privaten Militärdienstleister haben auch kein Interesse daran, dem zu widersprechen.[75]

Wir verlassen die Dschalalabad Road, unsere eigentlichen Folgetermine können wir aufgrund des Staus vergessen. Anschläge bringen die Ordnung der Dinge durcheinander, aber am Ende des Tages wirkt es so, als sei nichts geschehen. Die Spuren wurden beseitigt, die Händler bieten Vorbeifahrenden wieder Getränke und Süßigkeiten an, Verletzte und Tote sind nicht aufzuspüren. Auch Krankenhäuser und die sonst so gesprächigen Pressesprecher geben keine Auskunft über den Verbleib der Opfer. Informationen über Tote und Verletzte vor der Öffentlichkeit zurückzuhalten ist eine der besten Methoden der Kriegsmanipulation. Alle Seiten tun es. Die Taliban thematisieren nie, wie viele Zivilisten bei ihren Anschlägen und Sprengfallen ums Leben kommen, obwohl sie bereits vor langer Zeit sich gegen den Einsatz von Minen ausgesprochen haben. Das westliche Bündnis wirft den Taliban vor, für den Großteil der ca. 3000 zivilen Todesopfer pro Jahr verantwortlich zu sein, was Sprecher der Taliban zurückweisen. Bei der Art von Krieg, die in Afghanistan geführt wird – einem Krieg ohne feste Kampflinien – ist es beinahe unmöglich festzustellen, wer in welchem Ausmaß für Tote verantwortlich ist. Zivilisten geraten zwischen die unsichtbaren Fronten, weil sie zum falschen Zeitpunkt am falschen Ort sind und sich nicht wehren können. Statistiken sind Schall und Rauch. Schwerverletzte enden oft in einem von den Italienern geführten Notkrankenhaus in Kabul, wo man niemanden fragt, woher die Opfer eigentlich kommen. Im Hof der Klinik sitzen Kinder ohne Beine in Rollstühlen. Frauen liegen mit schweren Schusswunden in den Krankenzimmern. Hier zeigt sich die unerträglichste Seite des Krieges.

Der Westen kämpft dazu einen Zweifrontenkrieg, den am Hindukusch und den Informationskrieg daheim. Verletzte und Opfer werden kaum öffentlich gezeigt, was nicht nur der Wahrung der Menschenwürde geschuldet ist. Man will keine Schwäche zeigen. Verwundete werden heimlich aus Afghanistan herausgeschleust, um in dem hochmodernen Militärkrankenhaus auf der Ramsteiner US-Militärbasis in Rheinland-Pfalz behandelt zu werden. Särge werden im Bauch von uneinsichtigen Transportflugzeugen in die jeweilige Heimat zurückgeflogen.

Diese Taktik wendet das Militär an, um die Menschen daheim nicht zu verunsichern. Die realen Umstände spielen dabei eine untergeordnete Rolle – schon allein deshalb, weil die US-Armee ihre offizielle Statistik frisiert: die gefallenen *Private Contractors*, deren Zahl grösser ist als die der Militärs, erscheint in keinem militärischen Bericht. Trotzdem sterben in Afghanistan tagtäglich Männer bei Anschlägen, die nach Afghanistan gezogen sind, um in einem Container von einem zukünftigen Eigenheim zu träumen.[76]

Im Sommer ist die Wetterlage in Kabul, wie in Teilen des Landes, angenehm. Von April bis Oktober ist das Klima trocken und gut erträglich – deshalb ist in diesem Zeitraum auch der Krieg in vollem Gange. Bei Kälte ziehen sich die jeweiligen Truppen zurück, um auf den nächsten Frühling zu warten. Nach der Schneeschmelze, wenn die Bergstraßen wieder frei sind und die Bäche den Hindukusch hinunterbrausen, werden die Waffen aus den Verstecken geholt, und die ISAF-Kampfhubschrauber können wieder auf Sicht fliegen. Nur die Kriminellen von Kabul kennen keine Jahreszeit. In einigen Viertels verbarrikadieren sich die Menschen bei Einbruch der Dunkelheit und verlassen ihre Häuser erst bei Tageslicht wieder.

Unsere geplatzten Interviews und Termine sind auf den nächsten Tag verschoben, falls die Lage ruhig bleibt. Der zuständige Offizier einer afghanischen Sondereinheit will Kopien von unseren Pässen, bevor man uns auf eine Patrouille mitnimmt. Dies ist nicht das einzige Hindernis. Die afghanische Armee ist zunehmend die Speerspitze des Kampfes gegen die Taliban – westliche Medien nennen dies die „Afghanisierung des Konflikts". Afghanische Einheiten geraten in der Folge ständig in Hinterhalte und zahlen einen hohen Blutzoll. Das können wir nicht verhindern, aber wir möchten zumindest Eindrücke dieses Kampfes einfangen. Wir haben angesucht, auf einer

Patrouille Richtung Wardak mitzufahren, wo die Taliban zwar präsent sind, wir aber auch eine gute Chance hätten, Dorfbewohner zur Lage zu interviewen. Damit hätten wir zwei Fliegen mit einer Klappe geschlagen. Wardak liegt rund 80 Kilometer westlich von Kabul. Ohne Militärschutz gelangt man dort nicht mehr hin.

Zwei Tage später, 7 Uhr morgens. Das Camp der sogenannten *Afghan Special Forces,* wo unser Übersetzer am Vortag bereits die Passkopien abgegeben hat, liegt an der unsicheren Dschalalabad Road. Als wir die Straße entlangfahren, sind die Türen der Container am Straßenrand, in denen Händler ihre Waren ausbreiten, noch geschlossen. Die Siedlung der privaten Militärdienstleister liegt beinahe friedlich da, wäre da nicht eine Schar von streunenden Hunden, die unserem Wagen mit lautem Bellen hinterherrennen. Am Außentor des Lagers der afghanischen Spezialeinheit weist man uns an zu warten. Wir trinken unseren mitgebrachten Kaffee aus Plastikbechern und essen Kekse – unser Frühstück. Gerade als wir unsere kugelsicheren Westen aus dem Kofferraum holen, taucht der zuständige Kommandant auf. Er meint, der Plan habe sich geändert – Wardak sei gestrichen, da die Einheit nach Sarobi und weiter in die Provinz Kapisa, also in den Osten beordert worden sei. Er will uns nicht sagen, warum, doch wir haben keine Wahl. Mein Kameramann darf auf einem Pick-up-Truck mitfahren, während ich im eigenen Auto dem Konvoi folgen soll. Andere Vorbereitungen oder Handlungsanweisungen wie bei deutschen oder amerikanischen Patrouillen üblich gibt es nicht. Dort muss man seine Blutgruppe angeben, falls man verletzt wird und Blutkonserven braucht. Eine kugelsichere Weste ist ebenso Pflicht. Im Ernstfall müssen die Befehle der Militärs befolgt werden, bei einem Angriff ist Filmen verboten. Die Liste der Regeln ist lang. Im Vergleich dazu ist die afghanische Sondereinheit unbekümmert.

Die Männer sind jung und besser ernährt als die meisten Afghanen, sie verdienen im Militär überdurchschnittlich. Ihre Uniformen sitzen, sie haben nagelneue Stiefel an, dazu Gesichtsmasken, damit wir ihre Gesichter nicht aufnehmen. Sie stehen in dem Ruf, ihre modernen Waffen schnell einzusetzen.

Der Einsatz beginnt. Unser Fahrer kommt den beiden Pick-up-Trucks kaum hinterher, obwohl wenig Verkehr ist. Die Männer rasen zielsicher auf der A01 entlang Richtung Osten. Der Distrikt Sarobi, Teil der Provinz Kabul, ähnelt einer Mondlandschaft. Nur in den Niederungen, wo der Kabul-Fluss sich schlängelt, gibt es fruchtbare Felder und damit Bauerndörfer. Drei Stauwerke um den Fluss versorgen die Hauptstadt mit Wasser, wobei eines nun austrocknet. Über Sarobi und genauso die anliegende Provinz Kapisa führen die heimlichen Schleichwege der Taliban aus Pakistan, die auch von Schmugglern genutzt werden. Von dort aus infiltrieren sie Kabul mit ihren Kämpfern. Neben der afghanischen Armee geraten daher französische Verbände, die in Kapisa stationiert sind, häufig in Hinterhalte.

Über einem der Staudämme zu unserer Rechten taucht die Sonne auf, aber die Pick-up-Trucks rasen weiter Richtung Nordosten. Wir kommen mit unserem Wagen noch immer kaum nach. Weit und breit ist nichts zu sehen – keine Lehmhütte, keine Menschen. Plötzlich taucht auf einer Anhöhe ein niedriges Gebäude auf, das sich schließlich als Außenposten der afghanischen Armee herausstellt. Unsere Begleiter springen von den Fahrzeugen, tragen einige Kisten mit Munition an die Tür, wo ein Soldat in einer halboffenen Uniform erscheint. Er reibt sich die Augen, würdigt uns aber kaum eines Blickes. Er scheint verwundert, uns zu sehen.

In einiger Entfernung hocken abgemagerte Männer mit einigen Kindern. Ich bitte unseren Übersetzer, mit ihnen zu reden. „Weiter!“, schreit in diesem Augenblick einer unserer

Antonia Rados mit Soldaten der sogenannten
Afghan Special Forces in Sarobi.

Begleiter und gestikuliert in unsere Richtung. „Frag sie, woher sie kommen“, sage ich zu meinem Übersetzer. Wir stehen nun vor einem Mann, der mit eingefallenen Schultern am Boden hockt und uns durch seine vorgehaltenen Hände hindurch ungläubig anblickt. Daneben liegen Bündel mit Kleidung. Es wirkt so, als wäre die Gruppe Hals über Kopf aus ihrem Zuhause geflohen. Aber weswegen? Der Pick-up-Truck lässt den Motor aufheulen, um uns zu signalisieren, dass es nun wirklich Zeit ist zu verschwinden. „Woher? Was machen Sie hier?“, frage ich nochmals. Die Männer geben keinen Laut von sich. Der Übersetzer redet auf sie ein. „Alles ist gut“, sagt einer der Hockenden. „*Muschkila*? Probleme?“, fragt der Übersetzer. „Ne“, erwidert der Mann, obwohl man ihm ansieht, dass er mit seiner Lage alles andere als glücklich ist – er sitzt an einem trostlosen Außenposten der afghanischen Armee, mitten in einem von Taliban kontrollierten Gebiet. „Hatten Sie Probleme mit den Taliban?", versucht der Übersetzer weiter sein Glück. „Ne", verneint einer der Männer erneut. „Probleme mit den Soldaten?" „Ne."

Als ich mich umdrehe, sehe ich, wie die beiden Pick-up-Trucks, die zwischenzeitlich schon angefahren waren, nun wieder wenden und sich in unsere Richtung bewegen. „Lass uns nach Kapisa weiterfahren", sage ich zum Übersetzer, doch der Plan scheint sich wieder geändert zu haben. Die Soldaten sagen, ihr Auftrag laute lediglich, dem Posten Munition zu bringen und danach umzukehren. Sie besäßen nicht die geeignete Ausrüstung, um weiter nach Kapisa zu patrouillieren, denn dazu seien mindestens 20 schwer bewaffnete Männer nötig. Ich zähle die Gruppe durch – sechs Männer sind es. „Wir hatten ausgemacht, wir gehen auf Patrouille", sage ich. „Das ist eine Patrouille", erwidert ein Afghane. „Wir bringen euch zu einer anderen Einheit", verspricht er am Ende und schwingt sich auf den Nebensitz seines Wagens. Eine Staubwolke erhebt sich, und wir haben Mühe, den beiden Pick-Up-Trucks zu folgen. Irgendwas ist schiefgelaufen bei der Planung der Patrouille, die nun plötzlich keine mehr ist. Die Männer wollen anscheinend nicht ihr Leben für uns riskieren, zumal sie nicht dafür ausgerüstet scheinen. Die Mühe war umsonst. Die Gruppe von Männern und Kindern verschwindet schnell in unserem Rücken.

Afghanische Zivilisten stehen vor einem lebensbedrohlichen Dilemma. Helfen sie den Taliban, laufen sie Gefahr, von den Soldaten festgenommen oder misshandelt zu werden. Unterstützen sie hingegen die Armee, bestrafen sie die Taliban. Vor den Augen der Uniformierten schweigen sie daher lieber, um kein Risiko einzugehen. Menschen wie jene, die auf dem trostlosen Außenposten vergeblich Hilfe suchten, ziehen in Afghanistan in Scharen umher. Vielleicht sind schon ihre Großväter von den Russen vertrieben worden. Ihre Väter gerieten dann

Auf Patrouille mit der afghanischen Polizei.

zwischen die Fronten der verschiedenen Mudschahedin und Taliban. Auch sie selbst mussten vor dem Krieg fliehen und suchten bei Verwandten in anderen Dörfern Unterschlupf, nur um auch dieses neue Zuhause wieder zu verlieren. Die vorläufige Endstation ist dann oft ein Auffanglager in Kabul oder einer anderen großen Stadt, wo sie mangels Alternativen Schutz suchen müssen. Das halbe Land ist inzwischen auf der Flucht vor den Taliban, den brutalen *Private Contractors* und den Armeeangehörigen der westlichen Allianz, die sie oftmals pauschal dem Feindlager zuordnen. Die meisten Menschen in Afghanistan hatten in ihrem Leben zuvor nie etwas von Amerika oder – im Fall von Kapisa – von Frankreich gehört.

Als wären wir auf einer Rennpiste, rast unser kleiner Konvoi die Straßen entlang, bis einer der Stauseen in Sichtweite erscheint. Das Wasser ist ruhig und glatt. Als wir die Senke erreichen, erhebt sich vor uns das Militärquartier von Sarobi, und unsere Eskorte teilt uns mit, wir würden uns dort etwas ausruhen. Danach könnten wir mit einer anderen Patrouille-Einheit weiterfahren. In dem rauchigen, niedrigen Gebäude liegen überall Waffen herum, und ein Dutzend junger Soldaten sitzt um einen Holzofen, auf dem eine blecherne Kanne mit heißem Wasser steht, in die einer der Männer Teeblätter streut. Teller mit Essensresten liegen daneben. Am anderen Ende des Raums führen Fenster auf eine Terrasse, von der aus man den Stausee sieht, den die Männer als wichtiges strategisches Objekt bewachen müssen. Matratzen, ausgetretene Stiefel und Socken liegen überall verstreut, alles wirkt verwahrlost. Der Stützpunkt, erklärt einer der Soldaten, sei eine ehemalige Unterkunft der Ingenieure des Staudamms, kaum als Militärcamp zu gebrauchen. Die Stellung sei nicht zu verteidigen, da es so gut wie keine Schutzvorrichtungen gäbe.

Dies sind keine Spezialeinheiten mehr, sondern Armeesoldaten. Ich will wissen, wer die Männer trainiert hat. „*Amriki*", lautet die einsilbige Antwort, doch dann beginnen die Männer zu reden. Sie erzählen von ihrer Ausbildung. Man hätte sie einige Male einen Berg hochgetrieben und dort an Schießständen üben lassen. Die Waffen, mit denen man sie ausgestattet hatte, seien unbrauchbare Altbestände der US-Armee gewesen. „Was ist mit der sonstigen Ausrüstung?", fragt mein Übersetzer weiter. „Die Stiefel sind gebraucht und die Uniformen alt und ausgetragen", erwidern sie. „Wir mussten uns das Holz für den Ofen und unsere Matratzen selbst kaufen. Sie schicken uns kein Essen", erzählt ein anderer. Im Zuge des Gesprächs stellt sich heraus, die Männer haben seit Monaten keinerlei Lohn mehr erhalten. Sie sagen, sie wüssten nicht genau, wo das Geld geblieben sei, vermuteten aber, dass ihre Vorgesetzten es in die eigene Tasche steckten.

Die Männer bieten uns Tee an. Auf dem Boden hockend, hören wir ihnen zu. Immer wieder gibt es Momente, in denen durchscheint, wie sehr sie die Besatzer hassen, die mehr auf ihren eigenen Vorteil bedacht sind als am Wohl Afghanistans interessiert. Sie sträuben sich gegen die Trainingsmethoden der fremden Mächte, die seit Jahrzehnten keine militärischen Siege verbuchen können, während Afghanistan als „Friedhof der Weltmächte" bekannt ist – wieso sollten Afghanen also von Ausländern das Kriegshandwerk erlernen? Mit den Taliban müsse man sich dagegen an einen Tisch setzen und konstruktiv verhandeln, sagen die Männer. Afghanen seien Brüder und nicht Sturköpfe wie die Ausländer. Ohnehin seien die Fremden doch gar nicht am Schicksal Afghanistans interessiert, sondern nur an seinen wertvollen Bodenschätzen. Aus Sicht der einfachen Soldaten machen diese Theorien Sinn. Sie verstehen im Grunde den Krieg genauso wenig wie viele im Westen. Wer wo kämpft, und warum das alles so lange dauert.

Als wir draußen sind, nimmt mich der Übersetzer zur Seite und sagt mir, die Männer würden mich für eine Spionin der Amerikaner halten, weil ich so viele Fragen stelle. Ich frage ihn, ob die Soldaten seiner Meinung nach die Taliban unterstützen. Das glaube er nicht, aber wer immer ihnen das ausständige Gehalt zahlen würde, könnte mit ihrer Unterstützung rechnen. Dabei reiche das Gehalt eines Soldaten nicht einmal aus, um eine Familie zu versorgen. Afghanische Soldaten erhalten umgerechnet um die 180 Euro pro Monat.

Die afghanischen Streitkräfte bestehen komplett aus Freiwilligen. Andere Regelungen – wie eine Armee aus Wehrpflichtigen – haben in Afghanistan niemals funktioniert. Unter den Sowjets gab es sogar Revolten, als junge afghanische Männer zwangsrekrutiert wurden. Früher entschieden die Stämme, wer für den König in den Krieg ziehen musste, und stellten gleichzeitig die Versorgung der zurückgebliebenen Familie sicher. Heute muss ein Bauernsohn, der sich der Armee anschließt, wissen, dass er seine Familie mit dem Sold über Wasser halten kann. Ist das nicht der Fall, funktioniert das System nicht. Zudem spielt der Stolz der Afghanen hier eine entscheidende Rolle. „Die traditionelle Stammesversammlung der *Jirga* zum Beispiel misst der nominellen Gleichheit ihrer Teilnehmer so viel Bedeutung bei, dass die Männer im Kreis saßen, um selbst eine symbolische Hierarchie zu vermeiden", schreibt Thomas Barfield[77]. Bei den Ausbildungen durch die *Private Contractors* ist alles hierarchisch organisiert, entspricht also nicht den afghanischen Sitten. Zudem ist der raue Umgangston der Amerikaner ein Problem. Afghanische Soldaten werden auf Exerzierplätzen zurechtgewiesen wie Menschen zweiter Klasse. Ein Ausbilder war beispielsweise gemäß interner Dokumentation davon überzeugt, ein Drittel der afghanischen Polizeikräfte, die er ausbildete, seien „Drogenabhängige oder Taliban" oder „stehlende Idioten". Ohnehin würde man hier „den untersten Bodensatz in einem Land [ausbilden], das ohnehin ganz unten liegt"[78]. Deutsche Ausbilder stehen dem in nichts nach. Im Innenministerium beobachtete ich einen deutschen Offizier beim Anbrüllen der Polizeirekruten, die er ausbilden sollte. Er beschimpfte sie. Als er bemerkte, dass ich hinter ihm stand, änderte sich der Ton. Diese Männer glauben, sie wären etwas Besseres – verständlich, dass die Afghanen damit ein Problem haben.

Sogenannte Innentäter – Afghanen, die während der Ausbildung ihre Trainer oder Kameraden angreifen – erhöhen das gegenseitige Misstrauen. Im Februar 2011 sterben in Nordafghanistan drei Bundeswehrsoldaten, und mehrere werden verletzt, nachdem sie ein afghanischer Soldat angreift.[79] Im Laufe der Jahre wird die Ausbildung der Afghanen verkürzt, die Auswahl großzügiger. Egal wer sich freiwillig meldet, er wird aufgenommen. Die Todesrate bei afghanischen Sicherheitskräften, Polizei und Armee steigt indes stetig an – Nachschub wird gebraucht. Bauernsöhne auf der Suche nach Arbeit enden mit ungenügender Ausbildung in einem Militäreinsatz nahe Sarobi, um dort einen Dienst zu schieben, für den sie keinen Sold erhalten. Je größer die Armee wird, desto schwieriger ist es, Soldaten in eine Rangordnung einzugliedern, die sie eigentlich ablehnen.[80]

Draußen brennt die Sonne auf die Hügel Sarobis mit seinen Schmugglerwegen und seiner Weite. Wir fahren zurück auf die Hauptstraße und lassen die Männer in dem Außenposten allein. In ihren Augen reiht sich die westliche Allianz – trotz der frischen Pläne der Militärs – in die Reihe der bisherigen Invasoren ein, die es zu vertreiben gilt – und zwar auf ihre, auf afghanische Art.

DIE ZERSTÖRUNG

13. Kapitel

Kabul / Masar-e Scharif, 2012

In Syrien tobt ein Bürgerkrieg zwischen der Opposition und dem Assad-Regime. In anderen arabischen Ländern stabilisiert sich die Lage nur insofern, als zum Teil demokratische Wahlen stattfinden. Oftmals kehren aber auch die alten Regime zurück. In Deutschland tritt Bundespräsident Christian Wulff zurück, Joachim Gauck wird sein Nachfolger.

Wem gehört Afghanistan?

„Friede sei mit Dir!
Wie geht es Ihnen?
Wie läuft es?
Geht es Ihnen wirklich gut?
Sie sehen gut aus! Es scheint gut zu laufen!
Sind Sie nicht müde? Seien Sie guter Laune!"

(Traditionelle afghanische Begrüßungsformel)[81]

Schroffe Berghänge durchbrechen die Wolkendecke, durch das Bergmassiv ziehen sich Täler, die aussehen wie willkürlich gezeichnete Linien. An der beeindruckenden Szenerie Afghanistans hat sich seit meinem ersten Besuch 1980 – also vor über drei Jahrzehnten – nichts geändert. „Legen Sie bitte ihre Sicherheitsgurte an", ertönt eine weibliche Stimme auf Englisch. Im Inneren der Maschine der privaten Fluglinie Kam Air herrschen die Regeln des 21. Jahrhunderts. Hier muss selbst ein betagter Afghane den Anordnungen einer Flugbegleiterin im Alter seiner Enkelin folgen.

Die Verwandlung Afghanistans wird mit jedem Flug Richtung Kabul offensichtlicher. Bald wird der inzwischen hochmoderne Flughafen in Sicht kommen, ausgestattet mit Passlesegeräten und Scannern, als würde man in New York landen. „Bitte, legen Sie Ihren Sicherheitsgurt an, Sir!", fordert die Flugbegleiterin diesmal energischer. Auf den Flügen nach Kabul sieht man oft traditionell gekleidete Geschäftsmänner, Wanderer zwischen den Welten, die keinen Sicherheitsgurt anlegen wollen, so als würden die neuen Regeln sie nicht betreffen. Im Bauch des Flugzeuges werden ihre unzähligen überdimensionalen Gepäckstücke mitgeführt, zusammengeschnürte Stoffe oder Kleidungsstücke.

In Kabul wird die Passagiere eine Welt ohne Tiermärkte empfangen, Taxis werden mit Afghani-Scheinen oder Dollar bezahlt, bestochen wird mit beiden Währungen. Doch es gibt auch noch die Welt abseits von Kabul und anderen Großstädten. Die Welt der Schluchten, in der man ein Schaf gegen einen Esel austauscht, Weizen gegen Sandalen. Hier begrüßt man jeden Fremden mit endlos langen Formeln und züchtet Perlhühner, um sie im Frühjahr gegeneinander kämpfen zu lassen. Die Stadtbewohner, inklusive westliche Truppen und Arbeiter, blicken zum großen Teil verächtlich auf die primitive Tauschwirtschaft in den Dörfern herab, obwohl viele in Kabul aus dieser Welt stammen. Dieses Erbe haben die meisten abgelegt, niemand geht zurück in die Dörfer. Auf den Straßen sprechen einige schlecht über die ländliche Bevölkerung, nennen sie Analphabeten, Taliban-Anhänger, Frauenhasser, Turbanträger. Der moderne Mann von Welt trägt keinen Bart und lässt seine Kopfbedeckung zu Hause. Und er reist mit kleinem Gepäck – ihm macht es nichts aus, dass den Trägern am Flughafen aus Sicherheitsgründen verboten wurde, sich wie früher direkt ans Gepäckband zu stellen, jedem den Koffer aus der Hand zu reißen und so den Lebensunterhalt für ihre Familien Tag für Tag zu verdienen. Jetzt stehen die Taglöhner hinter einem Stacheldrahtzaun, einen Kilometer vom Gebäude entfernt, und die Händler und Bauern mit ihrem beeindruckenden Gepäck müssen die Lasten allein schleppen.

Und trotzdem sind die Menschen des alten Afghanistans gastfreundlicher als alle, die heute in einer der protzigen Kabuler Villen mit vergoldeten Sofalehnen hausen und sich nicht mehr im Traum einfallen lassen, Fremde bei sich aufzunehmen. Altmodische Gastfreundschaft ist in ländlichen Gebieten selbstverständlich. Das machen sich unter anderem die Taliban zunutze, wenn sie Unterschlupf suchen. Dazu gehört auch das Gleichheitsprinzip – selbst der ärmste Afghane trägt es tief im Herzen und hat keinerlei Minderwertigkeitskomplexe. Selbst wenn der amerikanische Präsident in seinem Distrikt mit Anhang erschiene, würde er ihn in den Kreis aufnehmen. Der Präsident würde sich stundenlang blumige Reden anhören müssen, und anschließend würde man von ihm erwarten, dass auch er etwas erzählt. Er würde sich genauso schwertun, sich durchzusetzen, wie früher die Könige Afghanistans. In den Dörfern leben die permanenten Rebellen gegen die Moderne, mit einer Spur Anarchie ausgestattet. Egal, ob man Präsident, Minister, Soldat oder mittelloser Bauer ist – in ihren Augen gibt es keine Befehlsgeber oder -empfänger. Alle reden mit, denn jeder im Kreis der *Jirga* ist gleichwertig. (Frauen ausgenommen, die erst gar nicht teilnehmen dürfen.)

Es ist Herbst 2012, gegen 6 Uhr morgens, als Übersetzer Qais mit mir und meinem Kameramann im Anhang auf die schmale Tür eines *Tschaikhana*, eines Teehauses, zugeht. Über allem liegt noch Dunkelheit. Das lang gezogene Holzhaus befindet sich einige Kilometer abseits der Hauptstraße nach Nordafghanistan in einer Senke. Um eintreten zu können, müssen wir unsere Köpfe einziehen. Rauch schlägt uns entgegen, Lastwagenfahrer sitzen in einer Ecke. An ihrer bunten Kleidung sind sie als Männer aus Zentralasien erkennbar. Wir fragen den gemächlich herbeitrottenden Kellner, ob wir auch etwas zu essen bestellen können. Er beachtet uns kaum, nickt nicht einmal, verschwindet und bringt uns Gläser mit grünem Tee. Auf einem offenen Feuer wird auf einer Art Gitter gerade Lammfleisch gebraten, und der Rauch erfüllt den Raum. Als der Kellner die Speisen vor uns auf Blechtellern hinknallt, stellt sich das Fleisch als alt und faserig heraus, der dazu servierte Reis ist kalt. Die schweigsamen Lastkraftwagenfahrer schieben sich Zuckerstückchen in den Mund, bevor sie diese mit einem Schluck Tee hinunterspülen. Zwischendurch spähen sie in unsere Richtung und nicken einander zu. Niemand zeigt sich sonderlich beeindruckt von uns, obwohl wir wie Städter aussehen.

Früher gab es laut der amerikanischen Anthropologin Nancy Dupree Tausende *Tschaikhanas* in Afghanistan, denn sie waren zugleich Herbergen, wo sich Reisende in einer Ecke für die Nacht zur Ruhe legten. Reisen wurden zu Fuß zurückgelegt, daher brauchte man abends einen Ort zum Übernachten. Dupree reiste jahrzehntelang mit ihrem Mann – ebenfalls ein Anthropologe namens Louis Dupree – und später allein quer durch das Land, erforschte dabei unbekannte Kapitel der Geschichte wie etwa den Buddhismus in Afghanistan. Das Ehepaar führte genaue Listen, legte Karten von den zahllosen Stätten mit Überresten von Tempeln, Moscheen und Palästen an. Am Ende veröffentlichte die Anthropologin ihre Funde in Bücher, die bei Touristen bis heute beliebt sind. Ihr Reiseführer, den ich ständig in meiner Tasche trage, wenn ich in Afghanistan unterwegs bin, beschreibt das ländliche, ewige Afghanistan so präzise, dass ich es beim Lesen der Zeilen ganz klar vor Augen habe. Auch die kulturellen Stätten des Landes werden vorgestellt: „Nördlich von Bala Hissar (einer historischen Festung in Kabul, Anm.) gibt es einen schmalen Wall, genannt Tapa Maranjan, an dessen östlichem Ende französische Archäologen ein buddhistisches Kloster ausgegraben haben.“[82] An einer anderen Stelle berichtet sie über die Kuppeln von Qala-e-Haji Sahib: „Seltene Kacheln in verschiedenen Farben deuten nur an, was man innen finden wird.“[83] Dies war für Reisende, die an Afghanistans Kunstschätzen interessiert sind, geradezu eine Einladung, sich die seltenen Kacheln oder die Kuppel einmal genauer anzusehen oder sogar unbemerkt mitzunehmen. Sobald sich die Gelegenheit ergab, wurde Afghanistan regelrecht ausgeraubt. Hippies auf Zwischenstation in Kabul grasten die Chicken Street nach Buddha-Statuen, Stupa oder islamischen Skripten ab, um diese daheim weiterzuverkaufen und so ihre nächste Reise zu finanzieren. Was sie nicht aufkauften, wurde vom Personal der westlichen Botschaften als Antiquitäten in Diplomaten-Containern vorbei am afghanischen Zoll nach Europa verfrachtet. Afghanistan wurde als eine Art Selbstbedienungsladen

Antiquitätenhändler in Kabul

angesehen, obwohl es Gesetze gab, die diese Exporte untersagten. Besucher aus aller Welt, aber vor allem aus dem Westen, pilgerten ins Land, um sich die begehrten Kunstschätze zu sichern.[84]

Duprees eigentliche Absicht war es, die Geschichte Afghanistans als Kreuzungspunkt zwischen China und dem Nahen Osten in jeder Einzelheit zu dokumentieren. Sie schreibt über das riesige Territorium, eine Fläche beinahe doppelt so groß wie die Deutschlands, das nicht nur die Russen und die Amerikaner kontrollieren wollten. Und doch: Alexander der Große, buddhistische Mönche im zentralen Bamyan, Nomaden, Islamische Heere, Perser und Inder – alles war vergänglich. Alles zerfiel, bis nur noch Minarette, Grundmauern von Palästen und Buddha-Statuen in friedlicher Eintracht von der Geschichte eines einzigartigen Landes zeugten. Nach dem Zweiten Weltkrieg wurden die Reste der Kulturen von Archäologen und Kunsträubern wiederentdeckt. Italiener gruben den lange verschollenen Palast des Königreiches der Ghaznawiden – eine Dynastie aus dem 9. Jahrhundert – aus. Der Zugang zu der archäologischen Stätte liegt nur zwei Stunden von Kabul entfernt, und die Anreise ist vergleichsweise unproblematisch. Daher zog der Fund in der Folge alle möglichen Neugierigen mit tiefen Taschen an. Inklusive Direktoren westlicher Museen, die keine Mühe scheuten und Richtung Osten fuhren, um die Schätze von dort nach Hause zu bringen und ihre eigenen Ausstellungen damit zu schmücken. So landeten beispielsweise unzählige Marmortafeln, ursprünglich von den Italienern in Ghazni für den afghanischen Staat mit Nummern registriert, über viele Umwege in deutschen Museen. Eine Tafel schmückt das Hamburger Museum für Kunst und Gewerbe, eine andere befindet sich in einem Museum in Stuttgart, und auch in Mannheim kann ein Ausstellungsort mit einer der kostbaren Tafeln prahlen, angeblich gespendet von einem afghanischen Teppichhändler. Die restlichen, alle versehen mit kostbaren Inschriften, gehen an Museen in aller Welt.

Zu jeder Zeit und bis heute haben Kunstschmuggler afghanische Helfer wie Händler oder Gotteskrieger. Eine Drehscheibe ist immer noch die Ex-Hochburg des Widerstands gegen die Sowjets, die pakistanische Stadt Peschawar. Nachdem im Jahr 2000 die Taliban die Buddhastatuen von Bamyan in die Luft sprengten, wurden in Peschawar Bruchstücke der Statuen Händlern angeboten. Gäbe es nicht anständige Afghanen wie das Personal im Nationalmuseum in Kabul, das während des Bürgerkrieges 1992 bis 1996 unschätzbare Marmorfiguren rettete, wären diese genauso im Ausland gelandet. Auch ein nationales Erbe, das sogenannte baktrische Gold von Tilla Tepe – rund 20 000 Goldobjekte aus mehreren Gräbern, darunter Halsketten, Kronen, Münzen –, wurde von Museumsangestellten gerettet und tauchte 2004, gut verpackt in Kisten, wie aus dem Nichts wieder auf.

Afghanistan ist, wie Nancy Dupree beschreibt, ein „wildes, unerschlossenes Land", sobald man nur die Städte verlässt. Notgedrungen muss jeder daher bei Reisen über Land ein Risiko eingehen. Aber wenn solche Schätze errungen werden können, nehmen manche Kunsträuber und Antiquitätenhändler sogar die Fahrt in altersschwachen öffentlichen Autobussen in Kauf, um durch das unwirtliche Afghanistan zu reisen. An entlegenen Ortschaften werden unwissende Bauern über den Tisch gezogen, so einiges abmontiert oder heimlich wegtransportiert. Man nutzt die Gastfreundlichkeit der Menschen aus, um sich zu bereichern.[85]

Wir haben unser Frühstück im *Tschaikhana* beendet, die Lastwagenfahrer in der Ecke kauen noch. Alles ist in das geheimnisvolle Licht von Petroleumlampen getaucht. Der Kellner verlangt nicht viel, und wir geben ihm ein stattliches Trinkgeld. Wir sind gestärkt für den langen Weg vor uns. Zwei Stunden zuvor, als in Kabul noch Dunkelheit herrschte, waren wir zu dieser Überlandfahrt in den Norden aufgebrochen. Unser Ziel ist die Stadt Masar-e Scharif, wo wir Reportagen über verschiedene Themen drehen wollen. Während ein Inlandsflug die einfache und sichere Variante des Reisens in Afghanistan ist, kann eine Fahrt doch um einiges aufschlussreicher sein. Ich möchte auf dem Weg außerdem verschiedene Dörfer besuchen, um dort über die weibliche Landbevölkerung zu berichten – es geht um Themen wie Zwangsheirat, den Verkauf von Mädchen und Mangel an Schulen. Mitarbeiterinnen von NGOs berichten mir vor der Abreise, die US-Armee und andere Militärs hätten Schulen errichtet, doch Zufahrtswege würden fehlen, Klassenräume wären im Winter ungeheizt. Alle, die von Strategieplanungen der Uniformierten nicht profitiert hatten, lebten in einem unzureichend versorgten Land. In Wirklichkeit weiß man über dieses verborgene ländliche Afghanistan nach langen Jahren der westlichen Anwesenheit nur sehr wenig. Daher musste die Reise in den Tagen zuvor gut vorbereitet werden.

Problem Nummer eins: Die Durchfahrtsstraße führt über den Hindukusch und ist bekannt dafür, dass auf ihrem Wege keinerlei Tankstellen liegen oder gar Kfz-Werkstätten. Vorsichtshalber hat der Übersetzer vor der Abreise den Wagen gewechselt und einen robusten Land Rover angemietet. Dazu hatte er einen Fahrer aufgetrieben, der aus einem Dorf an der Strecke stammt und uns mit einer beeindruckenden Zahl von Verwandten Kontakte vermitteln kann. Damit sind wir gut gerüstet, falls wir doch irgendwo feststecken oder ein Dach über dem Kopf benötigen. Problem Nummer zwei sind die Taliban. Mein Übersetzer Qais versicherte uns zwar, sie würden sich nicht die Mühe machen, die gesamte Strecke zu kontrollieren, doch sie hatten inzwischen eine unumgängliche Straßenkreuzung in den Norden unter ihrer Kontrolle. Früher waren sie nur bei Nacht aktiv, jetzt zeigen sie sich bei hellem Tageslicht. Schon seit einiger Zeit gehen die Taliban gezielt gegen Mitarbeiter der Regierung, Polizisten und Soldaten außer Dienst vor. Wird bei einer Kontrolle in einem Überlandbus jemand mit einem Polizistenausweis aufgegriffen, muss er damit rechnen, hingerichtet zu werden. Unser Durchkommen als Ausländer hängt von verschiedenen schwer kalkulierbaren Umständen ab. In jedem Fall würden uns die Taliban, wie anderen Reisenden auch, eine Art Maut abnehmen, informiert uns Qais. Damit füllten sich lokale Taliban-Kommandanten ihre Kriegskassen, um Kämpfer zu bezahlen und Sprengstoff zu besorgen.

Die Sicherheitslage ist inzwischen unberechenbar. Afghanen und Ausländer leben gleichermaßen in einem ungeschützten Vakuum, verlassen von den ISAF-Truppen, die aufgrund der anhaltenden Anschläge aufgegeben haben, selbst die wichtigsten Transitwege abzusichern, solange sie nicht akut für ihre eigene Militärlogistik gebraucht werden. Die Straße in den Norden ist eigentlich kein Taliban-Gebiet. Die Präsenz der Gotteskrieger in Nordafghanistan hängt mit einer lange zurückliegenden Politik der Umsiedlung von Paschtunen aus dem Süden in den Norden zusammen. Damit wollte ein ehemaliger König die Tadschiken im Norden besser kontrollieren. Seither funktioniert das Zusammenleben zwischen den Bevölkerungsgruppen im Norden ohne

Die besonders im Winter unwegsamen ländlichen Gebiete sind auch nach langen Jahren der westlichen Anwesenheit Niemandsland geblieben.

maßgebliche Probleme. Das westliche Bündnis setzt jedoch überall auf einen Anti-Paschtunen-Kurs, der Volksgruppen wie die Tadschiken bevorteilt. Sie lassen Konflikte zwischen den Gruppen ohne Eingriffe geschehen, was zu noch mehr Gewalt führt. Sobald den Ausländern nur die geringste Gefahr droht, ziehen sie sich zurück. Im Norden werden zunehmend Vergeltungsaktionen gegen die Paschtunen durchgeführt. Über kurz oder lang enden junge Paschtunen bei den Taliban, weil sie ihrerseits Rache suchen oder ihre Familie verteidigen wollen. Aufgrund der zunehmend gefährlichen Lage werden Soldaten nur noch per Flugzeug von Kabul nach Masar-e Scharif gebracht, am Flughafen wurde sogar ein zentraler Umschlagplatz für ISAF ausgebaut. Andere Städte wie Kundus, wo die deutsche Bundeswehr ihr Quartier aufgeschlagen hat, werden ebenfalls aus der Luft versorgt. „Städte halten", lautet nun der allgemeine Befehl. Diese dürfen nicht in die Hand der Taliban fallen, aber die endlosen Weiten dazwischen, die unwegsamen Bergstraßen Afghanistans sind aufgegeben. Niemandsland. Keiner schert sich darum.

In Wahrheit hat sich seit 2001 nichts an der Spaltung zwischen urbanem und ländlichem Afghanistan geändert. In entlegenen Gebieten werden keine Krankenhäuser errichtet, oder schnell wieder aufgegeben. Es finden sich keine Ärzte, die bereit sind, dorthin zu ziehen, um den Frauen bei schwierigen Geburten zu helfen und die Bauern medizinisch zu versorgen. In der Weite Afghanistans bleibt jeder auf sich gestellt, auch wenn einige glauben, das Land hat sich inzwischen transformiert. Ein deutsches Paar kommt beim Campen in einem ausgetrockneten Flussbett um, weil es sich von der angeblichen Sicherheit, die westliche Soldaten verbreiten, täuschen lässt. Afghanische junge Frauen träumen davon, die Spitzen des Hindukusch zu besteigen und Rekorde aufzustellen. Leider sind dies trügerische Illusionen. Selbst die wichtige Ringroad, eine Art ellipsenförmige Verbindungsstraße zwischen den Städten, wird von den westlichen Truppen nicht vollständig kontrolliert. Diese Straße wurde um das Jahr 1950 von Amerikanern und Russen gemeinsam errichtet. Teile von ihr wurden im Laufe der Jahrzehnte zerstört, weshalb ab 2001 mit der Instandsetzung der Straße begonnen wurde – alles öffentlichkeitswirksam inszeniert. Doch all das gehört der Vergangenheit an. Die afghanische Polizei verfügt aufgrund der enormen Ausdehnung des Landes nicht über ausreichend Personal, um alles abzudecken. Überhaupt ist die westliche Mission im Vergleich zur immensen Aufgabe und zur Größe des Landes nicht überzeugend. Im Kosovo-Einsatz 1999 waren pro 1000 Einwohner 20 Soldaten im Einsatz. In Afghanistan kommt auf 1000 Einwohner nur ein einziger Soldat.[86]

Unsere Route in den Norden erstreckt sich über 430 Kilometer. Wir lassen das Teehaus hinter uns und fahren los. Bald wird es Tag, und ich hoffe, dass sich schon bald die Gelegenheit ergibt, Dörfer zu besuchen, mit Familien zu reden und Frauen sowie

Mädchen zu ihrem Leben auf dem Land zu interviewen. Die Straße führt stetig nach oben, bis wir das Vorgebirge des Hindukusch erreichen. Wir passieren zahllose Ruinen von zerbombten Dörfern, die sich gespenstisch in den Hügeln abzeichnen. Keine Menschenseele ist zu sehen, die wenigen Felder liegen brach. Von Zeit zu Zeit sehen wir Minibusse oder altersschwache Lastwagen aus der entgegengesetzten Richtung auf uns zufahren, prall gefüllt mit Säcken oder Kisten. Jedes Mal nimmt unser Fahrer den Fuß vom Gas – man weiß nie, wer einem entgegenkommt. In den Volkswagen-Bussen strecken Männer argwöhnisch ihre Köpfe in unsere Richtung – auch sie wissen wenig mit uns anzufangen. Ich halte Ausschau nach belebten Dörfern oder selbst nur vereinzelten Lehmhäusern. Nichts zu sehen. Das ländliche Afghanistan scheint nicht mehr zu existieren. Wolken ziehen auf, als wir uns dem Salang-Tunnel nähern. Vor uns stauen sich Busse und PKWs. Einige stehen quer auf der Straße und versperren die Gegenfahrbahn, die Straße gleicht einem Minenfeld. Nichts bewegt sich, es scheint so, als wäre die Straße abgesperrt – sind wir in eine Taliban-Kontrolle geraten? Niemand im Wagen spricht, in unseren Köpfen malen wir uns aus, was gleich passieren könnte.

Entwarnung. Der Stau wurde durch ein Problem bei der Zufahrt zum engen Salang-Pass ausgelöst. Seine Einfahrt liegt auf 3000 Meter Höhe. Für die Durchbohrung der Berge hatten sowjetische und afghanische Ingenieure sechs Jahre gebraucht, bis der Tunnel 1964 schließlich eingeweiht werden konnte. Moskau war damit ein technisches Meisterwerk gelungen, beinahe einmalig auf der Welt. Der Tunnel sollte zeigen, was der Kommunismus alles zustande brachte und wie vielversprechend die Zukunft Afghanistans aussah. Neben dem Pass wurde ein gleichnamiges Ski-Hotel errichtet, der Hindukusch sollte in ein Ferienziel transformiert werden. Das Hotel öffnete niemals seine Türen. Mit dem Tunnel verfügte die Rote Armee über eine beinahe wettersichere Verbindung für den eigenen Nachschub aus dem Norden in die

Die wichtigste Nord-Süd-Verbindung Afghanistans, der Salang-Tunnel, liegt auf über 3000 Meter Höhe und ist 2,6 Kilometer lang.

Hauptstadt, als sie nur 13 Jahre später, im Dezember 1979, mit ihrer Invasion startete. In den Jahren ihrer Besatzung (1979 bis 1989) wurde der Salang-Tunnel aufgrund seiner militärlogistischen Bedeutung immer wieder Ziel von Angriffen.

Schließlich regt sich was, im Schritttempo bewegen sich die Fahrzeuge vorwärts, denn die Spur ist nur in eine Richtung freigegeben. Wir sind an der Reihe. Langsam fährt der Fahrer in die dunkle Öffnung ein. Die Tunnel-Beleuchtung funktioniert nicht. Rechts und links von der engen Fahrbahn tauchen in der Dunkelheit Autoreifen, Abfälle und ein ausgebranntes Autowrack auf. Außerdem kommen uns Fußgänger entgegen, Lasten auf dem Rücken. „Wie lange noch?“, frage ich den Fahrer. Er erwidert, der Tunnel sei lang. Mit ernstem Gesicht, das Lenkrad fest umklammert, fährt er im Schritttempo weiter, aber plötzlich kommt uns doch ein Wagen entgegen, und unser Fahrer lenkt den Wagen in eine Nische, gerade breit genug, um den anderen Wagen vorbeizulassen. Rauchmelder oder sonstige Sicherheitsvorkehrungen gibt es keine. In der Ferne taucht ein Lichtkegel auf. Er wird größer. Wir sind draußen. Alle atmen insgeheim auf.

Stunden später sind wir am gefährlichsten Teil der Reise angekommen: die wichtige von den Taliban kontrollierte Straßenkreuzung vor der Stadt Puli Khumri. Langsam tauchen am Straßenrand vereinzelte Häuser auf. Hier stehen zu bleiben, wäre nicht ratsam, sagt uns mein Übersetzer Qais. Ich frage nicht weiter nach. Wie aus dem Nichts tauchen vor uns Gestalten auf – es sind keine Taliban, sondern wild gestikulierende Polizisten, ausgerüstet mit Handys. Sie weisen unseren Fahrer an, rechts ranzufahren. Danach steigt der Übersetzer aus. Ich beobachte angespannt, wie er mit den Ordnungshütern eine Zeit lang spricht. Es ist offensichtlich, dass sie über einen Wagen mit Ausländern informiert wurden und auf uns gewartet haben. Ich sehe, wie der Übersetzer ihnen diskret einige Scheine zusteckt, wobei die Polizisten danach vor ihm salutieren und ihre Hacken zusammenschlagen. Soweit ersichtlich, sind es einfache Beamte. Als Qais wieder im Wagen sitzt, meint er, die Polizisten hätten ihm einige nützliche Warnungen mit auf den Weg gegeben. Einige Kilometer weiter befände sich ein Taliban-Kontrollposten. Wir sollten daher bei der nächsten Abzweigung die Hauptstraße verlassen. Für Qais und überhaupt jeden Afghanen ist es selbstverständlich, jederzeit Unmengen von kleinen Geldscheinen im Hemd stecken zu haben. Sie dienen dazu, im Alltag Türen zu öffnen, die sonst geschlossen blieben. Die viel beachtlicheren Summen werden nicht an einer Straßenkreuzung an kleine bestechliche Beamte bezahlt, sondern zwischen Politikern und westlichen Geschäftsleuten ausgemacht. Doch in einem Krieg steckt der Teufel im Detail. Die Kontrolle über die Provinzen wird nicht an Schreibtischen, sondern hier entschieden. Einige der Polizisten arbeiten nebenbei als Spitzel für die Taliban, sie berichten ihnen über alles, was sie mitbekommen.

Wir haben Glück und gelangen auf einem Umweg sicher an dem Taliban-Checkpoint vorbei. Eigentlich hatte ich noch vor, eine Ausgrabungsstätte bei einer nahen Tempelanlage namens Surch Kotal aus dem 1. Jahrhundert v. Chr. zu besuchen. Ich will sehen, wie die Lage dort ist, ob es in der Nähe vielleicht ein Dorf gibt. Die Anlage wurde geplündert, und alles, was wegtransportiert werden konnte, ist verschwunden.

Wir erreichen sicher Masar-e Scharif, ohne auf dem Weg auch nur ein einziges belebtes Dorf gesehen zu haben – Jahrzehnte des Krieges haben ihre Spuren hinterlassen. Nachdem wir eine Woche in Masar-e Scharif gefilmt haben, fahren wir dieselbe Strecke nach Kabul zurück, nutzen die Rückreise jedoch, um über einen Umweg an einem Schrein haltzumachen. Er liegt in einer Höhle, wo laut Überlieferung ein *Sufi* – ein Heiliger und Heiler – lebte. Solche Wunderheiler gibt es überall im Lande, und all jene, die keine medizinische Versorgung zur Verfügung haben oder sie sich nicht leisten können, greifen auf diese Heilmethoden zurück – eine Mischung aus Aberglauben und Naturheilkunde. Selbst in Kabul arbeiten einfache *Mullahs*, religiöse Geistliche, als Heiler, indem sie den Menschen Koransuren aufschreiben und deren Heilkraft preisen, wenn die unter das Kopfpolster gelegt werden. Die meisten Kunden sind Frauen, die entweder an einer schlechten Behandlung durch ihre angeheirateten Familien leiden oder Unfruchtbarkeit beklagen. Über eine schmale Holztreppe gelangen Besucherinnen und Besucher in die Grotte. Einige Dutzend Männer zwischen 15 und 22 steigen hier umher, doch weniger aus Interesse an Heilmethoden als aus Langeweile. Sie scherzen. Keiner von ihnen stammt aus einem Dorf. Ich finde also erneut niemanden für ein Interview. Die Höhle ist leer, und alles, was sich dort befand, wurde geplündert, sagt uns einer. Die Jungs wollen Fotos mit uns machen, aber wir bleiben nicht lange, damit sich unsere Anwesenheit nicht herumspricht und Taliban anzieht.

Die jungen Männer schauen uns nach, so als wären wir die größte Abwechslung seit Langem.

Einige Wochen später begebe ich mich erneut auf Reportagetour. Meine Suche nach Mädchen und Frauen aus ländlichen Gebieten führt mich diesmal in den Nordwesten Afghanistans. Es ist ein milchiger Spätherbstmorgen, an dem wir von der Stadt Herat aus Richtung turkmenische Grenze aufbrechen. Ich suche eine Familie, deren Vater angeblich seine Töchter verkauft hat. Zuerst hieß es, die Familie lebe in Herat, wo wir sie allerdings nicht auffinden konnten. Laut einer NGO war sie ins Grenzgebiet nach Turkmenistan gezogen, weil der Vater zu alt war, um weiter als Lastenträger zu arbeiten. Er konnte sich seine Bleibe in der Stadt nicht mehr leisten. Unser Übersetzer hatte die Familie gefunden, kontaktiert und uns angekündigt. Der Vater war bereit, mit uns zu sprechen, was ungewöhnlich ist, denn einkommensschwache Leute in Afghanistan wollen selten mit westlichen Reportern reden – sie wissen, dass sie dabei meist nicht gut wegkommen. Die Ideen des Westens von Frauengleichheit sind der ländlichen Bevölkerung nicht unbekannt, aber die Umsetzung steht auf einem anderen Blatt. Trotzdem hoffe ich, dass der Mann sein Wort halten wird und ich mit ihm sprechen kann.

Es ist noch früh und wir haben eine 120-Kilometer-Reise in den Norden auf einer gut ausgebauten Straße vor uns. Diese Route dient seit Langem dem Handel von Schmucksteinen wie Lapislazuli, die anschließend in die Türkei und zu Händlern nach Europa geliefert werden. Unser gebrechlicher VW-Bus, der einzige, den wir auftreiben konnten, rollt dahin. Von Zeit zu Zeit macht der Fahrer am Straßenrand halt, öffnet die Kühlerhaube und füllt aus einer Mineralwasserflasche Wasser in den Kühler nach. Dann müssen wir geduldig warten, bis der Motor auskühlt. Je weiter wir uns von Herat entfernen, desto lieblicher wird die Landschaft. Die Region betreibt zwar Handel mit den Nachbarländern, ist aber trotzdem – abgesehen von Herat – sehr strukturschwach. Internationale Hilfsprojekte wurden größtenteils gestoppt, weil es in dem Gebiet kaum Taliban-Präsenz gibt. Ein Großteil der entlegenen Gebiete ist bisher nicht einmal mit Elektrizität oder Wasseranschlüssen versorgt. Hier zeigt sich der westliche Anspruch, Afghanistan zu privatisieren, eingeschlossen die Grundbedürfnisse. Eine neu geschaffene afghanische Stromversorgungsagentur ist auf Gewinn ausgerichtet, und die Mehrheit der Afghanen kann sich die Preise nicht leisten – also gibt es in den meisten Provinzen keinen Strom.[87]

Wir kommen gut voran. Der Übersetzer ruft die Familie an und kündigt ihr unser Kommen in einer Stunde an. Nachdem er sein Handy vom Ohr nimmt, meint er in aller Ruhe, die Familie befinde sich nicht mehr in Afghanistan, sondern sei jenseits der Grenze in Turkmenistan untergekommen. Wir haben keine Visa und keinerlei Genehmigung für den Grenzübertritt. Ich will schon umdrehen, doch Übersetzer und Fahrer überreden mich, uns die Lage an der Grenze anzusehen. Bald taucht vor uns eine endlose Kolonne von Fernlastwagen auf, während am Straßenrand Dutzende weitere geparkt sind. Wir halten an, und der Übersetzer macht sich auf den Weg zu einem Zollgebäude, aus dem er nach einer halben Stunde wiederauftaucht, und meint, wir könnten die Grenze ohne Ausweise passieren, solange wir nicht mehr als einige Kilometer auf turkmenischem Gebiet fahren. Ich solle mir das Kopftuch besser ins Gesicht ziehen und so tun, als wäre ich Afghanin. Wie viel Bestechungsgeld er für unseren Grenzübertritt gezahlt hat, verschweigt er. Wir fahren also an der Fahrzeugkolonne vorbei, werden an der Grenze ohne Probleme durchgewunken und fahren die kurze Strecke zum Haus der Familie, das am Stadtrand liegt.

Über einen Hinterhof gelangen wir in das ärmliche Zimmer, das der Familie als Unterschlupf dient. Decken liegen herum, ein Gaskocher dient als Küche. Die Familie –Vater, Mutter und zwei jüngere Töchter – sitzen zusammengepfercht in dem Raum und warten bereits auf uns. Die dritte und älteste Tochter hat der Vater für umgerechnet 1000 Euro bereits an einen Freier verkauft, wie er uns berichtet. Die Mädchen sind hübsch, eine um die 17, die andere nicht älter als 14. Ich frage den Vater nach seinem Alter, und der antwortet, er sei 50. Er sieht aus wie ein Mann über 60, abgearbeitet und mit gebeugtem Rücken von den Lasten, die er seit seiner Jugend im Basar von Herat umhertragen musste. Er erzählt mir ruhig, er würde auch seine anderen Töchter bald verkaufen, weil sie sonst kein Einkommen hätten. Ehefrau und Mädchen sitzen stumm daneben und sehen den Mann an. Sie nicken unmerklich mit den Köpfen. Ich bilde mir ein, ihre Gedanken lesen zu können: Das ist kein Leben, das den Namen verdient, wir brauchen eine Alternative. „Warum schicken Sie ihre Töchter nicht zur Schule", frage ich. „Es gibt keine", erwidert der Vater. Dann frage ich ihn, warum er nicht mehr arbeitet, worauf er klagt, dass er seine Beine kaum mehr bewegen könne. Alter und Krankheit seien seine ständigen Begleiter. Er würde den Mädchen anständige Männer aussuchen. Seine Frau meint, sie könnten mit dem Verkauf einer einzigen Tochter ein ganzes Jahr gut leben. Sie zeigt mir, was momentan noch an Essensvorräten vorhanden ist – einige Brotfladen und sonst nichts. Die Familie ist fromm, und ihre Traditionen stehen im Widerspruch zu dem, was die Menschen im Westen fordern. Natürlicherweise misstrauen sie Leuten wie mir. Andererseits sehen sie ohne Weiteres die Vorteile, die ihnen eine Stromversorgung und eine Schulausbildung für die Töchter bringen würden. Sie würden ohne zu zögern Hilfe annehmen, wenn sie ihnen nur angeboten würde.

Von draußen dringen entfernte Geräusche von vorbeirasenden Fernlastern in den Raum. Die Route ist gut befahren. Menschen machen Geschäfte, viele Afghanen haben Arbeit. Die Welt dreht sich weiter und bringt alles Mögliche nach Afghanistan, inklusive Fortschritte. Nichts davon ist hinter die vier Wände dieses Hinterhofzimmers gelangt.

14. Kapitel

Kundus, 2012

Ende Januar 2012 stimmt der Deutsche Bundestag einer Verlängerung des Afghanistan-Mandats um ein weiteres Jahr zu. Es stimmen in namentlicher Abstimmung 424 von 569 Abgeordneten dafür, 107 lehnen ab, und 38 enthalten sich. Das deutsche Truppenkontingent ist seit 2003 in Kundus stationiert, ab 2007 wird es verstärkt von Taliban angegriffen.

Ein Land als Übungsplatz

„Vielmehr als ein Friedhof der Imperien zu sein, wurden dort Imperien geboren.“
(Peter Frankopan)[88]

Die Sonne brennt erbarmungslos auf die Menschen nieder, die in den Baumwollfeldern arbeiten. Frauen und Kinder mit gebeugten Rücken setzen Pflänzlinge in den trockenen Boden, so wie es in der Provinz Kundus seit Jahrhunderten geschieht. Die Kleinsten verschwinden beinahe in den Stauden, Kinder laufen ungehemmt herum, während sie spitze Schreie ausstoßen. Baumwolle ist seit Jahrhunderten eine der wichtigsten Einnahmequellen von Afghanistan. In den vergangenen 30 Jahren wurde der arbeitsintensive Wirtschaftszweig, in dem Afghaninnen in der Zeit der Aussaat im späten Frühjahr sowie in der Erntezeit im Herbst eine willkommene Beschäftigung fanden, verstaatlicht und ausgebaut. Während der Okkupation durch die Sowjets lieferte Afghanistan seine Agrarprodukte in den Norden. Wegen des Krieges geriet der Baumwollanbau aber in den Hintergrund und wurde wie vielerorts durch das ertragreichere Opium ersetzt – alles in Sichtweite der NATO-Truppen.[89]

Doch auch in diesem Frühjahr 2012 sehen noch andere zu: Taliban-Informanten, die nicht nur Baumwoll- und Opiumfelder, sondern die gesamte Provinz im Blick haben. Zuerst wird alles ausspioniert, dann angegriffen. Kundus, eingeklemmt zwischen den zentralasiatischen Ebenen und dem Hindukusch, ist keine Ausnahme mehr. In den Städten bringen Mütter ihre Mädchen und Jungen zur Schule. In den Dörfern stehen Eltern vor geschlossenen Toren, denn die Taliban erzwingen die Schließung aller Bildungseinrichtungen. Fast unmerklich, aber stetig fallen die Vororte und Dörfer von Kundus in die Hände der Taliban.

Die Hitze lässt die flache Landschaft vor mir förmlich glimmen. Ungeduldig warte ich vor der Zufahrt zum deutschen Feldlager auf mein Taxi. In meinem Rücken schiebt ein Soldat vor dem Campdurchgang Wache. Alle anderen frühstücken in der Kantine – Roggenbrot, deutscher Kaffee, importierte Butter und verschiedenste Wurstsorten. Alles liegt pragmatisch angerichtet in Vitrinen vor den Soldaten, die sich mit ihren Tabletten anstellen. Höhere Offiziere mischen sich dazwischen, die Rangordnung hat bei der Essensausgabe keinerlei Bedeutung. Wenn Reporterinnen und Reporter zu Besuch sind, wird nicht anders verfahren. Man sitzt nebeneinander als Gleiche, wobei sich Frühstück, Mittagessen und Abendbrot in ihrer Ausführlichkeit in nichts nachstehen. Darüber hinaus wird zwischendurch Kaffee und Kuchen serviert, sodass Journalisten über die geregelten und exzessiven Essenszeiten klagen – einige wähnen sich in einer Art kulinarischen Beschäftigungstherapie, um sie am Arbeiten draußen zu hindern.

Um das Bild einer kontrollierten Lage in Kundus überhaupt aufrechtzuerhalten, werden für deutsche Reporter meistens nur Tagesausflüge aus dem Camp organisiert, bei denen maximale Sicherheit die oberste Priorität ist. Anfragen, eine Antiterroreinheit zu begleiten, werden stillschweigend ignoriert. Erklärbar ist diese Zurückhaltung mit der mittlerweile substanziellen Zahl von Kriegsopfern in diesem Gebiet – über 50 tote Deutsche sind bereits zu beklagen. Ausgangssperren sind nicht nur für Pressevertreter, sondern auch für die Soldaten die Regel. Doch während sich die Reporter in ihren Containerbehausungen frustriert die Klimaanlage um den Kopf brausen lassen, haben die meisten Soldatinnen und Soldaten eine Aufgabe in der Verwaltung des Lagers zu erledigen. Nur ein geringer Teil, nämlich 90 Mann

Infanterie von insgesamt 470, ist tatsächlich draußen einsetzbar, der Rest schreibt Berichte, bestellt Nachschub, wertet Erkenntnisse aus, worin die Deutschen als gut gelten, und sorgt für die Aufrechterhaltung des Lagers.[90]

Ich vertrete mir die Beine und schaue immer wieder auf die Uhr – wo bleibt mein Taxi bloß? Zwischendurch schwirren mir die üblichen Zweifel durch den Kopf. Der deutsche Presseoffizier im Lager hat mir von meinem Plan, mich auf eigene Faust nach Kundus bringen zu lassen, nicht abgeraten, aber unterstützt hat er ihn genauso wenig. Das Restrisiko lässt sich jedoch kalkulieren. Zeit ist ein wichtiger Faktor, zu lange draußen verharren, sich offen zeigen birgt Gefahren. Ich habe jedoch nicht vor, einfach ziellos durch die Stadt zu flanieren, sondern das Frauengefängnis von Kundus zu besuchen, wo ich die Insassinnen mit einer Handkamera in meiner Tasche interviewen möchte. Mir war zugetragen worden, dass Frauen von ihren Familien gezwungen würden, die Haftstrafe für Verbrechen ihrer Ehemänner auf sich zu nehmen. So landen sie unschuldig jahrelang in den Haftanstalten. Dieses Vorgehen würde selbst von Richtern mitgetragen werden, denn so könnten die Männer weiter für ihre Familien sorgen. Die Justiz, die diesen Namen kaum verdient, würde den Frauen immerhin erlauben, ihre Kinder mit ins Gefängnis zu bringen. Keine gerechte Lösung, aber eine pragmatische, die das Überleben sichert – eine afghanische. Ein Kompromiss, so unfassbar er sich auch anhört.

Auf der staubigen Straße ist in der Ferne ein Wagen zu bemerken, der sich dem Lager mit hoher Geschwindigkeit nähert. Der Wachmann macht keinerlei Anstalten, sich zu bewegen, und als das Auto neben mir stehen bleibt, winke ich dem Fahrer kurz zu. Er nickt und öffnet umständlich die Tür zum Hintersitz. Wenn nichts dazwischenkommt und alles nach Plan abläuft, werde ich bereits in einigen Stunden wieder im Feldlager sein.

Der Mann hinter dem Lenkrad ist jung. Er ist mit einem T-Shirt und Jeans bekleidet, vor den Augen eine modische Sonnenbrille, denn das 21. Jahrhundert mit seinen coolen Statussymbolen hat auch in der Provinzstadt Kundus Einzug gehalten – Konsumträume sind für die jungen Afghanen unwiderstehlich. Kontakte in Kabul haben mir den Mann als zuverlässigen Einheimischen empfohlen und den Trip mit ihm organisiert. Ich könne ihm bedingungslos trauen, er würde mich sicher zum Gefängnis und zurück bringen. Eine Dreherlaubnis müsste ich vorher nicht einholen. Der Fahrer fährt los und erzählt, er sei ein einheimischer Reporter und würde für einen Radiosender berichten. Ich frage ihn, ob der Dreh in der Haftanstalt klappen würde, er erwidert ein lakonisches „Denke schon".

Ich kurble die Fensterscheibe hinunter, weil ich meine, ferne Explosionen zu hören. Doch meine angespannten Nerven spielen mir anscheinend einen Streich. Der Fahrer behält seine Hände am Lenkrad, schaut sich von Zeit zu Zeit in der verlassenen Landschaft um. Die gesamte Strecke vom Lager bis ins Stadtzentrum, jeder Kiosk am Straßenrand und jede Lehmhütte kann den Gotteskriegern als unauffälliges Versteck dienen. Guerillamethoden, wie sie üblich sind in solchen Konflikten, wo die Grenzen zwischen Zivilisten und Kämpfern verschwimmen.

Zwischendurch denke ich an meinen Kameramann. Ich hatte ihn im Camp zurückgelassen, wo er besser aufgehoben war als neben mir. Für mich ist es nicht der erste Besuch in Kundus, doch wie überall in Afghanistan kann sich die Lage von Tag zu Tag ändern. Was gestern noch in der Hand der Regierung war, kann heute schon Niemandsland oder Taliban-Gebiet sein. Der Fahrer erzählt allerdings, in Kundus gäbe es nichts Auffälliges zu berichten. „Die Taliban?", frage ich. Er lacht nur.

Bekannt ist, dass die Gotteskrieger mit sogenannten zeitlich begrenzten Checkpoints die Zufahrtswege nach Kundus kontrollieren. Überlandstraßen wie die nach Pul-e Charkhi sind inzwischen nicht mehr gefahrlos zu befahren. In den Vororten von Kundus werden nachts sogar Familien terrorisiert. Die Taliban sind, trotz des deutschen Lagers und der jahrelangen Präsenz von Soldaten, aus den Norden Afghanistans nicht mehr wegzudenken. Vorbei die Zeiten, als die Deutschen in Kundus offen herumspazierten. Anschläge machten dem ein Ende. Die Bewohnerinnen und Bewohner der Stadt erwachten kurz vor meinem Besuch, im Februar 2012, mit dem Lärm von Angriffen auf das UN-Quartier. Vorausgegangen waren Gerüchte, wonach ein Koran verbrannt worden sei. Innerhalb kürzester Zeit kochten die Emotionen hoch, die ohnehin schon durch die jahrelange Gewalt, Ängste und Erniedrigungen, die eine Besatzung mit sich bringt, strapaziert waren. Mit jeder Schneeschmelze – etwa gegen April – organisieren die Taliban außerdem ihre Frühjahrsoffensiven. Dieses Jahr begannen sie mit Angriffen auf NATO-Einrichtungen in Kabul und auf das Parlament. Erst nach stundenlangen Gefechten wurden sie zurückgedrängt.

In Kundus werden Klagen laut – die Deutschen würden die Augen vor der deprimierenden Realität verschließen. Ein mir bekannter afghanischer Reporter hat, – um zu belegen, wie brisant die Lage in Kundus wirklich ist – einen ranghohen Taliban-Führer in Sichtweite der Stadt befragt. Das deutsche Kontingent ist nicht bereit einzugestehen, dass solche Provokationen sich ihrer Kontrolle entziehen. Der Journalist wird nach Ausstrahlung des Interviews vom afghanischen Geheimdienst verhaftet. Ihm wird vorgeworfen, die öffentliche Wahrnehmung zu manipulieren, denn es gäbe keine Taliban in und um Kundus. Bei seinem ruppigen Verhör mit dem Geheimdienst erfährt er, die Deutschen hätten verlangt, sein Bericht müsse dementiert werden. Der Reporter wird kriminalisiert und eine Woche lang festgehalten, weil er ein offenes Geheimnis ausgesprochen hatte, das zu jenem Zeitpunkt weder die afghanische noch die deutsche Regierung hören wollen.[91] Die Wahrheit ist im Krieg meistens nicht mehr als eine Momentaufnahme, und morgen schon, hoffen alle Kriegsparteien, kann sich das Glück wieder zu ihren Gunsten wenden.

Die Außenbezirke von Kundus tauchen vor meinen Augen auf. Niedrige Gebäude, hinter Mauern gelegen, und viele Gärten sind zu sehen. Doch unser Wagen bleibt abrupt vor einem unscheinbaren Hotel stehen. Drinnen werde ich in eine Art Wintergarten gebracht, der wie eine Kulisse für einen russischen Roman wirkt. Rüschendecken auf den Tischen. Möbel aus dem vergangenen Jahrhundert. Der Fahrer erklärt mir nicht, warum wir hier einen Zwischenstopp einlegen – ich solle nur kurz warten. Mit aufkommender Nervosität blicke ich durch üppige Spitzengardinen in den Außenbereich. In der Ferne ist Kinderlärm aus einer Schule zu hören. Niemand im Hotel ist mir gegenüber unfreundlich, doch alle verhalten sich distanziert.

Bei meinen Reportagen in den Jahren davor in Kundus war von Zurückhaltung noch nichts zu spüren. Sobald ein Einheimischer nur hörte, man sei mit den Deutschen in Verbindung, wurde man auf der Stelle nach einem Job im deutschen Camp gefragt. Nun aber interessiert es niemanden mehr, selbst mein Fahrer spricht mich nicht darauf an, obwohl er passables Englisch spricht und daher als Sprachmittler dort gutes Geld verdienen könnte. Zwischen dem altmodischen Hotel mit seinen verstaubten Lampen und Teppichen und dem gut organisierten Feldlager befinden sich unüberbrückbare Welten. Ursprünglich waren die Deutschen mit der Absicht, als Helfer für schutzlose Frauen und Kinder zu dienen, in die Provinzen gezogen. Aber der Krieg machte ihnen einen Strich durch die Rechnung. Aus dem geplanten ruhigen Einsatz wurde nichts. Bald wurde der Preis der Entsendung stärker thematisiert als ihr Ziel. Daheim wurde heftige Kritik laut, während in Afghanistan die Anschläge immer mehr zunahmen.

Eine Strategie der Gefahrenminimierung bestand darin, dass deutsche Patrouillen ihre Taliban-Jagdeinsätze – die sogenannten Antiterrormissionen – jahrelang am Vortag groß in lokalen Zeitungen ankündigen ließen. Wie zu erwarten, fanden sie meistens nur mehr die Hals über Kopf aufgegebenen Quartiere der Gotteskrieger vor. Die Taliban gaben die entsprechend patrouillierten Gebiete einfach für einige Tage auf und kehrten dann wieder zurück. Während die Bevölkerung also de facto oftmals mit den Taliban leben mussten, igelten sich die Deutschen zunehmend ein. Um ihr Feldlager wurden im Laufe der Jahre immer größere Sicherheitskreise gezogen, die sie von der afghanischen Außenwelt trennten. Um überhaupt in Kontakt mit der Bevölkerung zu treten, musste ein deutscher Soldat einen so enorm komplizierten Dienstweg hinter sich bringen, dass er höchstwahrscheinlich in vielen Fällen von vornherein darauf verzichtete. Ausgang für die Truppen war ab einem gewissen Zeitpunkt ebenfalls nicht mehr gestattet.

Und die Patrouillen waren in einem Maße abgesichert, das jeden spontanen Kontakt unwahrscheinlich machte. Bei einem meiner Reportageausflüge in den Jahren zuvor war ich mit einer deutschen Patrouille unterwegs. Ich entfernte mich, um mit einigen Händlern zu reden. Bei dem Gespräch wurde mit jedem Wort deutlich, dass die Mission der Deutschen ihnen ein Rätsel zu sein schien. Die wenigsten wussten überhaupt, warum die deutschen Truppen in Kundus im Einsatz waren. Die Taliban hingegen wurden zunehmend präsenter, bedrängten die Menschen, terrorisierten die Alleingelassenen.

Der Kinderlärm wird lauter. Es geht wieder los, mein Fahrer setzt sich wortlos ans Steuer. Nach einer Weile erklärt er, wir müssten einige Umwege fahren und die Hauptstraßen vermeiden. Wir schlängeln uns durch den dichten Vormittagsverkehr und kommen vor einem großen Tor zum Stehen. Ohne sich lange mit Nachfragen aufzuhalten, öffnet der Wächter nach einem kurzen Blick auf den Fahrer das Tor des Gefängnisses und lässt uns in den Hof fahren. Nach einem knappen Dialog zwischen Fahrer und einem der Gefängniswärter bringt man uns in einen Seitentrakt, in dem die Frauen untergebracht sind. In einem dunklen Raum, der nur durch ein kleines Dachfenster Tageslicht erhält, hocken ein Dutzend Afghaninnen jeden Alters – Mütter, von einer Kinderschar umgeben, Greisinnen mit müdem Blick. Alle erzählen mir ein und dieselbe Geschichte. Sie seien zu jahrelangen Strafen für Taten verurteilt worden, die ihre Männer begangen hatten. Einige berichten, sie hätten sich gewehrt, doch die gesamte Familie hätte sich gegen sie gestellt. Ich sehe mich um. In einem Innenhof lachen und scherzen weitere inhaftierte Frauen, bunte Tücher um den Kopf geschlungen. In einer Ecke bereitet man auf einem offenen Feuer das gemeinsame Mittagessen vor, das aus einfachen Blechnäpfen gegessen wird. Der Gefängnisalltag ist trist, doch die Frauen helfen einander. Am Ende erfahre ich jedoch, dass keine der Frauen über Jahre hierbleibt. Früher oder später findet sich ein Richter, der die Strafe erlässt. „Es geht immer um Geld", lässt mich eine Inhaftierte wissen. Einer der Richter würde Geld nehmen, um die Frauen zu verurteilen, und ein anderer, um sie in die Freiheit zu entlassen.

Von einer Sekunde zur anderen beginnt vor dem Frauentrakt eine lautstarke Diskussion. Mein Fahrer, der zugleich als mein Übersetzer dient, schaut besorgt in die Richtung des Lärms, bevor er verschwindet. Als ich ihm folge, ist einer der Gefängniswärter gerade dabei, ihn zurechtzuweisen. Bald drängt mich der Fahrer energisch Richtung Auto. Unmittelbar danach fahren wir – immer noch in eine hitzige Debatte mit dem Gefängnispersonal verwickelt – schon durch das Tor auf die Straße. Jetzt erst erfahre ich, dass der Gefängnis-Besuch mit dem Onkel des Fahrers, dem Gefängnisdirektor, abgesprochen war. Aus diesem

Grunde hatten wir keinerlei Genehmigungen einholen müssen. Aber der Onkel, der uns hätte empfangen sollen, war aus irgendeinem Grund verhindert und nicht anwesend. Bald hatte sich unsere Präsenz im Frauentrakt unter dem Gefängnispersonal herumgesprochen, das daraufhin dringend wissen wollte, wer uns denn überhaupt die Erlaubnis dafür gegeben hätte. Bevor die Lage weiter eskalieren konnte, hatte der Fahrer zum Rückzug geblasen.

Es ist bereits Mittag. Polizeiwagen voll mit afghanischen Uniformierten fahren an uns vorbei, während sich Fußgänger um die geöffneten Geschäfte tummeln. Kinder verlassen Schulen, um sich auf den Heimweg zu begeben. Viele Ausbildungsstätten in den Dörfern sind hingegen geschlossen. Gerüchte über angebliche Giftangriffe auf Mädchenschulen durch die Taliban machen die Runde.

Kundus selbst zählt um die 370 000 Bewohnerinnen und Bewohner. Die florierende Bauwollerzeugung hat hier, wie in anderen Teilen des Landes, eine tiefe Armut verhindert. Andere Probleme führten jedoch zu einer großen Instabilität in der Region. Eine paschtunische Minderheit war im 19. Jahrhundert von König Abdul Rahman in diesen entlegenen Landstrich in Nordafghanistan zwangsumgesiedelt worden. Die Paschtunen wurden von der mehrheitlich tadschikischen Bevölkerung teilweise als unerwünschte Eindringlinge betrachtet – das Zusammenleben lief selten reibungslos ab. Nach 2001 wurden Paschtunen hier – wie im Süden – nicht nur benachteiligt, sondern gezielt Opfer von Racheaktionen. Als sich die ersten Taliban in der Region formierten, brauchten sie daher nicht viel Überzeugungsarbeit leisten, um Mitstreiter für ihren Kampf gegen die westlichen Besatzungsmächte zu gewinnen. Vor allem ländliche Paschtunen fanden in den Taliban eine Schutzmacht, was auch daran lag, dass Übergriffe auf Paschtunen von den

Deutschen geflissentlich übersehen wurden. Zudem machten die Taliban im Vergleich zu vielen anderen Kräften im Land Versprechungen, die den traditionellen Ansichten der afghanischen Bevölkerung entsprachen. Im Falle eines Sieges boten sie Hazara, Usbeken und Tadschiken an, die Macht gerecht unter den einzelnen Bevölkerungsgruppen aufzuteilen. Da sich auf allen Seiten Frustration angesammelt hatte und die westlichen Pläne nicht fruchteten, war der Erfolg dieser Strategie garantiert.

Inzwischen werden die westlichen Akteure in allen Teilen Afghanistans längst nicht mehr als Wohltäter, sondern als Besatzer empfunden.[92] Mit jedem Jahr sinkt, trotz aller Schönwetterparolen, das Vertrauen in die westliche Allianz. Deren Gegner – die Taliban und neu gegründete Ableger anderer Gruppen wie der sogenannte Islamische Staat – erhalten jedoch immer mehr Zuspruch. IS-Gruppen versuchen, den Taliban Gebiete streitig zu machen; mit nur wenig Erfolg – die vornehmlich aus Syrien und dem Irak stammenden Kämpfer gelten als Ausländer, die Taliban hingegen werden von vielen als Afghanen wahrgenommen, die sich die Macht nicht von äußeren Mächten streitig machen wollen.

In Kundus ist das Anliegen des sogenannten Islamischen Staates ohnehin weit entfernt von der Lebensrealität – die Menschen haben andere Sorgen, etwa eine steigende Anzahl von *Warlords* und korrupten Politikern, die sich am Land bereichern wollen. Und niemand geht entschlossen gegen sie vor! Keinem Bauern entgeht die scheinbar wohlwollende deutsche Behandlung der korrupten Kriegsherren. Die angebliche Bestechung in Form von Geschenken an lokale Politiker durch deutsche Vertreter ist Stadtgespräch in Kundus und in Masar-e Scharif weiter im Westen, wo die beiden Stützpunkte der Deutschen liegen. Was die Spatzen von den Dächern pfeifen, wissen auch die Presseoffiziere, die nur bestimmte Fragen mit einem wissenden Lächeln beantworten und andere ignorieren.[93]

Die deutschen Soldatinnen und Soldaten in ihrem Camp am Fluss Kundus, abgeschieden von allen, werden von den Afghanen schon lange vor ihrem späteren Abzug im Jahre 2013 als größtenteils irrelevant betrachtet. Daran wird auch die zu diesem Zeitpunkt stattfindende offizielle Übergabezeremonie des Lagers in Kundus an die Afghanen nichts ändern, für die Verteidigungsminister de Maizière eigens einfliegt. Noch vor Abschluss der Feierlichkeiten wird deutlich, dass die afghanischen Truppen keinerlei Ressourcen haben, um das Lager weiter sinnvoll zu nutzen. Von deutscher Seite werden keine Polizeikräfte mehr ausgebildet, um die hinterlassenen Einrichtungen zu füllen. Auch der elektrische Strom versiegt irgendwann, weil die Deutschen die Rechnung nicht mehr bezahlen.

Der Realität zum Trotz werden noch in den Jahren nach dem Abzug glühende Versprechen abgegeben, man werde Afghanistan langfristig helfen. Ausgesprochen von den höchsten Stellen,[94] aber nicht gehalten – in den Augen der Afghanen eine weitere Enttäuschung. Ihnen wirft man zwar in einem fort vor, es fehle an den notwendigen Voraussetzungen für die Demokratie. Doch die westlichen Truppen stehen in dem Land in keinem guten Ruf: Sie schauen weg, schützen in erster Linie sich selbst, begrüßen *Warlords* mit einem warmen Händedruck und verschwenden Millionen an Fördermitteln. Falsche Gerüchte tragen dazu bei, diese Ansicht in der Bevölkerung noch zu befeuern. Zuerst glaubten die Afghanen, mit dem Einzug der westlichen Allianz würde jeder über Nacht reich werden, dann folgte Enttäuschung bei vielen, bis schließlich das Gefühl entstand, sie seien als Bauernfigur in einem Schachspiel ausgenutzt worden, das sie weder verstehen noch nachvollziehen konnten.

Bald liegt die Stadt hinter uns. Die Landstraße gehört uns, bis wir das Lager erreichen, begegnen wir kaum Verkehr. Vor dem üblichen Abendessen in der Kantine besprechen wir mit dem

Kameramann die nächsten Tage. Ausfahrten mit einer Patrouille sind geplant.

Unser Kontakt mit den Soldaten ist begrenzt, doch beim Essen setzen sich die Presseoffiziere zu uns. Auffällig beiläufig fragen sie nach meinem Ausflug nach Kundus-Stadt. „Es ist ruhig, und die Taliban sind überall", erwidere ich sinngemäß. Alle hören aufmerksam zu und kommentieren nicht. Jede Stellungnahme könnte gegen sie ausgelegt werden, angesichts der schlechten öffentlichen und politischen Stimmung daheim bezüglich des Afghanistan-Einsatzes ist ihre Vorsicht gegenüber Reportern vor diesem Hintergrund verständlich. Das hindert den deutschen Stab nicht daran, so viele Informationen wie möglich zu sammeln, ob beim gemeinsamen Abendbrot oder sonstwo, sei es von Reporterinnen wie mir oder ihren eigenen Sprachmittlern. Einheimische sagen über die Deutschen, sie seien die besten Nachrichtensammler von allen. Sie würden sogar bei ihren Ausfahrten beginnen, die Dorfmilizen auszufragen. Sie säßen in Dörfern stundenlang geduldig am Feuer und hörten einfach zu, bis sogar die Afghanen müde werden. Aufklärung, Wissensansammlung. Wer weiß, wozu das gut sein kann? Schließlich pfeifen die Spatzen schon überall von den Dächern, eine neue Weltordnung sei im Entstehen. Auf diese vorbereitet zu sein kann auch den Deutschen nicht schaden.

Nach den Terroranschlägen 2001 folgte Berlin als treuer Verbündeter den Amerikanern und unterstützte sie in ihrer Mission. Aber Lorbeeren gab es für die Deutschen auf den ersten Blick keine zu holen. Beinahe 7000 Kilometer entfernt liegt Afghanistan, bekannt als Friedhof der Imperien. Am anderen Ende der eurasischen Platte, wie Geografen die größte Landmasse der Welt zwischen Europa, Russland und Asien bezeichnen. Weit weg. Unbekannt. Ein Wagnis, von dem man in Deutschland nicht wusste, was es bringen sollte, aber trotzdem: Wenn man schon mitmachte, wollte man Afghanistan als eine

Art Labor für künftige Einsätze in einer bedrohlicher werdenden Welt betrachten.

Der damalige Bundeskanzler Gerhard Schröder hatte dies im Oktober 2001 angedeutet: „Es gibt sicher viele Gründe, warum Deutschland in der aktuellen Situation seine Präsenz und seine aktive Solidarität unseren Freunden in den Vereinigten Staaten und in der internationalen Allianz gegen den Terrorismus zeigen muss: Historische, gegenwärtige, aber auch Gründe, die mit der Positionierung Deutschlands in der Zukunft zu tun haben. [...] International Verantwortung zu übernehmen und dabei jedes unmittelbare Risiko zu vermeiden kann und darf nicht die Leitlinie deutscher Außen- und Sicherheitspolitik sein."

Schröders Nachfolgerin Angela Merkel sagt später in einer Rede zum 50-jährigen Bestehen der NATO: „Ich glaube, sagen zu können [...], dass die Stabilisierung Afghanistans derzeit eine der größten Herausforderungen für die Nato und ihre Mitgliedstaaten ist. Sie ist gleichsam so etwas wie ein Lackmustest für ein erfolgreiches Krisenmanagement und für eine handlungsfähige NATO."[95]

Diese Strategie der deutschen Regierung mag nachvollziehbar gewesen sein, doch das tatsächliche Geschehen in Afghanistan und all die entsprechenden Probleme warfen zunehmend die Frage nach einer für die deutsche Öffentlichkeit verständlichen Geschichte auf. Denn die neue Weltordnung präsentierte sich weniger klar, als viele gedacht hatten. Waren die Taliban tatsächlich jene Bedrohung für den Weltfrieden, als welche sie dargestellt wurden? Wurde am Hindukusch also der Weltfrieden verteidigt, der ohnehin unbezahlbar ist? Dann wäre es doch lächerlich, dafür eine Preisobergrenze anzusetzen.

17,3 Milliarden Euro hatte die deutsche Mission gekostet. Viel Geld. Davon gingen allerdings nur etwa 15 Prozent als Hilfe an die Afghaninnen und Afghanen. Der gesamte Rest wurde für die alles überragende Sicherheit ausgegeben, kam daher indirekt eher deutschen Militärs zugute als der afghanischen Bevölkerung.[96]

Westliche Militärs räumen ein, man habe in Afghanistan zwar nicht gesiegt, doch die angehäuften Erfahrungen könne einem niemand mehr nehmen. In Gesprächen mit deutschen Bundestagsabgeordneten und Sicherheitsexperten wird mir gegenüber deutlich gemacht: Der Einsatz sei es sehr wohl wert gewesen. Erfahrung. Konkrete Einsätze, über die man Berichte verfassen konnte. Die Militärs sind hinter den Kulissen zufrieden. Der Hindukusch hat ihnen die Augen geöffnet, was im 21. Jahrhundert möglich ist und was nicht. Insofern war es keine verlorene Zeit, trotz der Verluste an Mann und Material.[97] Obwohl, wie so oft in Kriegen, alles schiefging, was nur schiefgehen konnte. Keine Demokratie in Afghanistan. Kein Reichtum für Übersetzer oder für die jungen Afghanen im Allgemeinen. Tod und Elend – aber niemand behauptet ja, es sei eine perfekte Mission gewesen.

Kundus ist insofern ein idealer Platz für die Wissensanhäufung, weil man von hier aus auch die Russen und das benachbarte China – mit Afghanistan über einen Landkorridor verbunden – im Auge behalten kann. Minen im Norden werden beispielsweise zunehmend von chinesischen Firmen aufgekauft. Einige werden nicht einmal betrieben, sondern liegen brach für den Fall der Fälle. Tadschikistan ist ebenfalls nur 250 Kilometer entfernt. Bewohner in Kundus haben Verwandte dort und überqueren die Grenze so selbstverständlich, als existierte sie überhaupt nicht. Hier blüht der Drogenschmuggel, und über zwielichtige Kanäle kann man zusätzlich Informationen erhalten, die dazu dienen können, die Umwälzungen in der Region zu verstehen. Auch der Presseoffizier hört mir aufmerksam zu, so als höre er heute zum ersten Mal von einer Taliban-Präsenz in Kundus. Danach stellen wir alle unser Geschirr ab und gehen in unsere Schlafstätten.

Draußen legt sich die Nacht über das geteilte Kundus. Das der Deutschen und das der Afghanen.

Einer der Morgen danach. Frühes Frühstück, gefolgt von einer Ausfahrt unter strengsten Sicherheitsvorkehrungen, um Seitenstraßen von Minen zu befreien. Überall, an jedem Weg, sogar in den Bewässerungsanlagen liegen die tödlichen Sprengkörper herum, aber während unserer medialen Begleitung wurde keiner gefunden.

Die Deutschen wollen so kurz vor Ende ihrer Mission keine unnötigen Risiken mehr eingehen, müssten aber trotzdem ihre Autorität unter Beweis stellen. Der Einsatz an Mann und Material an diesem Vormittag ist enorm. Panzerfahrzeuge. Sicherheitsabstände. Späher werden ausgeschickt. Massiv ausgerüstet und dementsprechend unbeweglich folgen die deutschen Truppen der üblichen amerikanischen Strategie – ganz nach dem Motto: „Wir sind eine Macht. Wir haben mehr Waffen. Der Sieg kann uns nicht genommen werden." Das Gefühl, dass uns jenseits der Felder, wo unser Blick nicht mehr hinreicht, Taliban beobachten, werde ich trotzdem nicht los. Ich überschaue den Horizont. Kein Halm bewegt sich.

Während ich den deutschen Einsatz begleite, rumort es hinter den Kulissen der westlichen Allianz bereits gewaltig. Die Unvorstellbarkeit einer Niederlage führt zu einer Trotzreaktion: Es kann nicht sein, was nicht sein darf. Gegenseitige Vorwürfe, wer schuld sei an den Misserfolgen, werden zum Teil sogar öffentlich vorgetragen. Die Amerikaner sind nicht zimperlich und werfen den Deutschen unter anderem ihre Zurückhaltung bei den Zahlungen vor. Das absolute Reizthema ist die Ausbildung der afghanischen Polizei – von den Deutschen angeführt und daheim stolz als wichtigster Teil ihres Beitrages präsentiert. Die Polizeiakademie im östlichen Kabul ist das Vorzeigemodell. Eine gründliche und entsprechend lange Ausbildung von

Antonia Rados unterwegs mit der deutschen Bundeswehr.

Deutsche Polizisten bei der Theorie-Ausbildung der afghanischen Polizei in Kundus. Mit Playmobil-Figuren wird hier der Umgang mit Sprengfallen erklärt. 2012

afghanischen Polizeioffizieren gehört dazu, aber an der finanziellen Unterstützung dieser Mission wird gespart. In den ersten Jahren werden von Berlin nur 12 Millionen Euro zur Verfügung gestellt, laut Experten viel zu wenig für eine solche Aufgabe. Gerade einmal 40 deutsche Ausbilder mühen sich mit den Afghanen ab, während zehn Mal so viel Personal benötigt würde. Zudem ist die deutsche Polizeiausbildung den USA zu zeitaufwändig, weshalb sie dafür plädieren, diese Aufgabe der EU zu übergeben. Doch auch das bringt keine Besserung: 2000 Trainer aus Europa sollen nach Afghanistan entsandt werden. Am Ende werden aber nur 200 zur Verfügung gestellt. Immerhin werden außerhalb von Kabul zusätzliche Trainingsstellen eröffnet.[98] Dazu kommen über die Jahre andere Reibungspunkte wie die Tornado-Aufklärungsflugzeuge der Bundeswehr, von Bundeskanzlerin Angela Merkel an den Hindukusch entsandt und dann wieder abgezogen. Die Amerikaner können darauf verzichten.

Zusätzliche deutsche Projekte in Afghanistan wie die PRTs, Provincial Reconstruction Teams, – Wiederaufbau-Teams für die Provinzen – können ebenfalls nicht als Erfolge verbucht werden. Diese Teams sollen den Aufbau der zivilen Infrastruktur und verschiedener Hilfsprojekte schneller vorantreiben, doch statt Ingenieure oder Krankenschwestern sehen die Afghanen mehr und mehr Militärs in ihren Städten und Dörfern, die zum Schutz der Helfenden mitreisen. Wie zu erwarten, scheitert die eigentliche humanitäre Hilfsaktion. Sicherheitsmänner haben andere Bedürfnisse als Helfer, und am Ende betrachtet die Bevölkerung beide als Spitzel, die nichts Gutes verheißen. Der sogenannte Kampf um die Herzen der Menschen vor Ort, um die Nähe, die man schaffen will, endet in einer weiteren Enttäuschung.

Da die Niederlage viele Väter hat, der Sieg hingegen nur einen, bricht der Streit zwischen den NATO-Alliierten im September 2009 offen aus. Auslöser war einer der verheerenden US-Luftschläge, diesmal aber von einem deutschen Oberst in Kundus angefordert, weil er in zwei verdächtigen Lastwagen Taliban vermutete. Je nach Quellen wurden zwischen 30 und 100 Zivilisten getötet.[99] Dieses Trauma sitzt tief in der Seele der Deutschen, aber die Amerikaner nehmen darauf wenig Rücksicht. Eher führt die Tragödie zu weniger Nachrichtenaustausch.

Über diese Konflikte der Alliierten will beim Abendessen niemand reden. Gegen acht Uhr bricht die Dunkelheit herein, das Feldlager liegt wie ein Fremdkörper in der Landschaft. Die folgenden Tage vergehen ereignislos, und wir fahren wieder ab – erleichtert, wie es die meisten Soldaten sind, die ihren Dienst in dem Camp nur noch absitzen. Auf dem trostlosen Flughafen von Kundus warten wir stundenlang, bis die Fokker endlich am Horizont auftaucht. Bald liegt alles – Flugfeld, Lager und Stadt – hinter uns.

Von oben betrachtet, hat sich wenig verändert, seit die Deutschen vor mehr als 100 Jahren ihre ersten Fühler vorsichtig nach Afghanistan ausstreckten. Die Zurückhaltung des deutschen Kaiserreichs hatte weniger mit einem Mangel an Kolonialherren-Mentalität zu tun, Berlin hatte einfach das Zeitfenster verpasst, das ferne Afghanistan für seine Interessen zu nutzen. Die deutsche Delegation erreichte Kabul erst 1915 – Jahre nach den Briten und den Vertretern des russischen Zarenreichs –, ausgestattet mit dem wirren Auftrag, die für die Unabhängigkeit bekannten Afghanen zu einem Heiligen Krieg gegen die Briten zu bewegen. Erwartungsgemäß misslang dieses Vorhaben. Später begrüßte Berlin einen afghanischen König mit viel Pomp, aber dauerhafte Beziehungen entstanden aus diesem Staatsbesuch nicht. Danach versuchten die Nationalsozialisten erneut – ebenso vergeblich –, die Afghanen für ihren Kampf gegen die Briten zu benutzen. Der Versuch engerer Beziehungen wurde schließlich in ein bescheideneres Modell umgewandelt, das deutsche Afghanistan-Experten mit den Schlagworten „Einfluss" und „Mitgestaltung" umschrieben. Das Verhältnis war – mit anderen Worten ausgedrückt – nicht aufregend, doch von Bestand. Es zog sich durch die gesamte Geschichte des 20. Jahrhunderts, unter anderem, weil beide Seiten wenig voneinander erwarteten. Die einen hatten keinerlei Illusionen über das abgelegene Königreich – Afghanistan wurde von deutscher Seite eher nüchtern betrachtet. Geologische Expeditionen hatten das Ausmaß der Bodenschätze lange relativiert, zudem lagen die verschiedenen Mängel des Landes – von fehlender Infrastruktur bis hin zu wenig Bildungseinrichtungen – auf der Hand. Außerdem stritten sich schon andere um das Land, und den Deutschen schien es wenig erfolgversprechend, in diese Konflikte einzugreifen. Die Afghanen bevorzugten ebenfalls ein unkompliziertes Verhältnis – solange einige junge Afghanen in Deutschland ausgebildet werden konnten, waren sie zufrieden.

Trotzdem waren die Deutschen in Afghanistan immer sehr präsent. Zur Hippie-Zeit war immerhin jeder zehnte Besucher in der Chicken Street ein Zivilisationsflüchtling aus Deutschland. Während meines ersten Aufenthalts in Kabul, 1980, betrachteten die Afghanen Deutschland noch als das Land mit den besten Ingenieuren. Deutsche Ausbilder ermöglichten ihnen, ihre eigenen Städte zu modernisieren. Das zählte umso mehr, als sich Tausende sowjetische Berater und fast genauso viele Amerikaner eifersüchtig gegeneinander ausspähten, anstatt das Land zu unterstützen. 150 Deutsche waren ein willkommenes Zünglein an der Waage. Ihre Lehrer und Experten waren harmlose Helfer, die nach dem Einmarsch gerne geblieben wären, aber dann zum Großteil doch das Land verließen.

Wolkenfelder formen sich um unser Flugzeug. Langsam nähert sich der Hindukusch, geografische Quelle vieler Schwierigkeiten in Afghanistan. Er teilt das Land. Er macht Invasoren – selbst der NATO – die Arbeit schwer. Zugleich lagern in seinen Tälern Ressourcen, die viele begehren. Zuerst beuteten die Sowjets auf der Suche nach Kupfer und anderen Mineralien den Boden aus, dann träumten Amerikaner von geologischem Reichtum – und einige Afghanen genauso. Die Hoffnung auf unermessliche Bodenschätze in Afghanistan starb all die Jahre hindurch auch bei den Deutschen nicht. Ihre Geologen forschten weiter in den entlegensten Provinzen, und unter diesem Gesichtspunkt ist es nachvollziehbar, dass 2014 der Gedanke in Berlin eine Renaissance erfahren wird – und zwar unter der neuen Überschrift „Deutsch-Afghanischer Rohstoffdialog“. Ein Jahr später findet in der deutschen Hauptstadt eine hochbesetzte Konferenz zu diesem Thema statt, bei dem der zuständige afghanische Minister für Bergbau deutsche Vertreter auffordert, doch in die ertragreiche Rohstoffförderung in Afghanistan zu investieren.[100] Noch bevor überhaupt ausländische Firmen tätig werden können, kaufen aber afghanische Geschäftsleute einen Teil der Minen auf. Keiner von ihnen hält sich jedoch an die Verträge, Steuern abzuführen, oder daran, die ausgemachten Löhne für Bergarbeiter zu bezahlen. Längst zerstörte Infrastrukturen werden nicht wie versprochen instandgesetzt, sondern in ihrem desolaten Zustand belassen. Wie die Fremden beuten auch afghanische Unternehmer ihr Land aus, wenn keinerlei Kontrollmechanismen ihrer Gier Einhalt gebieten. Die Deutschen verlieren schnell das Interesse an Minengeschäften, die absehbar wenig zu bringen scheinen. Jedenfalls nicht im Moment.[101]

Die Bergwelt unter uns wird schroffer. Sie ist die Kulisse so vieler Hoffnungen und Enttäuschungen, auch für den deutschen Einsatz. Im Anflug auf den Kessel von Kabul senkt sich die Fokker schnell, während abflugbereite Militärmaschinen der Amerikaner im Blickfeld auftauchen. Auch schwere Herkules-Transportmaschinen sind an einem Ende des Flugfelds geparkt. Aus ihren Bäuchen werden Materialien für den Aufbau des Landes entladen. Militärische Hilfsmittel – von Panzern über Hubschrauber bis zu modernen lasergesteuerten Raketen – landen auf einem abgesonderten Flugfeld. Die Großmacht weiß noch nicht, dass ihre Zeit in Afghanistan begrenzt ist. Der Pilot der kleinen Maschine, die mehrmals pro Woche Kundus mit Kabul verbindet, setzt zum Abflug an. Das inzwischen aus allen Nähten platzende Kabul reicht bereits tief in die Schlucht um Sarobi. Seine Hügel sind voller Hütten, darin Generationen von Afghaninnen und Afghanen, deren Leben die westlichen Ausländer für immer verändert haben – zum Guten und zum Schlechten. Aber das Land wächst. Es braucht eine Zukunft und wird sie suchen, wo sie zu finden ist.

Die Fokker gleicht im Vergleich zu den US-Militärmaschinen einer leichten Feder. Sie legt sich unbeholfen auf das Flugfeld. Schon zu diesem Zeitpunkt ist beschlossen: 2014 wird die wichtigste Mission in Afghanistan, die ISAF-Mission, enden. In meinen Ohren sprechen die Presseoffiziere der einzelnen Alliierten die gleiche Sprache. Die Amerikaner sind stolz auf ihre Erfolge. Angeblich hat sich die durchschnittliche Lebenserwartung der Afghanen während des Einsatzes um sieben Jahre erhöht, was sich im Nachhinein als unbescheidene Übertreibung herausstellt. Die Deutschen weisen auf ihre humanitäre Hilfe, beispielsweise beim Wiederaufbau der Kabuler Wasserversorgung, hin. Berliner Ministerien heben dieses Infrastrukturprojekt als durchschlagenden Erfolg hervor, 70 000 neue Trinkwasserleitungen seien gelegt worden.

Nach der Ankunft am Kabuler Flughafen durchschreiten wir eine Halle, wo mir verwahrlost aussehende alte Afghanen mein Gepäck aus der Hand reißen, um so ein Trinkgeld zu erbitten. Der gesamte Flughafen ist ein Spiegelbild der wechselhaften Geschichte von Afghanistan. Auf dem Flugfeld die gut sichtbaren Luftkräfte der USA, während ich von der Flughafenhalle aus jahrelang – nach jeder Ankunft oder bei jedem Abflug – die Reste sowjetischer Hubschrauber und Kampfflugzeuge gesehen hatte, die dort im Winter 1989 nach dem Abzug aus Afghanistan zurückgelassen wurden. Sie waren Symbole einer besiegten Weltmacht. Der eine oder andere Bewohner von Kabul ahnt es bereits. Das Schicksal der amerikanischen Flugzeuge am Flughafen ist ebenfalls bereits besiegelt, so beeindruckend sie an diesem Tag auch noch scheinen.

Nicht viele Maschinen werden am Ende abgezogen. Anders als die Sowjets, werden die Amerikaner viel mehr Kriegsmaterial hinterlassen, der Wert geht in Milliardenhöhe, weil der Transport zurück in die USA teurer wäre. Die hochmodernen Waffen, wie Raketenwerfer, werden unbenützbar gemacht, aber Hubschrauber und Panzerfahrzeuge fallen so später in die Hände der Taliban, um von ihnen in Paraden stolz präsentiert zu werden, während anderes Gerät den Weg der sowjetischen Kriegsmaschinen gehen wird, die von Schrotthändlern in unzählige Teile geschnitten und nach Pakistan verkauft worden sind. Fast wirkt dieser Blick in die Zukunft wie eine letzte Rache der Afghanen an Mächten, die glaubten, sie beherrschen zu können.

Eine neue Abenddämmerung legt sich über die afghanische Hauptstadt. Im Verkehrschaos, verursacht durch unzählige Checkpoints, die mit jedem Anschlag mehr werden, lenkt uns ein Taxifahrer zu unserer Unterkunft, diesmal ein entlegenes Gästehaus. Einige der Hotels, in denen wir früher gewohnt haben, existieren nicht mehr.

15.Kapitel

Kabul, 2017

In den USA wird Donald J. Trump im Januar 2017 zum 45. amerikanischen Präsidenten gewählt. Er versprach im Wahlkampf, alle US-Einheiten aus Afghanistan zurückzuziehen. Bald darauf starten geheime Gespräche mit den Taliban in der Hauptstadt von Katar, Doha. Die afghanische Regierung wird darüber im Dunkeln gelassen. In Afghanistan habe indes der Bildungszugang für Mädchen nachgelassen, warnt Human Rights Watch in einem Bericht. Internationale Investoren und Geldgeber würden sich abwenden, fast die Hälfte der Schulen verfüge über keine permanenten Gebäude, Wasseranschlüsse oder Toiletten.[102]

Dunkelheit und Licht

„Die östliche Provinz Chost, in welche Niedringhaus und Gannon reisten, um über die afghanischen Präsidentschaftswahlen zu berichten, gilt als gefährlich und wird nach wie vor von regelmäßigen Taliban-Anschlägen geplagt. Doch sie hatten ihren Besuch genau geplant …“ [103]

Es ist ein feuchter Februarmorgen im Jahr 2017, als ich Kathy Gannons versehrte Hände beobachte. Die kanadische Journalistin tippt erstaunlich flink auf die Tasten des Computers und nimmt dann einen Stift zur Hand, um eine Notiz anzufertigen. „Donnerstag, 10 Uhr Treffen bei Karzai.“ Sie muss unter ständigen Schmerzen leiden, geht mir durch den Kopf, doch Gannon lässt sich nichts anmerken. Unzählige Operationen liegen schon hinter ihr – andere werden noch folgen, um ihre Hände beweglicher zu machen. Es grenzt an ein Wunder, dass sie einige Tage vor diesem Wintermorgen nach Afghanistan zurückgekehrt ist, nachdem sie drei Jahre zuvor in diesem Land ein furchtbares Trauma erlitten hatte.

Es war 2014, das Wahljahr in Afghanistan. Kathy Gannon, Jahrgang 1954, eine erfahrene und unsentimentale Reporterin, war zusammen mit der deutschen Fotografin Anja Niedringhaus in der entlegenen Provinz Chost im Osten Afghanistans unterwegs. Seit Langem waren die beiden Frauen ein eingespieltes Team, das sich gut in Afghanistan auskannte. Gannon ist nicht nur als Kennerin des Landes, sondern auch für ihre legendäre Ausgewogenheit bekannt. Sie scheute zu einem Zeitpunkt, als die meisten gebannt auf die Amerikaner starrten, nicht davor zurück, Kontakt mit den Taliban aufzunehmen. Sie kannte die Gotteskrieger daher besser als viele andere Pressevertreter, und auch die andere Seite war mit ihr vertraut. Ihr Konvoi – bestehend aus Beobachtern, die vor der Wahl nach dem Rechten sehen und Stimmzettel verteilen wollten – machte Rast im Hof des Polizeireviers der gleichnamigen kleinen Hauptstadt der Provinz Chost.

Der westlichen Allianz war es nie gelungen, in Chost Fuß zu fassen – die Stadt war eine Hochburg der Taliban. Obwohl westliche Militärs betonten, sie hätten den Ort unter Kontrolle, sah die Realität anders aus. Zwar gab es ein Militärlager außerhalb der Stadt, doch was in Chost selbst vor sich ging, wussten die Amerikaner nicht – obwohl sie sich immer wieder um Informanten bemühten. Angebliche Spitzel der westlichen Militärs wurden allerdings oftmals von den Taliban vereinnahmt und griffen die Einheiten an, die sie ausgebildet hatten – sie wurden zu sogenannten Innentätern.

So konnte die Lage selbst im letzten Winkel Afghanistans von einem Moment auf den anderen eskalieren. Die Polizeistation schien gut gesichert, aber wie aus dem Nichts tauchte plötzlich ein Polizist neben dem Wagen der beiden Frauen auf. Die beiden saßen auf dem Hintersitz, als der Mann anfing, wie von Sinnen mit seinem Gewehr auf die beiden Frauen zu schießen und dabei *Allahu Akbar* – Gott ist groß – zu brüllen, bevor er überwältigt werden konnte. Niedringhaus konnte nicht mehr gerettet werden, sie verstarb noch am Ort des Geschehens an ihren Schussverletzungen. Gannon hatte Glück im Unglück. Afghanische Helfer bemühten sich darum, die schwer verletzte Reporterin ins nächste Provinz-Krankenhaus im Zentrum von Chost zu bringen, wo sie notversorgt wurde, bevor ein eigens eingeflogener Helikopter sie nach Kabul transportierte. Wenige glaubten damals, dass ihre von Kugeln durchsiebten Hände und ihre zerschossene Schulter gerettet werden könnten. Der Hubschrauber in die Hauptstadt wurde von niemand anderem als dem damaligen Präsidenten Hamid Karzai entsendet, als er Kenntnis von dem Drama erhielt – und das, obwohl Gannon als scharfe Kritikerin seiner

Politik galt. Gannon endete nach dieser langen Irrfahrt zuerst auf einer Militärbasis in Deutschland. In Kanada folgten unzählige schmerzhafte chirurgische Eingriffe zur Rettung ihrer Hände und Arme – die Werkzeuge, mit denen sie für ihre Nachrichtenagentur die Meldungen in den Computer tippt.

Vor Gannons Büro in dem nördlichen Kabuler Viertel häufen sich jetzt die Schneeflocken auf der Kühlerhaube des Wagens im Innenhof. Gannon schenkt dem Schneetreiben keine Beachtung, sondern sucht in ihrer Schublade nach den letzten Aufnahmen von Niedringhaus. Sie redet über ihren Mut, die Augen werden glasig. Draußen versinkt die Welt im Schnee – ein apokalyptischer Wetterumschwung ist für die nächsten Tage angekündigt, was in den Wintermonaten Afghanistans nicht ungewöhnlich ist. Mein Kameramann und ich hatten es am Vortag gerade noch geschafft, die letztmögliche Maschine nach Kabul zu nehmen.

Ein gebeugter Afghane um die 50 mit flinken Augen nähert sich Kathy, ihr Übersetzer. „Ich habe herausgefunden, wer für den Fall zuständig ist“, sagt er. Gannon hört aufmerksam zu. Eine Last fällt ihr sichtbar vom Herzen. Sie ist nach Kabul gereist, um mit dem Richter, welcher über das Schicksal des Polizisten, der ihre Freundin Niedringhaus erschossen und sie verletzt hat, zu reden. Sie hat erfahren, die Familie des Polizisten würde auf seine Freilassung bestehen – das will Gannon um jeden Preis verhindern. Sie hat dem Täter bereits das Leben gerettet, als er nach seiner Festnahme und einem Schnellprozess zum Tode verurteilt worden war. Laut damaliger afghanischer Gesetzgebung hatten Opfer das Recht, einzugreifen und Strafen abzumildern. Gannon hatte sogar auf das Blutgeld verzichtet, eine Zahlung, die in Afghanistan üblicherweise von dem Clan des Täters an das Opfer geleistet werden muss. Aber Freilassung? Das widerstrebt ihr. So viel Gerechtigkeit ist sie ihrer toten Freundin schuldig – er soll nicht freikommen.

Obwohl sie es sich nicht eingestehen will, schwingt ebenfalls eine Spur Angst vor der Rache des Polizisten mit. Noch vor ihrer Reise nach Kabul vor einer Woche – ihrer ersten seit der Tragödie in Chost – hörte sie von ihrem afghanischen Team, Gerüchte seien im Umlauf, der einflussreiche Clan des Täters würde sich rächen wollen. Eine Frau wie sie, Ausländerin noch dazu, hätte nach Ansicht einiger Clanmitglieder nicht das Recht, einen Afghanen ins Gefängnis zu bringen. Nach alldem, was der afghanischen Bevölkerung angetan worden war, war der Clan mit dieser Ansicht leider nicht allein. Auge um Auge, Zahn um Zahn. Hier zeigt sich eine ähnliche Denkweise wie jene, die es auch möglich macht, dass in Kundus unschuldige Frauen für die Verbrechen ihrer Männer ins Gefängnis wandern: Der Polizist hat Frau und Kinder zu ernähren – also muss er entlassen werden. Was hatte die kanadische Journalistin Kathy Gannon davon, wenn eine afghanische Familie hungerte? Werden ihre Hände dadurch geheilt? Warum hatte sie nicht zumindest das Blutgeld angenommen? Das afghanische Recht funktioniere eben anders als im friedlichen Kanada.

Diese Argumentation klingt befremdlich, doch in den meisten Ländern sind Rechtssysteme nur auf den ersten Blick logisch oder gar von Gerechtigkeit allein geprägt. Amerikaner, die in Afghanistan Verbrechen begangen hatten, dürfen nicht nach afghanischem Recht verurteilt werden, sondern werden in ihre Heimat gebracht – selbst Massenmörder wie ein amerikanischer Soldat, der bei Kandahar 16 afghanische Zivilisten kaltblütig ermordete. Anstatt ihn einem afghanischen Gericht zu übergeben, wurde er ausgeflogen und in den USA zu einer lebenslangen Haftstrafe verurteilt. Was das Strafmittel angeht, gäbe es dabei kaum einen Unterschied, denn sowohl in Afghanistan als auch in Amerika kann die Todesstrafe verhängt werden. US-Sondereinheiten, die im Verdacht stehen, bei ihrer Jagd nach Al-Qaida-Mitgliedern Menschenrechtsverletzungen begangen zu haben, unterliegen einer ähnlichen Behandlung. Sie werden vor kein afghanisches oder internationales Gericht gestellt, selbst, wenn damit internationales Recht missachtet wird.[104]

Die nach außen hin furchtlose Kathy bereitet einen Kaffee an dem Serviertisch vor. In einer Thermoskanne steht heißes Wasser bereit, Instantkaffee, Teebeutel und Zucker liegen ordentlich nebeneinander, alles von einem lokalen Helfer eingekauft. Zunehmend sind Ausländer zur Selbstversorgung gezwungen. Sich draußen zu zeigen ist riskant – denn Fälle von Kidnapping oder sogar von Anschlägen mehren sich. Die Lage in Kabul hat sich verändert. Ein Großteil der früheren Restaurants ist geschlossen. Tolo TV sendet zwar weiter, allerdings dirigieren die Besitzer das Vorzeigefernsehen nun aus dem Exil im sicheren Dubai.

Gannon hat uns in ihrem Kabuler Haus, zugleich Unterkunft für sie und einige ihrer Mitarbeiter, aufgenommen. Sicherheitskräfte beschützen die abgelegene Villa mit einer hohen Mauer um das Grundstück, während in den Küchenschränken Reserven lagern, um alle Eventualitäten überdauern zu können. Den beruhigenden Berichten der Pressesprecher des Militärs zum Trotz, erlebt Kathys Team am eigenen Leib, wie sich die Lage in Afghanistan immer weiter verschlechtert. Gannon rechnet es ihren Leuten hoch an, dass sie treu die Stellung hielten, während sie auf verschiedenen Operationstischen lag. Alle sind nun hier um sie versammelt: Fahrer, Haushälter, Sicherheitskräfte und auch ihr Übersetzer, der sie aufmerksam im Blick behält. Falls er sich Sorgen um sie macht, verrät sein Gesicht das nicht. Stoisch hört er ihr zu, während sie ihn bittet, doch mit dem zuständigen Richter eine Verabredung zu fixieren. Er nickt. Selbst als sie damals darauf bestand, in Talibangebiete wie Chost zu reisen, verbiss er sich jegliche Kritik. Er ist loyal und zudem froh, diese Arbeit zu haben. Daheim erwarten Frau und Kinder von ihm ein monatliches Gehalt, wahrscheinlich zudem Verwandte ohne Arbeit, vielleicht Waisen oder Großmütter.

Wie jeder seiner Landsleute kann der Übersetzer natürlich trotzdem die Zeichen der Zeit erkennen. Den Zerfall der Straßen mit den Löchern, die nach Anschlägen nicht mehr repariert werden. Ärzte, die sich nach Pakistan absetzen. Steigende Preise auf den Märkten. Fleisch kann sich seine Familie jetzt nicht mehr oft leisten. Sparen ist ohnehin angesagt, für den Fall, dass man es doch schafft, ein Visum für Europa zu erhaschen. Der Übersetzer denkt nicht als Einziger rund um die Uhr an die Zukunft und sieht am Horizont finstere Wolken aufziehen – doch vielleicht bricht bald ein Sonnenstrahl durch die Dunkelheit. Es geht das Gerücht um, die Amerikaner würden – falls die Verhandlungen mit den Taliban gut laufen – jedem Afghanen ein Visum ausstellen, der es anfordert. Solche Narrative kursieren bereits seit 2015 in Kabul. Angeblich soll es afghanischen Geflüchteten, die damals mit der Welle an Syrern, Irakern nach Europa gelangt waren, dort gut gehen. Die Versprechen der westlichen Besucher haben sich tief ins Gedächtnis der Afghanen eingebrannt. Es gibt immer einen Ausweg, und Allah wird einem darüber hinaus dabei helfen.

„Alles in Ordnung bei Ihnen und Ihrer Familie?", frage ich den Übersetzer. „Ja", erwidert er. Er erzählt mir von seinem Leben als Vater, Sohn oder Onkel – die verschiedenen Rollen, die er ausfüllen muss und über die er sich definiert. Die Verantwortung, die auf seinen Schultern lastet, ist einer Gesellschaft wie der unseren, die mehrheitlich aus Individualisten besteht, wohl größtenteils fremd. Mit der üblichen Höflichkeit beantwortet er weiter meine Fragen. „Wie sehen sie die Lage?" „Alles teuer hier", sagt er pragmatisch. Nebenbei erfahre ich, er hätte einige Verwandte in Deutschland.

Er betont, er würde seit Langem mit Kathy arbeiten, sie hätte seit Jahrzehnten beste Kontakte in Afghanistan – auch zu den Taliban. Unausgesprochen bleibt, warum es trotzdem zu der Tragödie kam. Kurz nachdem der Polizist beim Anschlag 2014 das halbe Magazin seines Sturmgewehrs auf die beiden Frauen abgefeuert hatte, erklärte ein Talibansprecher, der Täter hätte mit der Gruppe nichts zu tun. Angeblich hatte der Polizist sich für einen Angriff der Amerikaner auf sein Dorf, bei dem Verwandte getötet wurden, rächen wollen.

Über das riesige Büro legt sich bereits Dämmerung, draußen heulen Kabuls ewige Hunderudel. Kathy lädt uns zu einem spartanischen Essen ein, und eine Stunde später ist Nachtruhe im Haus. Der Raum, in dem ich im ersten Stock untergebracht bin, ist mit einem Bett und einem Tisch geschmückt, sonst nichts. Mein Kameramann und ich teilen uns eine Dusche am Gang. Ich breite meinen mitgebrachten Schlafsack auf dem Bett aus und wickle mich darin ein – immerhin eine Verbesserung für ein erbarmungsloses Bett, das seine besten Tage hinter sich hat.

„Gehen Sie ruhig in das hintere Gebäude", ruft uns ein Wachmann am nächsten Morgen im Gouverneurs-Gebäude im Kabuler Zentrum zu. Obwohl es noch früh ist, ist halb Kabul bereits geschäftig auf den Beinen. Kathy macht sich – meinen Kameramann, den Übersetzer und mich im Tross – in dem Gedränge von Bittstellen und Justizbeamten auf die Suche nach dem für ihren Fall zuständigen Richter. Nach beachtlichen Irrwegen durch Büros voller Tee trinkender Gestalten landen wir in einem schmalen, überheizten Raum, an dessen Ende ein Mann mit einem überlangen Bart sitzt – er ist der Mann, der über den Fall entscheidet. Der Übersetzer beginnt alles darzulegen: Kathys Bitte, den Täter nicht freizulassen. Ihre Darstellung, sie wäre gegen die Todesstrafe und hätte daher den Mann begnadigt, aber was zu weit gehe, gehe zu weit. Die Strafe abzusitzen wäre dem Polizisten zumutbar, nach allem, was er getan hatte. Sie sei gekommen, um sicherzugehen, dass der Täter nicht vorzeitig freigelassen wird. Dabei achtet sie auf ihre Wortwahl, damit niemand glaubt, sie würde jemanden der Bestechlichkeit beschuldigen. Ihre Emotionen sind ihrem Gesicht nicht zu entnehmen.

Im Basar von Kabul mit der Journalistin Kathy Gannon, die nach einem Anschlag bleibende Verletzungen an ihren Händen hat.

Der Richter hört schweigend und regungslos zu. Zwischendurch senkt sich sein Kopf wie zu einem Nicken, um sofort wieder zu erstarren. Schräg gegenüber sitzt ein jüngerer Richter, der das Geschehen ebenfalls genau verfolgt. Während der ältere Richter sich Notizen macht, beginnt der jüngere Fragen zu stellen – etwa, warum Kathy dem Täter den Tod erspart hätte? Er wäre schließlich ein Mörder, und dieses Verbrechen würde in Afghanistan mit dem Tod bestraft. Kathy legt ihre Haltung erneut ruhig und freundlich dar. Der zuständige Richter versenkt seine Augen in die Papiere vor ihm. „Wir sind ein Land im Krieg", erklärt der jüngere Mann. „Wir brauchen harte Strafen, zur Abschreckung!" Seine energische Stimme füllt den ganzen Raum. „Wenn wir nicht hart durchgreifen, wird es hier nie besser. Wir haben zu viele Verbrecher!" Kathy widerspricht klar, aber bestimmt: „Ich bin gegen die Todesstrafe."

Während die beiden debattieren, geht mir durch den Kopf, wie viele verschiedene Gesetzgebungen Afghanistan besitzt. Da ist einmal das *Paschtunwali*, ein konservativer traditioneller Rechtskodex der Paschtunen, mit dem in den Dörfern von einem Ältestenrat Streitfälle um Äcker und Vieh geregelt wurden, der aber beispielsweise auch die Rolle der Frau festlegt. Dazu kommt die islamische Gesetzgebung, *Scharia* genannt, deren Grundlage der Koran ist. Afghanistan besitzt außerdem eine Verfassung, die 2004 nach endlosen Beratungen verschiedener Gruppen verabschiedet wurde. Am Ende war sie ein Kompromiss zwischen den Forderungen erzkonservativer Mullahs und denen von Frauengruppen nach dem althergebrachten Prinzip im Land: „Leben und leben lassen."

Der junge Richter redet weiter auf Kathy ein. Er wirft ihr vor, sie würde nicht verstehen, in welcher Lage sich Afghanistan befinde. Man habe nicht nur die Verbrecher zu bekämpfen, sondern zudem politische Kriminelle wie die Taliban. „War der Mörder ein Taliban?", will er wissen. „Nein", erwidert Kathy. Man sieht dem Richter an, dass er nicht glauben kann, dass ausgerechnet ein Mörder in Chost nicht mit den Taliban zusammenhängen soll. In seinem Gesicht steht geschrieben, dass ihn die Situation in seinem Land frustriert. Vielleicht denkt er sich: „Wo lebt diese Frau eigentlich? Tausend Unschuldige sitzen hungernd und frierend in unseren erbärmlichen Haftanstalten, während Mörder und Taliban freikommen, weil sie beschützt werden oder genug Geld haben, um Richter zu bestechen. Der Polizist soll kein Taliban gewesen sein? Ein Märchen, das nur eine Ausländerin glauben kann." Doch er spricht all dies nicht aus – und wir verabschieden uns.

Kathy scheint bedingt zufrieden zu sein, als wir wieder ins Freie treten. Im Innenhof liegt geschmolzener Schnee, drinnen suchen tief eingehüllte Afghanen in jedem Raum nach Richtern, um wie Kathy ihre Fälle darzulegen, Verhaftete freizubekommen, die in den Zellen im hinteren Teil zusammengepfercht sind. Ich weiß es, weil ich dort verdächtige Taliban besucht habe. Sie sagten, sie seien unschuldig und Nachbarn hätten sie denunziert. Ein Wort würde genügen, und man werde beschuldigt, Gotteskrieger zu sein. Verfahren seien selten. Die Suche nach Gerechtigkeit liegt wie eine Hoffnung aller über dem Innenhof.

Drei Tage später werfe ich einen Blick aus dem Fenster eines flachen, alten Hauses, wie es sie in Kabul nur noch selten gibt. Es verfügt über eine verglaste Terrasse, Holzverschalungen – ein Haus im russischen Stil. Draußen dreht eine gebeugte Gestalt ihre Runden, begleitet auf Schritt und Tritt von einem Leibwächter. Hamid Karzai hat, soweit ich es erkennen kann, ein Handy am Ohr. Um seine Schultern hängt ein weiter, grün-weiß-gestreifter Mantel, und auf dem Kopf trägt er eine bräunliche Mütze – seine Markenzeichen. Seit er vor beinahe zwei Jahrzehnten das Präsidentschaftsamt übernommen hatte, das sonst kaum jemand besetzen wollte, zeigt er sich der Welt mit dieser bunten Operettenuniform. Kein Afghane kleidet sich so. Seine Mäntel stammen aus dem Fundus zentralafghanischer oder usbekischer *Khans*, also Fürsten. Karzai ist Paschtune, aber er wollte mit dieser Kleidung zeigen, dass er alle Afghanen vertrat, egal, welchem Stamm sie angehören oder in welchem Teil des Landes sie leben.

Der Empfangsraum von Karzais Residenz, in dem Kathy Gannon und ich auf den im Garten herumspazierenden Ex-Präsidenten warten, ist gut geheizt und steht voller Bücherregale. Dazwischen Erinnerungsfotos, die Karzai mit George W. Bush oder mit Angela Merkel zeigen. Gute Zeiten. Vergangene Zeiten. Aber auch Relikte einer Phase, in denen beide Seiten hinter verschlossenen Türen bereits das Ende der Afghanistan-Mission vorzubereiten schienen. Merkel warf Karzai Korruption vor. Karzai prangerte die willkürliche Tötung von Afghanen durch NATO-Truppen an. Diese an die Öffentlichkeit durchgesickerten gegenseitigen Vorwürfe zeigten nicht nur schwelende neue Konflikte, sondern zwei Perspektiven derselben Geschichte. Diese Dynamik charakterisierte das Verhältnis von Anfang an. Der Westen versprach, Demokratie zu bringen. Die Afghanen erhofften sich zukünftigen Wohlstand. Der Westen bildete voller Stolz die afghanischen Sicherheitskräfte aus. Die Afghanen merkten schnell, dass sie hier nur einen Hungerlohn erwarten konnten, aber keinesfalls Reichtum. Im Krieg gibt es immer mindestens zwei Seiten – die der Täter und die der Opfer. Nur wer die jeweiligen Rollen einnimmt, ist unklar. In Afghanistan dreht sich alles um die zweite Rolle.

Nachdem Karzai seinen Runden beendet, um den Raum mit wehendem Mantel zu betreten, ist die Stimmung gut. Karzai ist der perfekte Gentleman gegenüber Kathy, die gekommen ist, um ihm für die Entsendung des Hubschraubers zu danken. Niemals würde er ihr – selbst jetzt, wo alles fast vorüber ist – kritische Berichterstattung vorwerfen, dazu ist er Afghane genug. Genauso wenig kommt ihm in den Sinn, mir gegenüber Merkel oder den Westen zu kritisieren. Er verhält sich, als wäre all das zu diesem Zeitpunkt – 2017, sechzehn Jahre nach dem Beginn des Krieges und sechs Jahre nach Bin Ladens Tötung – ohnehin nur noch zweitrangig. So als gäbe es nicht nur zwei verschiedene Perspektiven, sondern als hätte man sich auseinandergelebt. Karzai scheint den Beteuerungen des Westens, man würde Afghanistan nicht fallen lassen, schon lange nicht mehr zu glauben. Obwohl er nicht mehr Präsident ist, muss er weiter seine Quellen haben – auch bis tief hinein in die Taliban-Führung, die er immer an den Tisch holen wollte. Wie alle Afghanen kehrt er sein Innerstes nach außen.

Man habe sicherlich Probleme, sagt mir Karzai. Aber man werde sie mit vereinten Kräften lösen. Ich erinnere mich, dass ich ihn vor Jahren interviewte und fragte, warum man nie seine Frau in der Öffentlichkeit sehe. Er erwiderte, sie sei Ärztin, würde aber ihre Privatsphäre schützen wollen. Es sei ihre Entscheidung. Damals schon schien es mir, als ob Karzai mit einem Bein im 21. Jahrhundert stand und mit dem anderen in einer Stammesgesellschaft, inklusive der typisch zugeteilten Rollen für Mann und Frau. Ein Schweiger, der sich nie zu einer Aussage hinreißen lässt, welches Jahrhundert er präferiert. Doch genau diese Vorsicht ist vielleicht auch ein Grund dafür, dass Karzai bis heute überlebt hat – ein Attentat gegen ihn war vor Jahren gescheitert.

Ein Bediensteter stellt Tee in Porzellantassen vor uns ab, dazu Süßigkeiten. Karzai redet mit seiner sanften Stimme weiter, als würde er in einem Wiener Kaffeehaus und nicht in einer der gefährlichsten Städte der Welt sitzen. Hier kann jederzeit irgendwo eine Bombe losgehen, Menschen können sterben, Kinder ihre Väter verlieren. Die vorrückenden Taliban können nicht mehr weit sein, und das Einzige, was sie noch aufhält, ist der Schnee auf den Kabuler Zufahrtsstraßen. In typisch afghanischer Manier warten sie die Schneeschmelze ab – Geduld haben sie gelernt. Alles in diesem Raum, in dieser Stadt und im ganzen Land ist typisch afghanisch. Als ob Zehntausende Soldaten, eine Vielzahl von Helfern, Lehrern Brunnenbauern, Spionen und *Private Contractors* nie hier gewesen wären. Als ob Sowjets, Amerikaner, Deutsche – oder generell alle Ausländer – nie einen Fuß auf afghanisches Gebiet gesetzt hätten.

Wir verabschieden uns einige Tage später von Kathy und verlassen Kabul – gerade noch rechtzeitig, bevor ein eiskalter Wintersturm endgültig alles im Schneechaos versinken lässt. Einige Monate später bin ich zurück und sitze mit zwei jungen Afghanen, die aus Deutschland abgeschoben wurden, in einem Hotelrestaurant. Die beiden legen ihre Dokumente vor mir auf den Tisch – in dem Papierstapel sehe ich mehrere abgewiesene Asylbescheide. Einer der beiden berichtet mir in perfektem Deutsch, dass plötzlich einfach die Polizei aufgetaucht wäre, und bevor er sichs versah, saß er in einem Flugzeug nach Kabul. Beide sind keine Kriminellen, haben sich nichts zuschulden kommen lassen, wie mir später ihre Anwälte bestätigen. Man hat sie aus Deutschland ausgewiesen, weil die Lage in Afghanistan ohne Weiteres zumutbar wäre. Das Land sei sicher, hätte man ihnen gesagt. Die beiden jungen Männer könnten rein äußerlich von überall auf der Welt stammen. Handy in der Hand,

Haarschnitt à la David Beckham. Am Vortag waren sie gelandet und hatten vergeblich auf das in Aussicht gestellte Empfangskomitee gewartet. Sie sollten Geld erhalten, hatte man ihnen beim Abflug aus Frankfurt mitgeteilt. Weder das eine noch das andere traf ein. Die beiden kennen Kabul nicht. Einer ist als Exilafghane im Iran aufgewachsen, der andere stammt aus einem kleinen Dorf. Was man ihnen sonst noch erzählt hätte, frage ich sie. Es gäbe keinen Krieg mehr in Afghanistan, antwortet einer, und die zuständigen Stellen würden sich um sie kümmern.

Nach der Verabschiedung kehre ich mit meinem Kameramann in das schwer bewachte Gästehaus zurück, in dem wir untergekommen sind. Mit dem wärmeren Wetter sind die Terroranschläge nach Kabul zurückgekehrt. Kollegen haben uns geraten, unsere Sicherheit nicht zu vernachlässigen, aber die Besitzer des Gästehauses, ehemalige amerikanische Soldaten, sind gewöhnungsbedürftig. Gleich bei der Ankunft werden wir über Fluchtwege und Sicherheitsvorkehrungen informiert. Es gelten strikte Essenzeiten, die Portionen sind beschränkt. Wir leben wie in einem Militärcamp, mit dem Unterschied, dass wir Preise zahlen wie in einem Luxushotel. Die Dusche in meinem Zimmer erinnert trotzdem nur an einen sanften Regen.

Einige Tage später treffe ich die beiden Abgeschobenen zum zweiten Mal. Ernüchterung macht sich bei ihnen breit, denn sie haben keinerlei Ausweispapiere und verbrachten bereits zahllose vergebliche Stunden in zuständigen Polizeirevieren. Niemand wollte ihnen helfen. „Sie wollen alle nur Geld", klagen sie. „Kriegswirtschaft", erwidere ich nur. Die beiden führen mich in ihr angemietetes Quartier in einem Hinterhof, eine ehemalige Garage. Zwei Matratzen auf dem Boden. Ihre Handys laden sie in einem nahegelegenen Café auf. Neben ihrer umfunktionierten Garage haust eine fünfköpfige Familie zusammengepfercht in einem Verschlag. Einer der Abgeschobenen zeigt mir aber stolz seine Fußball-Pokale, die er allem zum Trotz aus Deutschland mitgeschleppt hat. Beide klagen über ihre Angst vor einem Anschlag, denn sie sind in einem der ärmeren Kabuler Viertel untergekommen – dem Hazara-Distrikt. Taliban bomben hier fast jeden Freitag eine Moschee, um den schiitischen Hazara klarzumachen, dass sie nach ihrer Vorstellung hier nichts zu suchen haben. Gleichzeitig gehen Gerüchte um, dass die schiitischen Iraner die Angst der Hazara ausnutzen, um sie auf ihre Seite zu ziehen. „Da herrscht Krieg", sagt der Pokalgewinner. Ich sehe den jungen Männern an, sie fühlen sich zwar belogen und betrogen, aber ans Aufgeben denken beide nicht. Sie sind jung, erst um die 20 Jahre alt. Irgendwas wird ihnen einfallen und sei es, nach Zentralasien zu gehen, um dort zu arbeiten, wenn sie nicht sogar wieder Richtung Westen loszuziehen.

Etwas später fahren wir zurück zu unserem militarisierten Gästehaus. In dem Essensraum, zugleich Aufenthaltsraum, sitzen die übrigen Gäste zusammen. Das Gespräch dreht sich um die militärische Lage Afghanistans – den Krieg, Hinterhalte, Überlebensstrategien. Dann kommen verschiedene Waffensysteme an die Reihe. Dazwischen zieht einer eine Flasche Whiskey aus dem Rucksack, und alle trinken, bevor sie amerikanischen Serien ansehen. Nach Einbruch der Nacht verlässt niemand mehr den geschützten Compound. Uns wird geraten, wir sollten uns auch in der Stadt nicht ohne Sicherheitspersonal bewegen.

Trotzdem vertrete ich mir am nächsten Morgen die Füße und lande in einer hochmodernen Bäckerei. Ein Kellner serviert mir ein warmes Brot, Butter und einen Cappuccino. Er fragt mich, ob ich Amerikanerin wäre, was ich energisch dementiere. Anschließend erzählt er, er wäre Student, und sein Traum wäre es, nach Amerika zu reisen. Draußen ist bereits der Frühverkehr im Gange und ich setze mich sicherheitshalber in den hinteren Teil des Cafés, um die Glasfront zu vermeiden, falls in der Nähe eine Bombe hochgeht. In dem afghanischen Café herrscht Ruhe, hier gibt es keine militärischen Gespräche, mit denen sich die Amerikaner in meiner Unterkunft beruhigen wollen, sich aber zugleich in einen ständigen Zustand der Aufgeregtheit versetzen. Vorübergehend herrscht beinahe himmlischer Friede. Der Cappuccino ist jedoch ungenießbar.

Eine Stunde später bricht nicht weit entfernt von dem Gästehaus ein Feuergefecht aus. Rauch steigt zum Himmel. Die halbe Stadt ist in Alarmstellung – denn Passanten streuen das Gerücht, es wäre ein Taliban-Angriff gewesen. Je näher wir dem Ort des Geschehens kommen, desto vehementer wird uns erzählt, der Angriff wäre stattdessen vom sogenannten Islamischen Staat durchgeführt worden, der die Taliban bekämpft. Am Ende stellt sich heraus, dass weder das eine noch das andere Gerücht auch nur ein Körnchen Wahrheit enthält. Stattdessen ging es um Folgendes: Die Polizei wollte einen *Warlord* in seinem Haus verhaften, der hatte aber vorgesorgt und ließ seine privaten Sicherheitskräfte in einem Feuergefecht gegen die Polizei antreten. Mehrere Menschen sterben. Einige Stunden ist Kabul im Ausnahmezustand. Kein ausländischer Soldat lässt sich währenddessen blicken, obwohl noch so einige in Kabul und Umgebung stationiert sind.

16. Kapitel

Kabul / Wien, August 2021

Nach 20 Jahren ziehen die NATO-Truppen aus Afghanistan ab. Kabul ist über Nacht an die Taliban gefallen. US-Präsident Joe Biden verspricht, alle Übersetzer und deren Familien zu evakuieren, die in Afghanistan für die Amerikaner gearbeitet haben.

Rette sich, wer kann

„Eine Menge hat sich hier geändert, so vieles davon zum Besseren."
(Ashton Carter)[105]

In Kabul herrscht Endzeitstimmung, die Gerüchteküche trägt das ihre dazu bei. Die Menschen auf den Straßen erzählen sich, die Taliban säßen bereits auf dem Stuhl des Präsidenten in seinem Palast, während er geflohen ist. Wer jetzt nicht fliehen würde, der hätte bald keine Chance mehr. Deshalb sind die meisten Kabuler nun damit beschäftigt, ihre Habseligkeiten zusammenzupacken und ihre Behausungen zu verlassen. Bald sind auch die Straßen von Kabul wie leergefegt. Das Flughafengelände hingegen gleicht innerhalb weniger Stunden einem Ameisenhaufen. Wachsende Menschenmassen strömen wie eine Flutwelle gegen die Mauern um den Flughafen. Kräftige junge Männer springen über die Absperrungen, drängen sich rücksichtslos durch die Menge. Einige versuchen, die zufällig an einem Gate geparkte Maschine einer privaten Fluggesellschaft zu besetzen. So kommt es zu der folgenden Szene, deren tragische Bilder um die Welt gehen.

Es ist Sommer in Kabul – August 2021. Eine gewalttätige, klare Sonne steht hoch am Himmel, als in deren grellem Licht ein Flugzeug aufsteigt. Eingefangen auf einem unscharfen Video sieht man, wie sich auf den Tragflächen Trauben von Jugendlichen festklammern. Wer sich dieses Video ansieht, ist zwar nicht überrascht, aber doch schockiert über das, was als Nächstes passiert. Die Menschen, die sich nach Start der Maschine mit dieser selbstmörderischen Aktion retten wollten, waren entweder naiv oder komplett verzweifelt – vielleicht auch beides gleichzeitig. Vielleicht glaubten sie, der Pilot würde die Türen nochmals öffnen, um sie doch noch ins Innere des Flugzeugs zu lassen. Vielleicht gaben sie sich in einer Kurzschlussreaktion dieser irren Hoffnung hin. Aber der Amerikaner im Cockpit folgt strikt seinen Befehlen und hebt die Maschine in die Höhe, immer steiler lässt er sie aufsteigen, um dem Hindukusch-Gebirge zu entgehen, während man auf dem Video einige winzige Punkte sieht, wie Mücken, die in die Tiefe fallen. Ein Junge nach dem anderen stürzt in den Tod. Man findet ihre Leichen am nächsten Tag. Einer war ein knallharter Fan der Fußballspieler Messi und Ronaldo – er soll höchstens 16 gewesen sein und hatte noch keine große Gelegenheit, andere Interessen als den internationalen Fußball zu entwickeln.

Die anderen Flüchtenden auf dem Flugfeld blicken erwartungsvoll auf den nächsten Flieger und harren so lange aus, bis man sie mit Drohungen und Stöcken vertreibt. Die Nacht bricht bereits an.

In Wien, wo ich mich zu diesem Zeitpunkt befinde, ist es noch früher Abend – 2½ Stunden beträgt der Zeitunterschied mit Afghanistan. Es dauert nicht lange, bis mich unzählige WhatsApp-Meldungen aus Kabul erreichen. Eine schickt mir ein seit vielen Jahren bekannter Afghane, der für den Sicherheitsapparat arbeitet. Er weiß, dass die Lage beinahe hoffnungslos ist. Kabul ist trotz gegenteiliger Beteuerungen der Amerikaner in der Hand der Taliban. Eine bärtige Delegation in den üblichen fantasievollen Kleidern und Umhängen, Turbane auf dem Kopf, macht sich bereits im Präsidentenbüro breit. Trotzdem fragt er nach meinem Rat. Ich habe keinen für ihn parat. Zuerst will der Mann meine Hilfe, ich soll ihm ein Visum für Deutschland beschaffen, dann überlegt er es sich doch anders – er will vorerst den Kopf einziehen und in Afghanistan ausharren.

Von anderen Quellen erfahre ich, ein Teil des afghanischen Sicherheitsapparates – jener, der mit den amerikanischen Spezialeinheiten besonders eng zusammengearbeitet hat und damit deren undurchsichtige Kriegsführung an der Grenze zur

16. August 2021 am Flughafen Kabul: US-Soldaten schützen das Flugfeld vor einem Ansturm verzweifelter Afghanen, die vor den Taliban flüchten wollen.

Kriminalität mitgetragen hat – wird von einem geheimen Stützpunkt in Kabul aus evakuiert.

Die nächsten Nachrichten schreiben Fahrer und Übersetzer – Menschen, mit denen ich über die Jahre in Afghanistan zusammengearbeitet hatte. Sie berichten von ersten Gerüchten, in Kabul wären die Taliban systematisch auf der Suche nach Mitarbeitern der westlichen Allianz und örtlichen Journalisten. Drohungen würden die Runde machen. Plötzlich werde man von Nachbarn – bisher nicht an Politik interessiert, aber nun bereit, für die Taliban zu arbeiten – angezeigt. Einige Frauen zögen schon freiwillig die Burka über. Andere bereiteten sich auf einen langen mühseligen Kulturkampf gegen die Gotteskrieger vor. Sie fürchten, dass das wenige, was Frauen in diesem Land erreicht haben, zurückgedrängt wird. Zwei Schritte vorwärts, einen zurück.

Hasan, einer meiner Übersetzer in den letzten Jahren, meldet sich. Er ist blutjung, hat gerade geheiratet, seine Frau ist schwanger. Auch ihn haben die ersten verstörenden Meldungen erreicht. Ich rufe ihn an, und seine leise Stimme klingt kraftlos, so als würde er nicht mehr weiterwissen. Er ist nicht der Einzige in dieser Situation. Er berichtet von seinem Bruder, der uns einige Male als Fahrer bei den Reportagereisen begleitete, und von seiner geschiedenen Schwester. Zwei Kinder versorgt Letztere. Sie arbeitete für eine deutsche NGO, die sich nun allerdings wenig um sie kümmert. Einige Stunden später weitere Nachrichten von Hasan. Die Lage werde immer gefährlicher. Er würde sich bei Verwandten verstecken.

Später mache ich eine Liste mit den Namen aller meiner Kontakte und deren Familien in Afghanistan. Es sind inzwischen 16 Personen, darunter fünf Kinder. Die Liste schicke ich ans deutsche Außenministerium, deren Telefonleitungen aber vollkommen überlastet scheinen, denn ich komme trotz etlicher Versuche nicht durch. Ministerien, Politiker und selbst der amerikanische Präsident scheinen in völliger Auflösung zu sein. Afghanistan ist weit weg von der Lebenswelt des Westens, und der August ist ohnehin ein Monat, in dem Weltereignisse oft untergehen – schon allein deshalb, weil sich viele im Urlaub befinden.

Am Abend meldet sich Präsident Biden zu Wort, um der Welt mitzuteilen, es werde weitere Evakuierungen geben. Während ich seine Rede auf dem Bildschirm verfolge, treffen auf meinem Handy unentwegt WhatsApp-Nachrichten ein – von Frauen, die Hilfe brauchen, von Politikern in Kabul, die nicht mehr weiterwissen. Dort, in der afghanischen Hauptstadt, strömen inzwischen Tausende Menschen auf der Flucht zum Flughafen. Neu eingetroffene Verstärkungstruppen von amerikanischen und deutschen Spezialkräften haben Mühe, einen Sturm auf die Flugpisten zu verhindern. Zu diesem Zeitpunkt ist die wichtigste Militärbasis der Amerikaner nördlich von Kabul schon seit Monaten geräumt. Die Amerikaner waren in einer Nacht-und-Nebel-Aktion abgezogen, ohne ihre afghanischen Partner zu informieren. US-Einheiten sperrten vor dem Abschied den Einheimischen sogar Strom und Wasser ab. Selbst am Kabuler Flughafen stehen amerikanische Flugzeuge und Hubschrauber fast nur noch als Dekoration. Im Kontrollturm und in der Flughalle wurde der Betrieb seit Jahren von privaten Dienstleistern am Laufen gehalten, die nun aber auch Hals über Kopf verschwunden sind und im sicheren Dubai auf neue Einsätze warten. Auf den Webseiten der zuständigen Firmen werden jetzt Sicherheitskräfte nicht mehr für Afghanistan, sondern für afrikanische Länder angeworben. Erst als neue Fluglotsen ins Land gebracht werden, kann die Evakuierung aufgenommen werden. Deutsche Soldaten sind ohnehin nur noch im Norden, in der Stadt Masar-e Scharif stationiert, wo stillschweigend Übersetzer und ihre Familien seit Monaten Visa-Anfragen stellen, in der Hoffnung, man würde sie im Falle der Katastrophe, die nun eingetreten ist, mitnehmen.

Genauso hilflos flieht inzwischen der afghanische Präsident Aschraf Ghani aus dem von seinen Feinden umstellten Kabuler Präsidentenpalast, wird zum Flughafen gefahren und verlässt so seine Heimat. Später wird er seine überstürzte Abreise damit rechtfertigen, er wollte ein Blutvergießen verhindern. So viel die Afghanen auch streiten und gegeneinander kämpfen, Ghani macht es genauso wie andere vor ihm. Bei einer Übermacht stellt man sich dem Feind nicht in den Weg. Stattdessen taucht man unter und wartet ab.

Die Bilderflut der offiziellen Erklärungen beherrschen andere. Der amerikanische Präsident – der noch Tage davor in einem Telefonat mit Ghani versprochen hatte, die Hilfe nicht zu beenden – will nun Amerikas Ruf retten, damit es nicht als Verlierer des Krieges in die Geschichtsbücher eingeht. Den Einsatz in Afghanistan zu verlängern ist ausgeschlossen, eine Niederlage einzugestehen ebenfalls. Ich zappe durch die verschiedenen Fernsehsender. Unter die Bilder von verzweifelten Massen vor den Toren des Flughafens und die amerikanischen Erklärungen mischen sich zunehmend Bilder angeblich barmherziger US-Soldaten, bemüht, afghanische Kinder zu retten. Die Aufnahmen beruhigen die aufgeheizte Stimmung und sind passendes Material, um die brutale Wirklichkeit zu beschönigen. Westliche Journalisten, die am Flughafen arbeiten wollen, werden von denselben gutmütigen Soldaten festgehalten und des Flughafens verwiesen. Als Sieger aus Afghanistan abzuziehen, wie es der Westen möchte, hat seinen Preis.

Mitternacht. Noch immer keine Nachricht vom Außenministerium in Berlin, ob die Menschen auf meiner Liste überhaupt in das Flughafengebäude vorgelassen würden. Die Aussichten sind schlecht. Über Kollegen erfahre ich, die Botschaft von Katar würde in einem Hotel in Kabul eigene Konvois organisieren, um Übersetzer und westliche Helfer über Nebeneingänge in das Gebäude zu schleusen.

Am nächsten Morgen telefoniere ich wieder mit Hasan. Der ist übernächtigt und dementsprechend nervös. Er steht unter immensem Druck, denn seine Frau möchte vor lauter Angst vor der Lage am Flughafen nicht mehr weg aus Afghanistan. Alles droht in Chaos unterzugehen. Gerüchte verbreiten sich wie ein Lauffeuer. Afghanen erzählen mir, sie wüssten aus glaubwürdiger Quelle, dass man gegen Bezahlung sehr wohl in den Flughafen gelangen könnte. Es gebe eigens dafür kreierte Webseiten, wo man sich anmelden könnte. Als ich das alles überprüfe, stellt es sich als *Fake News* heraus.

Die Beamten des deutschen Außenministeriums stellen sich unterdessen tot, so sehr ich mich auch bemühe, sie zu erreichen. In mir verfestigt sich der Eindruck, es existiere keinerlei Notplan für eine Situation wie diese. Ein hilfloser Beamter erklärt mir schließlich, dass das Ministerium Tag und Nacht durcharbeitet, um die Menschen dort rauszuholen. Trotzdem vergehen Tage, die sich in dieser Situation wie Jahre anfühlen. Wie aus dem Nichts erreicht mich eines Abends die erlösende Nachricht des

Außenministeriums, die Einreise für die 16 Personen sei genehmigt. Die Lage am Flughafen ist inzwischen aber chaotischer denn je. Von amerikanischer Seite häufen sich Warnungen über einen möglichen Anschlag durch den „Islamischen Staat".

Die Taliban sind hingegen über Nacht nicht mehr nur Verhandlungspartner der Amerikaner, sondern man übergibt ihnen die Kontrolle der Zufahrtswege zum Flughafen. Der demokratisch gewählte Ghani und seine Minister und Ministerinnen gehören genauso der Vergangenheit an wie die Versprechen von gestern. Der 20-jährige Einsatz des Westens in Afghanistan ist Geschichte. Heute ist ein neuer Tag, und er gehört den Taliban. Inzwischen bestehen sie zum Großteil aus einer Generation, deren Väter von amerikanischen Spezialeinheiten in die Berge vertrieben wurden. Einige von ihnen saßen in den letzten Jahren im Pul-e-Charkhi-Gefängnis, so wie vor ihnen dort die Mudschahedin und danach die Reformer inhaftiert waren. Jetzt werden sie schon von ihren Gesinnungsgenossen befreit – Kriminelle eingeschlossen. Die weiße Taliban-Fahne – Symbol des Feindes und Zeichen der Unfreiheit – weht bereits in der wiedereroberten Taliban-Hochburg Kandahar, bevor sie auch in Kabul und den anderen Städten in Afghanistan gehisst wird. Die Gouverneure der Provinzen haben sich ähnlich wie Präsident Ghani gegen eine Konfrontation mit den Gotteskriegern entschieden. Einige beschlossen nach den Verhandlungen, selbst einen Turban aufzusetzen. Andere, wie der mächtige Gouverneur der Provinz Balch, Atta Mohammad Noor, setzen sich in einem Mercedes-Konvoi nach Tadschikistan ab. Wieder andere verstecken sich; Karzai hält sich bedeckt, ohne Kabul zu verlassen, während das Botschaftspersonal seiner Verbündeten – die stärksten Mächte der Welt – unter Begleitschutz zum Flughafen gebracht werden.

Angst geht um, dazu kommt bei vielen Opportunismus, in Afghanistan Überlebensinstinkt genannt, zum Vorschein. Über allem schwebt die Enttäuschung über den Westen, der den Afghanen ein Paradies versprach und ein armes Land hinterließ.

Während die Amerikaner unter großer öffentlicher Zurschaustellung einige Frauen und Kinder aus Afghanistan retten, drängen sich am Flughafen weiter die kleinen Leute gegen die Tore, die dem Westen geglaubt hatten und sich vor den neuen Herren Afghanistans zurecht fürchten.

Die Angst sitzt auch meiner Gruppe von 16 tief in der Seele. So sehr ich auf Hasan einrede, kann ich ihn kaum dazu überreden, vorbei an den Talibankontrollen zum Flughafen zu fahren. Der Fahrer und seine Familie sehen die Sache pragmatischer: Lieber einmal ein Risiko eingehen, als den Rest des Lebens unter der Herrschaft der Taliban zu verbringen. Schließlich stimmt Hasan den Fluchtplänen zu. Die Gruppe soll sich zusammenfinden und gegen Tagesanbruch gemeinsam durch die Talibansperren fahren. Anschließend sollen sie versuchen, über einen Wasserkanal in den Flughafen zu gelangen. Die Gruppe muss unter allen Umständen zusammenbleiben, bläue ich Hasan ein. Sie sollen zu jeder Zeit die wichtigen Ausreisepapiere und ihre Pässe bereit halten und sie niemals abgeben.

Einige Stunden bevor die Gruppe loszieht, organisiere ich mit Hilfe einer französischen Polizei-Einheit in Kabul – eigentlich dort, um eine Botschaft zu bewachen – einen genauen Plan. Die Männer sind Spezialisten bei Geiselbefreiungen – sie wissen, wie man eine Gruppe durch eine gefährliche Situation lotsen kann. Eine gemeinsame WhatsApp-Gruppe wird geschaffen. Bis tief in die Nacht reden der Übersetzer, der Fahrer, die Spezialisten und ich über Ablauf und Zeitplan. Danach bleiben lediglich wenige Stunden, bevor es losgehen soll – die Zeit drängt, denn die Sondereinheit will nicht mehr lange in Kabul bleiben, und die Warnungen vor einem Anschlag am Flughafengelände nehmen zu. Am Ende geht alles sehr schnell, und die 16 Menschen aus meiner Gruppe werden vorbei an bittenden und bettelnden Landsleuten, an Frauen und Kindern, in das Flughafengelände gebracht. Innerhalb von Stunden hebt eine Maschine ab, in deren Bauch neben den 16 noch Dutzende andere Afghanen kauern. Sie alle haben bald wieder festen Boden unter den Füßen.

Kaum ist das Flugzeug in Frankfurt gelandet, sprengt sich am Kabuler Flughafen ein Selbstmordattentäter in die Luft. Danach ist das Gelände übersät mit Verletzten und Toten – vorerst eines der letzten Bilder einer endlos langen Mission. Doch diese ist damit nicht zu Ende. Über Monate erreichen mich Nachrichten von verzweifelten Frauen auf der Suche nach einem Land, das sie aufnimmt. Nicht nur das deutsche Außenministerium macht Dienst nach Vorschrift und verweist an andere Botschaften. Auch viele Afghanen, die von den Amerikanern ausgeflogen wurden, steigen erleichtert aus dem Rettungsflieger, nur um herauszufinden, dass sie weder in Amerika noch in Westeuropa gelandet sind – auch Verwandten meiner 16 ergeht es so. Dort, wo sie gelandet sind, werden sie von den amerikanischen Stellen in Notunterkünften beinahe vergessen. Die Tage vergehen. US-Behörden sagen ihnen, es gäbe Formalitäten vor der Reise nach Amerika zu erledigen. Monate vergehen. Der Winter zieht ins Land. Eines Nachts hören sie plötzlich Schüsse, als wären sie noch in Afghanistan. Danach fallen Raketen. Sie müssten fliehen, sagen ihnen die Einheimischen, die ebenfalls ihre Koffer füllen. Die Afghaninnen und Afghanen schaffen es gerade noch, ihre Sachen zusammenzupacken, ihre Kinder warm anzuziehen, um sich erneut auf die Flucht zu begeben. Es ist Februar 2022. Das Land, in das die Amerikaner diese Afghanen gebracht haben, ist die Ukraine. Sie wird jetzt, und es klingt wie ein absurder Zufall der Geschichte, so wie Afghanistan im Jahr 1980 von einer Großmacht überfallen, dem Nachfolgestaat der Sowjetunion, Russland. Die Amerikaner kümmern sich trotzdem nicht um ihre Zöglinge. Die Afghanen sitzen zusammen mit der einheimischen Bevölkerung lange in der in der Nordostukraine gelegenen Stadt Sumy fest. Zweifache Flüchtlinge, scherzen die Afghanen.

17. Kapitel

Berlin, März 2022

In Kabul beruhigt sich die Lage – die Geschäfte sind wieder geöffnet, ein Teil der Schulen ebenfalls. Mädchenschulen werden entgegen den Beteuerungen der Taliban an der Macht nach einem Tag wieder geschlossen, und auch an den Universitäten herrscht eingeschränkter Betrieb. Die Wirtschaftslage in Afghanistan ist angespannt. Die befürchtete Hungerkatastrophe im Winter blieb aber aus. Gespräche zwischen den Taliban und Hilfsorganisationen gehen nur stockend voran, aber zumindest wird im Land das erste Mal seit vier Jahrzehnten nicht mehr gekämpft. Am 24. Februar 2022 gibt der russische Präsident Wladimir Putin den Befehl zur Invasion der Ukraine. Ein blutiger Krieg am Ostrand Europas beginnt, während Afghanistan aus den Schlagzeilen verschwindet.

Im Osten geht die Sonne auf

„Die Geschichte liebt Wiederholungen."
(Sven Lindqvist)[106]

Beim Öffnen der Wohnungstür strömt jedem Besucher eine Hitzewelle entgegen, so als hätten die Bewohner ihr ganzes Leben lang nur gefroren. Dabei ist es in Berlin bereits mild draußen, beinahe frühlingshaft. Hasan und seine Frau verlassen trotzdem nur zum Einkaufen und für Arztbesuche ihre Wohnung. Dazwischen verbringt Hasan einige Stunden als eine Art Lehrling bei einem befreundeten Afghanen, der eine Metzgerei führt, wo man *Halal*-Produkte kaufen kann. Er sagt mir, er ist gerne dort, und fast wirkt es, als wäre dieses Fleisch – ausgeblutet nach der üblichen Methode der Muslime – ein Stück Heimat, eine wohlschmeckende Erinnerung an Afghanistan. Gleichzeitig muss sich auf der Zunge ein schaler Geschmack breitmachen, weil sich Gedanken an die daheim Zurückgebliebenen bemerkbar machen. Jeder Afghane in Berlin oder sonstwo starrt unentwegt auf den Handybildschirm und denkt dabei an Schwestern, Tanten, Neffen und jüngere Brüder. Auch wenn sie 7000 Kilometer entfernt sind, müssen alle Familienmitglieder nach afghanischem Brauch gut versorgt werden. 50 Prozent des ersten Geldes, das die Behörden Hasan zukommen lassen, geht schnurstracks per Western Union an seine weitläufige Familie, die in Afghanistan zurückgeblieben ist. In den Augen der Daheimgebliebenen hat Hasan es geschafft, in einem Paradies auf Erden zu landen, und so fühlt er sich verpflichtet, zumindest materiell etwas weiterzugeben. Wobei die Familie sich noch mehr über Visa nach Deutschland freuen würde als über die monatlichen Überweisungen.

„Ich vermisse meine Familie", sagt Hasans Frau auf Englisch – scheinbar unbeeindruckt von der geänderten Weltlage, die diesen Nachmittag begleitet. Einige Wochen vor meinem Besuch hat der russische Präsident Wladimir Putin die Invasion in der Ukraine befohlen, seitdem tobt dort ein blutiger Krieg, den man zuvor in Europa so nicht mehr für möglich gehalten hätte. „Russische Angriffe auf die ukrainische Stadt Mariupol", leuchtet zwischendurch eine Push-Nachricht auf meinem Handy auf.

Das Fenster des Wohnzimmers gibt den Blick auf einen Innenhof frei, wo Fahrräder ordentlich aufgereiht stehen, und doch ist alles chaotischer als noch im August 2021, als Hasan und seine schwangere Frau schließlich über Umwege in Berlin landeten. Glück spielte wie immer eine Rolle. Eine barmherzige Berlinerin stellt den beiden für beinahe ein Jahr ihre kleine Zwei-Zimmer-Wohnung zur Verfügung. Andere Wohltäter versorgen sie mit Materiellem und vermittelten ihnen Kontakte.

Zwischen der dramatischen Ausreise aus Kabul und dem Frühlingserwachen ist viel passiert. Es ist nicht nur ein Krieg in der Ukraine ausgebrochen, auch Hasans betagter Vater ist gestorben. Er war – so viel konnte ich aus den Erzählungen heraushören – ein Patriarch, wie er im Buche steht. Seine zahlreichen Kinder küssten ihm die Hand, sobald sie ihn nur erblickten. Er war einer der mächtigen Provinzherren in Afghanistan, ein Kämpfer gegen die Sowjets, ein Feind der Taliban – eine biblische Gestalt, der selbst afghanische Präsidenten Gehör schenkten. Als die Taliban im Sommer 2021 Afghanistan zurückeroberten, erkrankte der betagte Patriarch. Trotz allem versuchte er sein Möglichstes, um die schwierige Situation zu navigieren. Man erwartete von ihm, dass er noch mehr Leiden und Tod verhinderte – aus diesem Grund empfing er Delegationen der Taliban und versuchte zu verhandeln. „Retten und schonen" war seine Devise, die andere mächtige afghanische Kriegsherren auch verinnerlichten, obwohl sie das nicht darin hinderte, über lange Strecken große Brutalität an den Tag zu legen. Aber nun hatte nicht nur Hasans Vater, sondern ganz Afghanistan eine große Erschöpfung befallen. Sein

Distrikt fiel wie viele andere kampflos in die Hände der Taliban. Hasans Vater hatte über all die Kriegsjahre hinweg Unmengen von Menschen versorgt, die von den staatlichen Hilfen nicht erreicht wurden. Sie hingen von ihm ab. Das Pflichtgefühl, für andere sorgen zu müssen, hat er seinen Söhnen – auch Hasan – vererbt. „Mein jüngerer Bruder kümmert sich um eine unserer Schwestern", meint er. Dann legt er eine nachdenkliche Pause ein. „Ich möchte versuchen, meine Mutter nach Deutschland zu bringen." Ich schlucke angesichts der Tatsache, dass Familienzusammenführungen im Moment alles andere als leicht sind, da alle Blicke weg von Afghanistan und auf die Ukraine gerichtet sind. Das weiß natürlich auch Hasan, aber Familie bleibt Familie – und Hasans Ehefrau würde am liebsten Vater und Mutter, Onkel und Nichten und auch sonst alle ihr nahestehenden Afghanen irgendwie nach Berlin holen. Irgendwann aber, so lässt das Paar durchklingen, würde man nach Afghanistan zurückkehren – in ein Himmelreich am Hindukusch, friedlich wie von inzwischen gestorbenen Großvätern beschrieben. Die Erzählungen der Alten reichen in die Epoche zurück, bevor die Sowjets mit ihren Modernisierungsprogrammen einfielen, bevor die Amerikaner den Afghanen das Blaue vom Himmel versprachen.

„Deine Mutter hierher zu bringen wird schwierig", erwidere ich diplomatisch. Hasans Gesicht regt sich unmerklich. Natürlich habe ich in den Jahrzehnten meiner Afghanistan-Reisen erlebt, wie wichtig die Familie dort ist, doch das ändert nichts an der eingeschränkten Visa-Ausgabe. Seit den ereignisreichen Augusttagen 2021 hat das deutsche Außenministerium nur einen Teil der zugesagten Visa an Afghanen ausgestellt, nämlich rund 6000 – und das, obwohl vier Mal so viele in Aussicht gestellt wurden.[107] Diese müssen nun natürlich mit Priorität bearbeitet werden, noch bevor eine Person wie Hasans Mutter überhaupt eine Chance erhält.

Mich wundert, dass das Image Deutschlands als Wunschland für Geflüchtete durch die missratene Evakuierung im August

2021 anscheinend keinesfalls beschädigt wurde. Die Afghanen lassen sich nicht durch die schwierige Situation entmutigen. In Afghanistan scheint die goldene Regel „Niemals aufgeben“ weiter zu gelten, selbst unter den Taliban, die die Macht nun fest in der Hand haben. Zwanzig Jahre westliche Eingriffe und die daraus resultierenden Tragödien waren zwar nicht spurlos an den Menschen vorbeigegangen, aber seit der Machtübernahme der Taliban präsentiert sich Afghanistan so, wie niemand es erwartet hätte: als Land, in dem viel Dunkelheit herrscht, wo aber auch Licht durchscheint und Schatten geworfen werden.

Nach dem Sturm von Kabul Ende August 2021 hatten die Gotteskrieger innerhalb kürzester Zeit und scheinbar ohne besondere Anstrengung jegliche Opposition ausgeschaltet. Versprengte tadschikische Kämpfer im Pandschir-Tal, darunter der Sohn des legendären Kommandanten Ahmed Massoud, wurden besiegt und vertrieben. Überall im Land schweigen vorübergehend wie durch ein Wunder die Waffen. Selbst die Kämpfergruppen des sogenannten Islamischen Staates – radikaler als die Taliban – sind weitgehend wie vom Erdboden verschluckt, und zum ersten Mal seit Jahrzehnten kreisen keine Kampfhubschrauber der USA über Südafghanistan. Die Überlandstraßen sind geöffnet, und jene, die zuvor noch Sprengfallen am Straßenrand gegen NATO-Konvois vergraben hatten, sorgen nun als Taliban-Polizei für Ordnung. In ihrer Sichtweite beginnen die Bauern ihre Felder wieder zu bebauen. So kursiert auf dem Lande ein Wort, das Afghanen lange nicht aussprechen konnten: Ruhe. Die Landbevölkerung beklagt sich in diesen Tagen nicht mehr. Für sie hat die Machtübernahme der Taliban nicht nur Nachteile, denn nun müssen sie nicht mehr um ihr Leben fürchten, wenn sie zu den Märkten fahren, um dort ihre Ernten anzubieten.

In den Städten sieht es dunkler aus. Versuche westlicher Regierungen, eine Opposition im Exil aufzubauen, scheitern.

Überhaupt geht bei den abgezogenen Gönnern von Afghanistan weiterhin so einiges schief. Nachdem afghanische Konten und Staatshilfen eingefroren werden und der Wintereinbruch vor der Tür steht, herrscht eine Lebensmittelknappheit in Afghanistan. Bilder von bis auf die Knochen abgemagerten Kindern in Krankenhäusern tauchen auf. Schließlich geben die westlichen Geldgeber nach. Sie überweisen zumindest einen Teil der Hilfsgelder – in der Hoffnung, den Taliban damit Zugeständnisse abzuringen. Doch es gibt auch andere Gründe für das vorsichtige Herantasten des Westens an die Taliban: Man läuft Gefahr, das Land an das aufsteigende China zu verlieren, denn die Taliban haben bereits Kommunikationskanäle zur chinesischen Führungsriege etabliert.

Dabei stellt sich die Frage, wer bei den Taliban die Führungspositionen innehat. Es gibt einen gemäßigten Flügel, der mit den USA verhandelt hat – vertreten wird er von einem Mann namens Zabiullah Mudschahid. Er spricht passables Englisch und verspricht einen religiösen, aber nicht radikalen Taliban-Staat. Auf der anderen Seite gibt es aber auch Hardliner, die im Hintergrund die Fäden ziehen. So beispielsweise die nächste Generation des Haqqani-Clans, die von ihrer heimlichen Hauptstadt Kandahar aus ihre Kulturrevolution orchestrieren, in der Frauen lediglich die Rolle einer Hausfrau und Mutter zu spielen haben. Die Islamisierung der Gesellschaft nach 20 Jahren Fremdherrschaft ist allen Taliban gleichermaßen wichtig – in ihren Augen sind die Afghanen von den Besatzern verdorben worden, haben den westlichen Verführungen nicht widerstehen können. Frauen wird man insofern am schwersten auf den „richtigen Weg" zurückbringen können, denn viele von ihnen hatten auf ein Leben mit Uniabschluss und ohne Burka gehofft. Vorerst hält sich das Regime über seine Pläne bedeckt und offenbart nicht, ob und wann Frauen wieder in die Schulen zurückkehren dürfen. Hierbei spielt der zuständige Taliban-Kommandant in

Ein Taliban vor einer Menschenschlange, die auf die Ausgabe von Nahrungsmittelrationen einer chinesischen Hilfsorganisation wartet. Frühjahr 2022.

den jeweiligen Provinzen eine Schlüsselrolle. Die einen versuchen es mit Überredungskünsten, die anderen mit brachialer Gewalt.

Die oberste Führungsriege bleibt allerdings undurchsichtig – denn wie bei den Taliban üblich, werden Entscheidungen nach Gesprächen in langen Beratungssitzungen getroffen. Ohne Zustimmung vermögender Clans wie dem der Haqqanis, die sich im jahrzehntelangen Krieg als Schmuggler bereichert haben, gehen wichtige Entscheidungen nicht durch. Die Haqqanis sind bereits seit Generationen eine eingeschworene Interessensgemeinschaft, selbst wenn sie kaum offen auftreten. Die Macht dieser Schattenmänner wird deutlich, als deren junger Anführer Siradschuddin Haqqani nach der Machtübernahme zum Innenminister der neuen Interimsregierung erkoren wird. Früher stand dieser Mann auf der Fahndungsliste der Amerikaner – ihm wurden unzählige Anschläge angelastet.

Kaum jemand kannte sein Gesicht, bis er sich schließlich im März 2022 öffentlich zeigt, um eine Parade von Rekruten der Polizei abzunehmen. Später zeigt sich auch Mullah Yaqoob, Sohn des berüchtigten Taliban-Führers Mullah Mohammed Omar. Der 32-jährige Yaqoob bekleidet in der neuen Regierung das Amt des Verteidigungsministers. Die neue Taliban-Generation, Kinder des Kampfes und des Krieges. Aufgewachsen in den entlegenen Dörfern oder im benachbarten Pakistan, ohne großen Kontakt nach außen, Hardliner, wie sie im Buche stehen. Andere, wie der ehemalige Präsident Hamid Karzai, harren in Kabul aus und agieren im Hintergrund, um zu vermitteln. Das undurchsichtige Tauziehen nimmt kein Ende. Einmal demonstriert die Taliban-Spitze Interesse am Dialog mit dem Westen. Dann herrscht Funkstille.

Die Menschen in Afghanistan bekommen keine klare Antwort auf die Frage, ob sich die Taliban an der Macht nun anders verhalten werden. Debatten oder öffentliche Erklärungen, was sie mit Afghanistan vorhaben, gibt es nicht. Die Medien werden strikt zensiert. Die Hoffnung, nun in einem reformierten Gottesstaat zu leben, hält ohnehin nur kurz an. Ende März 2022 – zu Beginn des neuen Schuljahres in Afghanistan – bleiben die Türen der Schulen für Mädchen geschlossen, obwohl die Taliban ihnen einige Tage zuvor den Schulbesuch zusagten und Zabiullah Mudschahid verkündete: „Unsere Schwestern haben dieselben Rechte wie die Männer!“[108] Universitäten, nun streng nach Geschlechtern getrennt, dürfen ihre Tore öffnen. Einige Aktivistinnen verschwinden hingegen spurlos.

Anfang Mai 2022 heißt es plötzlich, Frauen dürften nur mehr mit einer Vollkörper-Verhüllung in die Öffentlichkeit. Man fragt sich, ob Saudi-Arabien daran beteiligt sei, denn diese Schleier, Niqab genannt, kennen selbst die religiösesten Afghaninnen eigentlich nicht. Diese Verschleierung ist sogar strenger als die ortsübliche Version der Burka. Wie dem auch sei: Frauen sind erneut die Verliererinnen in diesem Spiel.

Gegner der Taliban – ehemalige Beamte der Regierung, Polizisten und Richter – in Kabul oder Herat wagen sich kaum mehr aus ihren eigenen vier Wänden. Währenddessen werden ihre Posten an Männer aus Paschtunen-Dörfern übergeben, deren Stunde nach all den Jahren der Erniedrigung gekommen ist. Richter der Taliban entscheiden nun nach dem Gesetz der *Scharia*. Gotteskrieger, die sich in den Ministerien von Kabul niedergelassen haben, wo keine Frau mehr weit und breit zu erblicken ist, zeigen sich allerdings bereit, mit dem Westen zu reden und zu verhandeln. Während das konservative Afghanistan sich neu formiert, müssen die Menschen trotzdem versorgt werden, Gelder müssen fließen, und der Handel muss wiederaufgenommen werden. Afghanische Clans machen unterdes klar, dass sie keine Wohltätigkeitsvereine sind und sich ungern fügen – egal, wer versucht, sie zu bevormunden.

Als der Fastenmonat Ramadan Mitte April 2022 beginnt und die Schneeschmelze einsetzt, erschüttert eine Anschlagserie Afghanistan. Von Norden bis Süden, von Kundus bis Chost richten Sprengstoffattentäter Verheerendes an – Menschen sterben, Kinder werden verletzt. Ein angeblich wiederauferstandener "Islamischer Staat" bekennt sich dazu. Dabei hätten unter den Bekennerschreiben ohne Weiteres auch andere Namen stehen können – in seiner langen Geschichte erlebte Afghanistan immer wieder Anschläge, die auf das Muster „Radikale gegen Gemäßigte“ zurückzuführen sind, auf Racheaktionen, auf eine perfide Kriegsführung oder nicht zuletzt auf interne Machtkämpfe unter den Taliban.

In der Berliner Zwei-Zimmer-Wohnung stellt Hasan eine Kanne Tee auf den Couchtisch. Im anderen Raum, dem Schlafzimmer, beginnt ein Baby zu schreien. Hasans Frau bringt den kleinen Sohn, eingewickelt in Tücher und Decken, zu uns. Man sieht dem Paar an, wie stolz sie auf den Nachwuchs sind.

„Wir haben einmal pro Woche Deutsch-Konversation", sagt Hasan. „Unter Afghanen?", frage ich. „Nein, alle möglichen Menschen sprechen miteinander – Afghanen, Iraker, Iraner." Er macht eine Pause. „Und jetzt auch Ukrainer." Ich frage mich still, was die Ukrainer in den Deutschkursen wohl zu erzählen haben, und ob sich Geflüchtete gegenseitig austauschen. Ich stelle mir vor, wie so eine Konversation ablaufen könnte. Vielleicht warnen die Afghanen die Ukrainer vor den Großmächten, die sie aus ihrer Perspektive heraus allesamt verraten haben. Zuerst die Russen, dann die Amerikaner, die am Ende nur ihre eigenen Interessen durchsetzen wollten. Vielleicht stellen die afghanischen Geflüchteten ihren ukrainischen Leidensgenossen dar, wie sich bei dem Evakuierungsdebakel im August 2021 nach dem Abzug des Westens dessen Schwäche offenbart hat. Eine Schwäche, die Putin darin bestärkt haben könnte, seinen Plan umzusetzen und die Ukraine zu überfallen.

Ich verabschiede mich von Hasan und seiner Familie und steige in ein Taxi. Dabei denke ich darüber nach, wie es auf diesen Mann wohl wirken muss, wenn wieder von neuen Weltordnungen gesprochen wird. All dies kann für einen Afghanen nur als Ausrede für Machtkämpfe gelten. Und trotzdem bin ich mir sicher, Hasan und alle anderen Afghaninnen und Afghanen werden sich von den Mächten, die über sie bestimmen wollen, nicht unterkriegen lassen.

Gestern ist nicht vorbei in Afghanistan.

Anmerkungen und Quellen

1 Zit. in Artyom Borovik: The Hidden War. A Russian Journalist's Account of the Soviet War in Afghanistan. Grove Press 1990

2 Thomas Barfield: Afghanistan. A Cultural and Political History. Princeton University Press, 2012

3 Sebastian Junger: WAR. Ein Jahr im Krieg. Karl Blessing Verlag, 2010

4 Glenn Foster in der BBC-Dokumentation Back to the Future

5 Peter Levi: The Light Garden of the Angel Kind. Travels in Afghanistan with Bruce Chatwin.Pallas Athene, 2002

6 Barfield: Afghanistan (2012)

7 Louis Dupree: Afghanistan. Princeton University Press, 1980

8 Peter Frankopan: The Silk Roads. A New History of the World. Bloomsbury Publishing, 2015

9 https://datacommons.org/place/country/AFG?category=Demographics&hl=de.

10 Borovik: The Hidden War (1990)

11 Barfield: Afghanistan (2012)

12 https://www.bpb.de/kurz-knapp/hintergrund-aktuell/178868/1989-sowjetischer-abzug-aus-afghanistan/

13 Borovik: The HiddenWar (1990)

14 Asta Oleson: Islam and Politics in Afghanistan. Curzon Press 1995

15 Barfield: Afghanistan (2012)

16 Abdul Tawab Assifi: The Russian Rope. Soviet Economic Motives and the Subversion of Afghanistan. In: World Affairs Vol.145, No.3, Afghanistan 1982/83. https://www.jstor.org/stable/24454922

17 Borovik: The Hidden War (1990)

18 Borovik: The Hidden War (1990)

19 Zit. in: Safia Shah: Afghan Caravan. Octagon Press, 1990

20 https://www.washingtonpost.com/archive/politics/1983/07/04/not-alone/e441cf03-5b48-4403-8e84-bae46e236ee6

21 Steve Coll: Ghost Wars. The secret History of the CIA, Afghanistan and Bin Laden, from the Soviet Invasion to September 10, 2001. Penguin Books, 2005

22 Zit. in: Anand Gopal: No Good Men Among the Living. America, the Taliban, and the War Through Afghan Eyes. Henry Holt, 2014

23 Coll: Ghost Wars (2005)

24 CCharles G. Cogan:: Afghanistan. Partners in Time. In: World Policy Journal 25(3), 1993

25 Abdul Haq wird 2001 von den Taliban in eine Falle gelockt und umgebracht. Ahmad Massoud kommt einige Monate zuvor bei einem Attentat von Al-Qaida ums Leben.

26 https://dgibbs.faculty.arizona.edu/brzezinski_interview

27 Gopal: No Good Men Among the Living (2015)

28 Achmed Rashid: Taliban. Militant Islam, Oil and Fundamentalism in Central Asia. Yale University Press, 2000

29 Seth Jones: In the Graveyard of Empires. America's war in Afghanistan. Norton & Company, 2010

30 William Maley: Rescuing Afghanistan. C. Hurst & Co., 2005

31 Oleson: Islam and Politics (1995)

32 Barfield: Afghanistan (2012)

33 Charles MacGregor: War in Afghanistan. 1879-80. Detroit: Wayne State University Press 1985, S.111. Zitiert nach: Barfield: Afghanistan (2012)

34 Zit. in: Henry Kissinger: World Order. New York: Penguin Books 2015

35 https://1997-2001.state.gov/statements/1998/980219a.html

36 https://www.washingtonpost.com/wp-srv/nation/specials/attacked/transcripts/laurabushtext_111701.html

37 https://www.jstor.org/stable/23524156

38 Bob Woodward: Bush at War. New York: Simon and Schuster 2002

39 Barfield: Afghanistan (2012)

40 https://library.oapen.org/handle/20.500.12657/32483

41 Islamic State of Afghanistan: Rebuilding a Macroeconomic Framework for Reconstruction and Growth, IMF Country Report No. 03/299, September 2003

42 Später wird er für den Beinahe-Zusammenbruch seiner Bank verantwortlich sein, bei der einfache Afghanen ihre Ersparnisse verlieren, während der Pokerspieler sich mit ca. einer Milliarde Dollar nach Dubai absetzt. Vgl. Robert M. Gates: Duty. Memories of a Secretary at War. Random House, 2014

43 https://en.wikipedia.org/wiki/Embassy_of_the_United_States,_Kabul

44 https://www.kpsrl.org/sites/default/files/publications/files/20090901_case_study_3_new_baghlan_sugar_company.pdf

45 An der American University von Kabul kostet die Jahresgebühr 250 Euro, während das Durchschnittsgehalt in Afghanistan 500 Euro im Jahr beträgt. Staatliche Universitäten sind gratis.

46 Gopal: No Good Men Among the Living (2015)

47 https://www.theguardian.com/news/2018/jan/09/how-the-heroin-trade-explains-the-us-uk-failure-in-afghanistan

48 2011 kommt Lal Melma bei einem Feuergefecht in der Stadt Dschalalabad zwischen seinen Leibwächtern und US-Militärs ums Leben. Wer dieses Gefecht ausgelöst hat, wird nie geklärt.

49 https://www.nato.int/isaf/docu/pressreleases/2008/10-october/pr081019-545.html

50 Dupree: An Historical Guide to Afghanistan. Kabul (1977)

51 https://www.bfa.gv.at/402/files/03_Berichte/FFM_Bericht_Afghanistan.pdf

52 https://edition.cnn.com/2009/POLITICS/05/08/afghanistan.karzai/index.html

53 Wie Schroeder und Zapfe in ihrer Afghanistananalyse feststellen, können Narrative sich ändern: Als die Erzählung von den Brunnen bauenden Entwicklungshelfern 2009 angesichts der eskalierenden militärischen Lage nicht mehr zu halten war, schwenkte der damalige Verteidigungsminister Karl-Theodor zu Guttenberg (CSU) um. Plötzlich war die Stabilisierungsmission ein Kampfeinsatz. In: Robin Schroeder, Martin Zapfe: War-like Circumstances – Germany's Unforeseen Combat Mission in Afghanistan and Its Strategic Narratives, in: Strategic Narratives, Public Opinion and War – Winning Support for Foreign Military Missions. Routledge 2015

54 http://archive.boston.com/news/world/middleeast/articles/2009/10/09/most_insurgents_in_afghanistan_not_religiously_motivated_military_reports_say/

55 https://www.sigar.mil/pdf/lessonslearned/SIGAR-21-46-LL.pdf

56 https://www.washingtonpost.com/graphics/2019/investigations/afghanistan-papers/afghanistan-war-confidential-documents/

57 https://de.statista.com/statistik/daten/studie/2006/umfrage/gefallene-oder-verunglueckte-soldaten-der-westlichen-koalition-in-afghanistan

58 Dupree: An historical guide to Afghanistan (1977)

59 https://www.cbc.ca/news/politics/dahla-dam-s-future-at-risk-as-canada-ends-work-in-afghanistan-report-1.2836462

60 Die Kabul Bank meldet 2010 Insolvenz an. Ihre Besitzer, darunter der Bruder von Präsident Karzai, werden zwar formal zur Rechenschaft gezogen, aber die meisten bringen Millionen nach Dubai in Sicherheit. Bankkunden gehen leer aus.

61 Mitglieder der deutschen KSK-Gruppe nahmen in Süd-Afghanistan an solchen Einsätzen teil. Siehe dazu die Vorwürfe des Deutschen Murat Kurnaz. Er behauptet, in Afghanistan im Zuge von Anti-Terror-Aktionen von KSK-Einheiten gefoltert worden zu sein. https://www.sueddeutsche.de/politik/murat-kurnaz-neue-aussagen-stuetzen-foltervorwuerfe-1.773683

62 https://www.hrw.org/sites/default/files/report_pdf/afghanistan1019_web.pdf

63 https://edition.cnn.com/2009/POLITICS/09/28/afghanistan.obama/index.html

64 Von 2001 bis 2021 sind 2461 US-Soldaten in Afghanistan gefallen. 2008 waren es noch 153 Tote. 2010 stieg die Zahl sprunghaft auf fast 500. https://en.wikipedia.org/wiki/United_States_military_casualties_in_the_War_in_Afghanistan

65 Afghanen sind währen der westlichen Präsenz etwas reicher geworden, doch nur unwesentlich, denn sie sind nur vom letzten Platz aller Länder auf den zweitletzten aufgestiegen.

66 https://www.dw.com/en/us-wastes-billions-on-private-contractors-in-afghanistan-and-iraq/a-15358559-1

67 https://www.washingtonpost.com/world/defense-task-force-on-afghanistan-development-unravels/2011/03/22/ABe2PHSB_story.html

68 https://www.newyorker.com/magazine/2011/02/14/the-afghan-bank-heist und https://web.archive.org/web/20111021015523/http://kabulpress.org/my/spip.php?article62526

69 https://sgp.fas.org/crs/natsec/R40764.pdf

70 https://www.dw.com/de/merkel-wir-lassen-afghanistan-nicht-im-stich/a-16802378

71 https://www.washingtonpost.com/wp-dyn/content/article/2010/09/21/AR2010092106706_pf.html

72 https://www.wsj.com/articles/who-won-in-afghanistan-private-contractors-troops-withdrawal-war-pentagon-11640988154

73 https://www.sigar.mil/pdf/lessonslearned/SIGAR-21-46-LL.pdf und https://www.nzz.ch/international/afghanistan-krieg-was-die-billionen-investition-gebracht-hat-ld.1640697

74 https://abcnews.go.com/ThisWeek/karzai-stands-firm-disbanding-private-security/story?id=11454715

75 https://www.businessinsider.com/trumps-pentagon-leaders-have-deep-ties-to-private-defense-contractors-2019-1

76 https://www.wsj.com/articles/who-won-in-afghanistan-private-contractors-troops- withdrawal-war-pentagon-11640988154

77 Barfield: Afghanistan (2012)

78 https://www.washingtonpost.com/graphics/2019/investigations/afghanistan-papers/afghanistan-war-confidential-documents

79 https://de.wikipedia.org/wiki/Observation_Post_North

80 https://www.tagesschau.de/ausland/asien/afghanistan-opfer-un-101.html

81 Roland und Sabrina Michaud: Afghanistan. Thames & Hudson 1990

82 Dupree: Historical Guide (1977)

83 Dupree: Historical Guide (1977)

84 https://www.nytimes.com/2021/03/04/magazine/ghazni-panels-afghanistan-art.html

85 Nach der Machtübernahme der Taliban im August 2021 kündigen westliche Kunsthändler an, sie würden den Ankauf und Verkauf von afghanischer Raubkunst stoppen. https://www.theartnewspaper.com/2021/10/11/major-trade-groups-stop-looted-afghan-art-western-market

86 https://www.cmi.no/publications/file/4471-a-reluctant-warrior.pdf

87 https://main.dabs.af/News/NewsDetail/4408

88 https://www.channel4.com/news/rather-than-being-the-graveyard-of-empires-it-is-where-empires-were-born-author-peter-frankopan-on-afghanistan

89 https://iranicaonline.org/articles/cotton-iii

90 https://www.cmi.no/publications/file/4471-a-reluctant-warrior.pdf

91 Eigene Recherche und Gespräch mit dem Reporter.

92 Siehe Befragung der Konrad-Adenauer-Stiftung vom April 2009 von mehr als 5000 Personen in fünf Provinz Afghanistans. 64 Prozent haben jedes Vertrauen in die Rolle der ISAF als Sicherheitsgarantie verloren. 62 Prozent nahmen ISAF als militärische Besatzer wahr. Babak Khalatbari (2009),Meinungsumfrage aus Anlass der Präsidentschaftswahlen in Afghanistan: Aktuelle Meinungstrends, Wahlkampf und Kandidaten. Länderbericht der Konrad-Adenauer-Stiftung e.V., 25.5.2009

93 https://www.hrw.org/report/2015/03/03/today-we-shall-all-die/afghanistans-strongmen-and-legacy-impunity.

94 https://www.deutschlandradio.de/merkel-sagt-karsai-langfristige-hilfe-zu.331.de.html?dram:article_id=204686

95 Merkel, Angela: Handlungsfähigkeit der Nato stärken, Rede zum 50-jährigen Jubiläum der Deutschen-Atlantischen Gesellschaft. https://www.bundesregierung.de/breg-de/service/bulletin/rede-von-bundeskanzlerin-dr-angela-merkel-797222

96 https://www.dw.com/de/afghanistan-einsatz-kostete-mehr-als-173-milliarden-euro/a-59407489.
Die Amerikaner haben in der Zeit von 2002 bis 2008 die Hälfte ihrer zugesagten Hilfe von insgesamt 10,4 Milliarden Dollar verteilt, errechnete eine Hilfsorganisation. Die EU und Deutschland nur zwei Drittel ihrer 1,7 bzw. 1,2 Milliarden. https://www-cdn.oxfam.org/s3fs-public/file_attachments/ACBAR_aid_effectiveness_paper_0803_3.pdf

97 Hintergrundgespräche mit deutscher Bundestagsabgeordneten, dazu mit Sicherheitsexperten im Dezember 2021
Eine endgültige Untersuchung des Afghanistan-Einsatzes der Bundeswehr im Bundestag gab es bislang nicht, teilweise bedingt auch durch die Wahlen im Herbst 2021.

98 https://www.cmi.no/publications/file/4471-a-reluctant-warrior.pdf

99 Infolge der Aufarbeitung dieses Vorfalls wurde Deutschland vom Europäischen Gerichtshof für Menschenrechte im Jahre 2021 freigesprochen. Siehe auch https://www.deutschlandfunk.de/nato-luftangriff-bei-kundus-verhinderte-aufarbeitung-100.html

100 2014 hatte das afghanische Parlament die Bedingungen für eine Privatisierung der Minenprojekte geschaffen.

101 https://www.epo.de/index.php?option=com_content&view=article&id=9933:afghanistan-der-run-auf-die-bodenschaetze&catid=93&Itemid=163

102 https://www.hrw.org/de/news/2017/10/17/afghanistan-maedchen-kaempfen-um-bildung

103 https://www.nytimes.com/2014/04/05/world/asia/journalists-shot-by-police-officer-in-afghanistan.html

104 https://www.nytimes.com/2020/03/05/world/europe/afghanistan-war-crimes-icc.html

105 https://www.washingtonpost.com/investigations/2021/08/12/obama-afghan-war-ending-afghanistan-papers-book-excerpt/

106 Sven Lidqvist: The Dead Do Not Die. »Exterminate All the Brutes« and Terra Nullius. The New Press, 2014

107 https://www.tagesschau.de/ausland/afghanistan-ortskraefte-visa-101.html

108 https://www.usip.org/publications/2022/04/talibans-ban-girls-education-afghanistan

Bildnachweis

AFP / picturedesk.com: 41; Paul Almasy / akg-images / picturedesk.com: 65; Vitaly Armand / AFP / picturedesk.com: 62; Jean Claude Chapon / AFP / picturedesk.com: 75; Sergei Chirikov / EPA / picturedesk.com: 159; Michael Evans / Wikimedia Commons: 71; First Look / picturedesk.com: 53, 62, 111; Thomas Grabka / laif / picturedesk.com: 83; Handout / AFP / picturedesk.com: 170; Banaras Khan / AFP / picturedesk.com: 114; Björn Kietzmann / Action Press / picturedesk.com: 278; Shah Marai / AFP / picturedesk.com: 188; Roland and Sabrina Michaud / akg-images / picturedesk.com: 18, 25, 26, 27, 29, 45, 60, 248, 255; Steve McCurry / AP / picturedesk.com: 41; STR / AFP / picturedesk.com: 193; Daniel Morgan: 109, 148, 225; Ebrahim Noroozi / AP / picturedesk.com: 317; Michel Porro / AFP / picturedesk.com: 82; Privatarchiv Antonia Rados: 146; 219; 236; 238; 277 (2); 293; STAFF / AFP / picturedesk.com: 27; Shekib Rahmani / AP / picturedesk.com: 304; Andrew Quilty / Agence Vu / picturedesk.com: 170; US Air Force / Wikimedia Commons: 211

Liebe Leser*innen,

wir sagen Danke, dass wir Sie auf Ihrer Lesereise begleiten durften. Viele weitere Abenteuer, spannende Geschichten, unverwechselbare Geschenkideen finden Sie auf unserem Abenteuerspielplatz

www.brandstaetterverlag.com

Bleiben wir in Verbindung!

Wir freuen uns auf Ihre Anregungen, Wünsche und Kritiken.

leserbrief@brandstaetterverlag.com
Christian Brandstätter Verlag GmbH & Co KG
Wickenburggasse 26, 1080 Wien
Tel: (0043) 1 5121543256

1. Auflage 2022

Designed in Austria, printed in the EU

ISBN 978-3-7106-0603-8

Covergestaltung:
Caroline Plank-Bachselten / Buero Plank
Coverfoto: Privatarchiv Antonia Rados
Satz: Burghard List
Lektorat: Martin Kulik
Projektleitung: Judith E. Innerhofer

Wir tragen Verantwortung
Der Inhalt dieses Buchs wurde auf hochwertigem, FSC©-zertifiziertem Naturpapier gedruckt. Dieses Papier trägt darüber hinaus ein Zertifikat auf dem Cradle to Cradle Certified® Silver Level.
Das Forest Stewardship Council® ist eine internationale Nichtregierungsorganisation, die weltweit eine umweltfreundliche, sozial gerechte und wirtschaftlich tragfähige Bewirtschaftung der Wälder fördert. Cradle to Cradle® zielt auf ein ökologisch verträgliches Wirtschaften in sich wiederholenden Rohstoff-Produkt-Kreisläufen ab.
Für die Druckproduktion und Endfertigung wurde auf umweltfreundliche, ressourcenschonende und schadstofffreie Produktionsweisen und Materialien geachtet. Die Druckerei ist FSC©- und PEFC™- zertifiziert, regelmäßige Audits erfolgen im Rahmen der internationalen Umweltmanagementnorm ISO 14001 (Nr. 35025/C/0001/UK/En).
Diese international anerkannten, unabhängigen und regelmäßig überprüften Standards gewährleisten eine umweltgerechte, sozial verträgliche, nachhaltige und ökonomisch tragfähige Nutzung entlang der gesamten Wertschöpfungskette Holz, vom Baum bis zum Buch.

FSC www.fsc.org
MIX
Papier | Fördert gute Waldnutzung
FSC® C010798